한국국방안보포럼(KODEF)은 21세기 국방정론을 발전시키고 국가안보에 대한 미래 전략적 대안들을 제시하기 위해 뜻있는 군·정치·언론·법조·경제·문화·마니아 집단이 만든 사단법인입니다. 온·오프라인을 통해 국방정책을 논의하고, 국방정책에 관한 조사·연구·자문·지원 활동을 하고 있으며, 국방 관련 단체 및 기관과 공조하여 국방교육자료를 개발하고 안보의식을 고양하는 사업을 하고 있습니다. http://www.kodef.net

프랑스의 자존심과 자유를 지킨 위대한 거인
드골

De Gaulle : Lessons in Leadership from the Defiant General
by Michael E. Haskew
Copyright ⓒ Michael E. Haskew, 2011.
All rights reserved.

No part of this book may be used or reproduced in any manner whatsoever without written permission except in the case of brief quotations embodied in critical articles or reviews.

Korean Translation Copyright ⓒ 2012 by Planet Media Publishing Co.
Korean edition is published by arrangement with St. Martins's Press LLC through Imprima Korea Agency.

이 책의 한국어판 저작권은 임프리마 코리아 에이전시를 통해 저작권자와 독점 계약한 도서출판 플래닛미디어에 있습니다. 신저작권법에 의해 대한민국 내에서 보호를 받는 저작물이므로 무단 전재와 복제를 금합니다.

DE GAULLE — LESSONS IN LEADERSHIP FROM THE DEFIANT GENERAL

프랑스의 자존심과 자유를 지킨 위대한 거인

드골

용맹스러운 전사,
선견지명이 있는 지도자,
조국을 재창조한 인물,
샤를 드골의 불굴의 리더십

마이클 E. 해스큐 지음 / 박희성 옮김

1939년 10월 29일, 프랑스 제4기갑사단 지휘관 드골이 알베르 르브룅 대통령 앞에서 자신의 부대를 소개하고 있다. (사진 출처: 미 국립공문서관 National Archives and Records Administration)

1940년 7월 14일 프랑스 혁명 기념일, 런던에서 프랑스군 부대를 사열하는 드골 (사진 출처: 미 국립공문서관)

영국 어느 곳에서 젊은 프랑스인 남녀가 모든 프랑스인에게 함께 싸우자고 촉구하는 드골 장군의 메시지가 적힌 포스터를 읽고 있다. "프랑스는 전투에서 패배했습니다. 그러나 전쟁에서 패배한 것은 아닙니다." (사진 출처: 미 의회도서관 Library of Congress)

1942년 카사블랑카 회담 중 모습. 왼쪽부터 프랑스군 앙리 지로 장군, 미 대통령 프랭클린 D. 루스벨트, 샤를 드골 장군, 영국 수상 윈스턴 처칠. (사진 출처: 미 의회도서관)

1940년, 영국 내 자유 프랑스의 스카우트 캠프를 방문한 드골. (사진 출처 : 영국 전쟁박물관 Imperial War Museums)

미 예비역 장성 존 J. 퍼싱 John J. Pershing 을 방문한 드골. 퍼싱은 제1차 세계대전 당시 프랑스 내 미 파견군을 지휘했다. (사진 출처 : 미 국립공문서관)

1943년 6월 튀니지 카르타고Carthago, 악단이 〈라 마르세예즈〉를 연주하는 동안 드골 장군과 샤를 마스트Charles Mast 장군이 경례하고 있다. (사진 출처: 미 의회도서관)

(왼쪽부터) 1941년 캐나다군단 본부를 방문한 브와디스와프 시코르스키Władysław Sikorski 장군, 앤드루 맥노턴Andrew McNaughton 장군, 윈스턴 처칠, 샤를 드골. (사진 출처: 캐나다 도서관 기록관Library and Archives Canada)

1944년 8월 파리 해방 이후, 샤를 드골 장군과 그의 수행단이 개선문에서부터 노트르담 대성당까지 샹젤리제 거리를 따라 걷고 있다. (사진 출처: 영국 전쟁박물관)

열광하는 군중에 둘러싸인 드골 장군이 프랑스 바이외의 거리를 걷고 있다. (사진 출처 : 영국 전쟁박물관)

1944년 8월 24일, 프랑스 샤르트르 Chartres 에서 군중을 향해 연설하는 샤를 드골 장군. (사진 출처 : 영국 전쟁박물관)

1944년 브라자빌 회의 Brazzaville Conference 에서 개회 연설을 하는 샤를 드골 장군. (사진 출처 : 미 의회도서관)

1962년 9월 국빈 방문 중, 서독 수도 본 Bonn 중심가에 나타난 프랑스 대통령 샤를 드골과 서독 총리 콘라트 아데나워. (사진 출처 : 독일 연방문서보관소 Deutsches Bundesarchiv)

머리말

드골, 불굴의 정신으로 현대 프랑스를 만든 거인

현대의 군사 지휘관 중 샤를 드골 Charles de Gaulle 만큼 영국과 미국의 정부·군대·언론계로부터 악평을 얻은 사람은 없다. 무례하고, 거만하며, 남을 무시하고, 비협조적이라는 조롱을 당한 드골은 지난 60년간 서방 세계에서 비난의 대상이 되어 왔다. 그는 이기적이고, 제2차 세계대전 동안 아이젠하워 Eisenhower 와 처칠 Churchill 에게는 껄끄러운 인물이었으며, 1960년대 중반 프랑스를 나토(NATO)에서 탈퇴시킨 장본인이었다. 또한 많은 미국인이 느꼈듯이, 그는 기회가 있을 때마다 매번 미국의 코를 납작하게 만들기 위해서 비상한 노력을 기울이는 것처럼 보였다.

하지만 이는 그의 일면에 불과하고, 진실은 이와 다르다. 실제로 드골은 현대 프랑스를 만드는데 대단히 중요한 역할을 한 위대한 지도자였다. 그는 연구하고, 존중하고, 존경할 만한 가치가 있는 인물이다. 이 위대한 프랑스 장군이자 대통령에 대한 마이클 해스큐 Michael Haskew 의 훌

룡한 일대기는 드골과 그가 공헌한 삶에 생기를 불어넣었다. 나아가 이 일대기에서 그의 업적을 더 정확하게 살피고 평가할 수 있을 것이다.

드골은 보수적인 중산층 가톨릭 집안에서 태어났다. 아버지는 교육자였고, 백부는 유명한 정치 평론가였다. 그의 가문 사람들은 수백 년 동안 군에 복무해왔다. 그는 어려서부터 꾀까다롭고, 의지가 강했으며, 자신의 운명을 느끼는 듯했다. 그가 프랑스 패배의 여파, 독일 세력의 부상, 장래 분쟁에 대한 예상 아래 성장한 점을 고려하면 놀랍지 않은 일이다. 하지만 그는 또한 의사소통의 미묘한 차이, 전략, 외교, 초기 저술에서도 예리한 감각을 보여주었다.

드골은 19세에 군에 입대했다. 논쟁을 좋아하고, 완고하며, 독선적인 그는 처음부터 '골칫거리'였다. 그는 사관학교 시절 훌륭한 마음가짐 뿐 아니라 진정 괄목할 만한 목적의식도 보여주었지만, '모범생'은 아니었다. 그는 이러한 태도를 제1차 세계대전이 발발하기 몇 년 전 첫 번째 부임지에서도 유지했고, 자신보다 훨씬 높은 계급의 장교들에게 자신의 통찰력과 견해를 내세웠다.

한편 그는 아주 헌신적인 초급장교였다. 부하들에게 깊은 관심을 가져 그들의 배경에 대해서도 잘 알고 있었고, 전술 연구와 기술의 영향에 대해서도 숙고했다. 또한 30명이 안 되는 자신의 소대원들에게 명예와 위엄에 대해서 과장스럽게 강조하곤 했다. 간단히 말해서, 그는 비록 인기는 없었지만 뛰어난 초급장교였다.

전장에서 그는 믿기 어려울 만큼 용감했다. 그는 한 번 부상을 입고 후송되었고, 그 후 베르됭 근처에서 벌어진 격렬한 전투에서 다시금 부상을 입고 전장에 방치되었다가 포로가 되었다. 그리고 비록 실패하긴 했지만, 전쟁이 끝날 때까지 2년 동안 여러 차례에 걸쳐 탈출을 시도했다.

아마 프랑스군에는 그보다 훌륭한 전투 기록을 가진 사람들이 있을 것이다. 그러나 공정하게 말하자면, 그의 실전 경험은 아마도 동시대의 미국인인 아이젠하워 장군이나 브래들리Bradley 장군은 물론 조지 패튼George Patton 장군보다도 뛰어날 것이다. 그는 포격과 마주했고, 부하들을 이끌었으며, 죽음을 직면했다. 그리고 자신이 굳세며, 지략이 뛰어나고, 용맹하며, 사기를 고취한다는 것을 스스로 증명했다.

드골은 2년 동안 포로 생활을 했음에도 전후 프랑스 군대에서 입지를 다질 수 있었다. 30대가 된 드골은 지적으로 성숙했지만, 조급하고 주위의 말을 무시했다. 여전히 상대적으로 낮은 계급이었음에도 그는 글을 쓰고, 강연을 하고, 프랑스군 내 고위 장교들과 지적이고 철학적인 논쟁을 벌이기도 했다. 기갑전機甲戰에 대한 그의 생각은 통찰력이 있었지만, 프랑스 군대의 방어적인 사고 및 마지노선에 대한 엄청난 투자와 완벽하게 반대되는 것이었다. 리더십에 대한 그의 생각은 '위대한 인물great man' 이론에 초점을 맞추고 있었다. 위대한 인물이란 대중으로부터 떨어져 있고, 고독하고, 인정받지 못하더라도 위기의 순간을 대비하는 사람이었다. 어떻게 이를 그저 이기적 형태라고 여겼단 말인가? 사실 그는 외골수였으며, 상부의 인정을 받고 진급해서 더 큰 책임을 맡는 데 열중했다. 그가 상관들과 동료들 대부분에게 미움을 받았다는 사실은 그다지 놀랍지 않다. 프랑스군이 제2차 세계대전에 참가할 때까지, 그가 있을 곳은 어디에도 없었다.

폴란드 전역 후, 프랑스군 지휘부는 그의 전략과 철학에 대해서 재고하기 시작했다. 드골은 1940년 5월, 독일이 프랑스를 침공하기 전날 밤에 프랑스 제4기갑사단을 지휘하라는 명령을 받았다. 포화 속에서 그는 사단을 조직하여 공격했으며, 이를 재조직하고 기동하여 독일 전격전의 측면을 향해 다시 한 번 공격을 감행했다. 드골의 부대는 수적으로 너무나 열세였고, 사령부와 협조도 이루어지지 않았다. 그러나 이 작전은 전술적으로 성공이었다. 또한 그는 고급 장교로서 패튼이나 롬멜 Rommel 에 필적할 만한 영웅적인 리더십을 보여주었다. 정부가 몰락하는 동안 보여준 그의 용기 있는 행동이 자리에서 물러나는 프랑스 수상의 관심을 끌었고, 덕분에 그는 프랑스군 지휘계통을 뛰어넘어 국방차관으로 임명되었다. 그들은 패배주의자들이었으나, 드골만은 그렇지 않았다.

패배로 인해 항복이 임박한 혼돈 속에서 드골은 처칠 및 영국과의 관계를 형성했다. 그리고 조만간 독일의 꼭두각시가 될 것이 뻔한 정부에서 일하는 대신에, 런던으로 도망쳐서 스스로를 '자유 프랑스 Françaises Libres'의 지도자라고 선언했다.

이는 깜짝 놀랄 만한 움직임이었다. 한 달 사이에 그는 기갑사단의 지휘관에서 정부의 차관이 되었다가, 다시 정부의 수장이라고 자칭했다. 그러나 그는 가진 것이 아무것도 없었다. 그에게는 참모, 군대, 자금은 물론 국가도 없었다.

아마 이 부분이 이야기에서 가장 주목할 만한 부분일 것이다. 이후 4년 동안 그는 난파한 프랑스를 결집시키고, 기회를 잡고, 책략을 펼치면서 자신만의 길을 나아갔다. 미국인과 영국인, 그리고 단순하게 순종적인 동반자를 원하고 이 남자를 잘 이해하지 못했던 또 다른 프랑스인들의 골칫거리였던 드골에게는 자기 자신이 곧 프랑스였다. 4년간의 난투가 지나간 뒤, 그와 그의 자유 프랑스는 다시 프랑스로 돌아가 의기양양하게 개선행진을 했다. 드골이 프랑스의 정당한 지도자가 된 것이다.

그러나 드골이 영원히 존경 받을 만한 점은 그가 프랑스 민주주의를 재현했다는 것이다. 전쟁 뒤에 치른 선거에서 낙선한 그는 (몇 년 후에 의회의 노력으로 복귀하지만) 설 자리를 잃고 물러났다. 프랑스가 알제리에서의 충돌로 거의 내전의 소용돌이에 휩싸이기 직전에 그는 다시 나타났고, 이번에는 대통령이 강력한 권한을 가지는 새로운 정부를 만들었다. 그런 다음, 그는 대통령이 되었다. 그는 알제리에 대한 식민 지배를 포기했고, 군사 반란을 잠재웠으며, 프랑스의 독자적인 핵 억지력을 확보하고, 나토의 통합지휘체계에서 프랑스를 탈퇴시켰다. 그는 80여 년 동안 문제투성이였던 프랑스 민주주의를 바꾸었고, 프랑스에게 새로운 위상과 영향력을 가져다주었다.

현대 프랑스의 이야기는 곧 드골의 이야기이기도 하다. 그는 자신에 차 있었지만 오만했고, 매우 높은 자존감을 가진 진실로 '고독한 사람'이었다. 그러나 드골은 의심의 여지없이 현대사의 위대한 군 지도자들 중 한 사람이다. 그는 용맹스러운 전사이자 선견지명이 있는 지도자였고, 자신의 조국을 다시 창조한 인물이었다. 마이클 해스큐의 흥미롭고 빠르게 전개되는 이 일대기는 유럽은 물론 다른 어느 나라 군에서나 학생 모두가 읽을 수 있는 훌륭한 책이다. 또한 유럽과 미국을 이해하고자 하는 모든 미국인이 읽어야 할 책이기도 하다.

― 웨슬리 K. 클라크 예비역 장군 General Wesley K. Clark (Ret.)

시작하는 말

'가짜 전쟁 Phony War'이 끝났다. 갑작스럽고 격렬하게, 몇 달 동안의 불안정한 침묵이 산산이 부서졌다. 독일 전차와 기계화보병이 선봉으로 프랑스와 저지대 국가 Low Countries 깊숙이 진격했다. 동시에 독일 공군 루프트바페 Luftwaffe 의 폭격기들이 적진에 포탄을 투하했고, 전투기들은 하늘에서 연합군 항공기를 쓸어버렸다. 서부전선에서 전격전 Blitzkrieg 이 시작된 것이다.

"그들은 크나큰 승리의 길을 열어줄 것이며… 그들의 신속하고 엄청난 공격의 결과, 마치 하나의 기둥이 무너지면서 성당 전체가 무너지는 것처럼 적군은 붕괴할 것이다."[1]

한 예언자는 전차와 장갑차량으로 적 전선의 틈을 파고들어 후방에 혼란과 죽음, 파멸을 확산시키는 신속한 승리를 예상했다.

가짜 전쟁

1939년 9월 1일 독일군의 폴란드 침공으로 제2차 세계대전이 발발했다. 영국과 프랑스는 이를 규탄하고 즉각 독일에 선전포고를 했으나, 실상 군사 행동은 취하지 않았다. 이에 약 반 년 동안 서부 전선에서는 전쟁 중임에도 별다른 전투가 벌어지지 않았는데, 이 기간을 '가짜 전쟁'이라고 부른다.

가짜 전쟁 당시 영국 국토안보부 UK Ministry of Home Security 포스터. 독일의 경고 없는 공격에 대비해서 가스 마스크 준비를 강조하고 있다.

프랑스 육군 장교로서 이미 약 10년 전에 이런 말을 했던 샤를 앙드레 조제프 마리 드골 Charles André Joseph Marie de Gaulle 을 주목하지 못했다는 것은 당시의 아이러니였다. 그의 책 『전문적인 군대를 향하여 Vers l'Armée de Métier』는 나중에 영어로 번역되어 『미래의 군대 The Army of the Future』라는 제목으로 출판되었다. 책에서 그는 기계화 전쟁의 가능성을 예상했다. 또한 적에게 접근하고, 적군을 혼란시키며, 대응력을 감소시키기 위한 기동훈련과 화기火器를 사용하는 고도로 훈련된 육군 병력 10만 명의 필요성을 주장했다. 하지만 1940년 5월 10일, 프랑스는 제2차 세계대전 초기에 독일군의 압도적인 맹공격에 휘청거렸다.

늘 거침없이 말하고 확신에 차 있던 드골은 이전부터 프랑스가 야전에 강한 기갑사단을 즉시 확충해야 한다고 주장했다. 그의 절박함은 프랑스 군부가 제1·2차 세계대전 사이에 느낀 감각보다 훨씬 대단한 것이었다. 동시대에 그와 비슷한 견해를 가지고 있던 풀러 J. F. C. Fuller 장군이 영국군에서 조용히 퇴역한 것처럼, 프랑스 고위 장교들 역시 눈에 띄지 않은 중령의 제안을 퇴짜 놓았다. 그들은

J. F. C. 풀러

드골을 잘 봐주면 괴짜, 최악의 경우에는 미치광이로 여겼다.

독일군이 전격전을 시작한 다음 날, 드골은 프랑스 제4기갑사단을 지휘하라는 명령을 받았다. 사실상 사단은 서류상으로만 존재했다. 일주일이 채 지나지 않아 드골은 동원할 수 있는 전차와 병사들을 프랑스 전선을 휩쓴 독일군 선봉이 지나가는 길목으로 소집했다.

"왜 지금이라도 모든 기갑부대를 하나의 타격 부대로 모아 나치들을 박살 내지 않습니까?" 드골은 몽코르네 Montcornet 에서 이렇게 요구했다.[2]

총사령관 모리스 가믈랭 Maurice Gamelin 장군의 참모인 알퐁스 조르주 Alphonse Georges 장군이 대답했다.

"제1사단은 벨기에에서 전멸했고, 제2사단은 우아즈 Oise 강 수송작

전 중에 섬멸당했다. 제3사단은 이곳저곳에서 영광스럽게 싸웠으나 궤멸했다. 남은 건 자네의 제4사단뿐이네, 드골. 자네는 적이 실행하는 작전을 오랫동안 생각해오지 않았나. 이제 행동으로 옮길 기회야!"³

비참하게도 정원을 채우지 못한 제4기갑사단은 독일군 제10전차사단에 대항하기 위해서 진격했다. 드골은 포탑 밖으로 상체를 드러낸 채로 선두 전차에 타고 있었다. 전장의 포화 속에서 그가 보인 단호함과 용감함은 드골에게 지휘관으로서 자질이 있음을 보여 주었고, 훗날 그가 정치인이자 프랑스의 실질적인 지도자로서 활동하는 데 도움이 되었다.

드골은 프랑스의 명예를 위해 침공군에 대한 기습 타격을 결정했다. 설사 승리하더라도 아주 많은 희생을 치르리라 예상했다. 그는 전차 200대를 이끌고 진격하여 수많은 독일 대전차포를 덮쳤다. 그러나 포병 지원을 받지 못한 이 반격은 적의 강력한 공중공격을 받아 결국 격퇴당하고 말았다.

2주 뒤, 드골은 독일군과 다시 한 번 싸웠다. 준장으로 진급한 그는 193킬로미터 이상 떨어진 솜Somme 강으로 이동하라는 명령을 받았다. 제4기갑사단은 아브빌Abbeville 인근에 있는 독일군 교두보를 공격하여 포로를 400명 이상 붙잡았고, 적군을 솜 강 건너 북쪽 멀리 내쫓았다. 수적으로 크게 열세인 프랑스군은 승리를 이어나갈 수 없었다. 드골은 일방적인 차이에도 불구하고 프랑스군을 승리로 이끌었고, 희망을 잃은 1940년 봄에 몇 안 되는 군사적 승리를 거둠으로써 명성을 높였다.

6월 초, 폴 레노Paul Reynaud 수상은 드골을 파리로 불러들였다. 비록 제3공화국은 몇 주밖에 존속하지 않았지만, 레노는 드골을 국방차관으로 임명했다. 모든 전선에서 독일군이 진격함에 따라 프랑스의 운명도

아돌프 히틀러와 만난 프랑스 국가원수 필리프 페탱.

결정되었다. 레노 정부는 물러났고, 연로한 필리프 페탱Philippe Pétain 원수가 이끄는 비시 정부는 6월 22일 치욕스러운 휴전협정에 굴복하고 말았다.

이에 반기를 든 드골은 항공기를 타고 프랑스를 떠나 영국으로 향했다. 비시 정부에 반역자로 낙인찍힌 그는 결석재판에서 사형을 선고 받았다. 프랑스 전투Battle of France 가 공식적으로 종결되기 전에 드골은 권력의 공백을 채웠고, 스스로 '자유 프랑스의 지도자'라고 주장했다. 6월 18일 BBC 라디오를 통한 대국민 연설에서 그는 이렇게 말했다.

"프랑스는 전투에서 패배했습니다. 하지만 전쟁에서 패배한 것은 아닙니다. … 어떠한 일이 생기더라도 프랑스에서 저항의 불꽃은 꺼져서는 안 되며 꺼지지도 않을 것입니다. 저는 오늘과 마찬가지로 내일도 런던에서 라디오 연설을 할 것입니다."

샤를 드골 장군은 지도자로서 전술적 안목, 개인적인 용기, 애국심, 명예심을 보여주었다. 이는 프랑스가 역사상 가장 어두운 시기를 보내는 동안 프랑스 국민에게 자부심을 불러일으켰다. 그는 언제나 존경 받은 것은 아니지만 그의 탁월한 추진력과 결단력, 목적의식만은 확실한 존경을 받았다.

차례

머리말 13
시작하는 말 18

Chapter 1 플랑드르의 아이 27
어린 시절부터 확고한 목적의식을 키운 준비된 리더십

운명의 사나이 / 프랑스의 장엄함과 화려함에 이끌린 어린 시절 / 확고한 목적의식을 지니고 미래를 준비하다 / 드레퓌스 사건의 망령

Chapter 2 전쟁의 도가니 51
권위에 의문을 제기하고 자신의 의견을 자유로이 피력하는 직설적 리더십

사관학교 시절 / 페탱을 만나다 / 초급장교 드골 / 첫 번째 부상 / 독일군의 포로가 되다 / 탈출 시도 / 종전

Chapter 3 젊은 사자 89
실패에도 좌절하지 않는 불굴의 용기와 기회를 놓치지 않는 리더십

폴란드에서 / 가정을 꾸리다 / 육군대학으로

Chapter 4 부단한 고집불통 115
자신이 믿는 바를 강하게 주장하는 자기 확신의 리더십

페탱의 비호 아래 새로운 일을 시작하다 / 명예 회복 / 명예로운 샤쇠르 / 드골과 페탱의 불화 / 프랑스 식민 제국의 본성을 통찰하다 / 정치적 인맥을 쌓고 전술 이론을 확고히 하다 / 기갑전력의 필요를 인식하다 / 전차부대 지휘관 / 페탱과 갈라선 드골

Chapter 5 프랑스의 정신 157

적에게 투항하기를 거부하고 잘못된 정책을 비판한 명예로운 리더십

피할 수 없는 전쟁 / 드골의 비판 / 시작부터 잘못된 전쟁 / 무너지는 정부의 각료 / 프랑스의 명예를 싣고 영국으로

Chapter 6 잿더미에서 195

곤경 속에서도 결코 타협하지 않고 목표를 향해 전진하는 리더십

프랑스는 혼자가 아닙니다 / 프랑스 저항운동의 지도자를 찾다 / 자유 프랑스 운동의 지도자, 드골 / 임시정부 수립 노력 / 메르스엘케비르의 비극 / 영국 정부의 협력 / 프랑스 식민지의 향방 / 분열의 조짐 / 지로와 드골 / 처칠과 루스벨트의 골칫거리

Chapter 7 의기양양한 복귀 249

위험 속에서도 두려움을 보이지 않는 침착하고 대범한 리더십

프랑스 해방과 드골의 귀환 / 비시 정부 척결 / 전후 프랑스의 지위 보장

Chapter 8 프랑스 만세 271

혼돈과 격변으로부터 나라를 강국으로 이끄는 단호한 리더십

일반 시민이 된 드골 / 사막에서의 방랑 / 작가 드골 / 프랑스 식민 제국의 몰락과 드골의 정계 복귀 / 프랑스의 국가원수 / 죽음

끝맺는 말 302
주(註) 307
참고문헌 314
찾아보기 316

Chapter1 플랑드르의 아이

어린 시절부터 확고한 목적의식을 키운 준비된 리더십

"나는 프랑스가 거대한 시련을 겪게 될 때, 내 인생의 보람은 그 시련 앞에서 조국을 위해 몸을 바치는 데 있으며, 내가 그러한 기회를 반드시 갖게 될 것이라고 굳게 믿고 있었다."

✝ 운명의 사나이

샤를 앙드레 조제프 마리 드골은 어릴 때부터 죽는 날까지 스스로를 '운명의 사나이'라고 생각했다. 그리고 그 운명은 의심할 여지가 없이 프랑스의 과거·현재·미래와 밀접하게 얽혀 있었다. 그는 1890년 11월 22일 오래된 도시 릴Lille에서 태어났다. 프랑스 북부 플랑드르Flandre 지방에 있는 릴은 벨기에 국경 가까이에 위치한 제조업과 직물 생산의 중심지였다.

 샤를 드골은 앙리 드골Henri de Gaulle과 잔 마리 드골Jeanne Marie de Gaulle 사이에서 셋째로 태어났다. 그의 가족은 독실한 가톨릭 신자였다. 그가 태어나기 1년 전에 건축가 구스타브 에펠Gustave Eiffel이 1889년 파리 만국박람회에서 사람들을 맞이하기 위해 그 유명한 에펠탑을 완성했다. 비록 드골은 예술, 문학, 음악, 철학이 크게 번성한 '벨 에포크Belle Epoque

Chapter 1 플랑드르의 아이 29

프랑스 릴에 있는 샤를 드골의 생가.

(아름다운 시기)'에 태어났지만, 프랑스 국민의 잠재의식에는 약 20년 전 발발한 프로이센-프랑스 전쟁(보불전쟁)의 굴욕적인 패배에 따른 수치심이 소용돌이 치고 있었다.

카이저Kaiser 빌헬름 1세Wilhelm I와 오토 폰 비스마르크Otto von Bismarck 수상의 프로이센 군대는 프랑스에 굴욕적인 항복조건을 제시하고 1871년 프랑크푸르트 조약Treaty of Frankfurt을 체결했다. 이 조약은 프랑스의 위상에 심각한 타격을 주었다. 앙리 드골은 파리 공방전에 참전했다가 부상을 입었고, 프랑스의 치욕적인 패배를 바로잡고 빼앗긴 알자스로렌Alsace-Lorraine 지방을 다시 프랑스 영토로 되찾을 날을 갈망했다. 독일은 두 분쟁 지역에 대한 통치권을 확립했고, 주민들에게 프랑스에 대한 충성을 맹세하고 이 지역을 떠나든지 아니면 그곳에 남아 독일 국민이 되

> **프랑크푸르트 조약**
>
> 프로이센–프랑스 전쟁의 종결과 함께 1871년 5월 10일 프랑크푸르트암마인Frankfurt am Main에서 프로이센과 프랑스가 맺은 강화조약. 독일은 메스를 포함해 알자스 전체와 로렌의 대부분을 합병했다. 프랑스는 막대한 전쟁배상금을 지불해야 했고 배상금을 완납할 때까지 프랑스 북부의 독일군 점령 경비를 부담해야 했다. 한편, 1871년 1월 18일 프로이센 왕 빌헬름 1세가 프랑스 베르사유 궁전에서 독일 제국의 황제로 선포하고 프로이센의 독일 지배는 확고해졌으며, 독일의 여러 제후국에 대한 프랑스의 영향은 종식되었다.

라고 강요했다. 또한 프랑스 정부에게 프로이센의 빌헬름 1세를 통일 독일 제국의 황제로 인정하고 50억 프랑의 전쟁배상금을 지불하도록 규정했으며, 배상금 지불을 완료할 때까지 프랑스의 일부 영토에 독일군이 주둔할 것을 명시했다.

벨 에포크 시기에는 과학과 기술이 번성했다. 또한 유럽 국가들 사이의 논쟁이 군사적 충돌이 아닌 외교적 수단으로 해결될 만큼 정치적으로 안정을 이루었다. 그럼에도 불구하고 각 나라의 국력에 있어서 현저한 수준 차이가 나타났고, 민족주의적 경쟁과 군비경쟁의 급증은 영속적인 평화를 위협했다. 그리고 난폭한 제국주의가 다가올 세계에서 열강들이 서로 경쟁하게 만들 것이라는 점이 거의 확실했다. 1914년, 구유럽Old Europe은 더 이상 존재하지 않았다. 샤를 드골이 세상에 발을 디딜 무렵 유럽은 선택의 기로에 놓여 있었다.

✝ 프랑스의 장엄함과 화려함에 이끌린 어린 시절

샤를 드골은 어릴 적 고집이 세고 심술쟁이였으며, 형제들을 괴롭히고 귀찮게 굴었다. 아버지의 권위는 필요할 경우 인정했지만 어머니의 가르침은 무시했다. 그는 가끔씩 버럭 화를 냈고, 자신이 하고 싶은 대로 되지 않으면 팔을 마구 휘저으며 크게 울곤 했다. 아이들과 놀 때면 자신보다 나이 많은 아이들까지도 자기 말에 집중하고 지시를 따르게 만드는 등 강한 성격을 드러냈다. 샤를은 근처에 사는 아이들을 불러 모아 편을 가른 후 경쟁을 하도록 만들었으며, 언제나 자신이 중요한 역할을 맡는 것을 즐거워했다.

문화적으로 우수한 프랑스의 장엄함과 화려함은 어린 샤를 드골의 마음속에서 절대 떠난 적이 없었다. 한번은 장난감 병정들이 바닥에 배치되어 있었다. 형 그자비에Xavier가 독일 카이저보다는 프랑스 왕이 되고 싶다고 말했다. 샤를은 "절대 안 돼! 프랑스는 내 꺼야"라고 대꾸했다. 또 한 번은 샤를이 때렸다며 남동생 피에르Pierre가 울고 있었다. 샤를이 그렇게 행동한 것은 병정놀이를 하는 동안 스파이 역할을 했던 피에르가 비밀 메시지를 집어 삼키지 않고 적에게 넘겨준 것에 대한 대응이었다.[1]

그가 가끔은 부모님과 형제들의 인내심을 시험하기는 했지만, 가족 간의 유대와 애정은 진실하고 지속적이었다. 샤를은 일생 동안 부모님과 가깝게 지냈다. 그자비에는 스위스 제네바Geneva 주재 총영사 자리에 올랐고, 피에르는 제2차 세계대전의 격동기 동안 샤를과 함께했으며 후에 여러 정부 부처에서 일했다. 샤를은 또 다른 형제인 자크Jacques와 가장 친했다. 그러나 공학도로서 전도유망했던 자크의 장래는 몸을 마비

> 프랑스 역사에 대한 관심은 프랑스 군사에 대한 심도 있는 연구로 이어졌다. 전투가 전략에 미친 영향, 부대 이동, 각 부대에 내린 명령을 포함해서 프랑스가 벌인 대규모 전투를 전부는 아니지만 대부분 암기했다.

시키고 말을 할 수 없게 만드는 중병 때문에 사라지고 말았다. 누나 마리 아그네스Marie-Agnes는 제2차 세계대전 중 레지스탕스résistance*에 투신했다가 나치에 의해 수감되었다. 1945년 연합군에 의해서 풀려난 그녀는 1980년대까지 살면서 회고록을 집필했다.

샤를 드골의 고집불통 성격에도 불구하고 부모님은 어느 누구보다 어린 시절의 그에게 많은 영향을 끼쳤다. 부모님은 그에게 가톨릭 신앙과 조국에 대한 열정을 주입했고, 이에 소년은 프랑스 역사에 몰두했다. 사실 드골이라는 성姓은 과거 1415년 아쟁쿠르Agincourt에서 있었던 매우 주목할 만한 전투와 관련이 있었다. 그 전투보다 앞서 드골이라는 프랑스 귀족이 프랑스를 침략한 영국군을 격퇴했다고 전해지고 있다. 그렇다면 샤를 드골이 고집스런 성격에도 불구하고 군에서 경력을 쌓고자 결정한 것은 그리 놀라운 일이 아니었다.

드골은 아버지에 대해 다음과 같이 기록했다.

"나의 아버지는 사려 깊고 교양 있으며 전통을 따르고 프랑스의 위엄

---

* 권력이나 침략자에 대한 저항이나 저항운동. 특히 제2차 세계대전 중 독일 점령하 프랑스에서 있었던 지하 저항운동을 이른다.

에 대한 생각으로 가득 찬 분이셨다. 그분은 내가 프랑스 역사를 알게 해 주셨다. 나의 어머니는 독실한 신앙 만큼 조국에 대한 확고한 애정을 지니고 계셨다."2

이 어린 소년에게 중요한 영향을 미친 또 다른 사람은 그와 똑같이 '샤를 드골'이란 이름을 가진 백부였다. 그는 『19세기 켈트족 Les Celtes au XIXe siècle』의 저자로 웨일스인·스코틀랜드인·아일랜드인·브르타뉴인의 연합을 제안했다. 또한 「혈통의 인식 Le Réveil de La Race」이라는 소논문도 썼다. 그 작품 속 짧은 구절은 어린 드골의 전쟁과 민족에 대한 열정을 흔들어 놓았다.

"야간을 틈타 적군이 주둔지를 기습공격하자 모두들 놀랐다. 어두운 혼란 속에 병사들이 각자 홀로 싸우는 동안, 어느 누구도 부대기를 들고 호각을 울려 병사들을 결집할 수 있는 직책이나 계급의 사람을 찾지 않았다."3

앙리 드골은 교육자였다. 새로운 세기에 접어들 무렵 그가 파리에 있는 예수회 학교의 교장으로 임명되자, 가족은 수도 파리로 이사를 갔다. 프랑스 정부가 정교분리를 실시하며 예수회 학교를 폐쇄하자, 앙리는 파리에 남아 포스트 거리 Rue des Postes 에 작은 학교를 설립했다. 가족은 오후와 주말에는 앵발리드 군사박물관 Hotel des Invalides 에 있는 나폴레옹의 무덤에서 시간을 보내거나, 개선문 Arc de Triomphe 을 보며 감탄했다. 또한 저녁식사 자리에서는 지적 자극을 주는 대화를 주고받았다. 아버지와 어머니는 언제나 가르치고 질문했으며, 아이들이 토론을 하도록 유도했다. 의견 충돌은 찬찬히 따지고, 근본적인 요소를 골라내서 사려 깊은 대화를 통해 해결했다.

샤를 드골은 가톨릭 교육 과정에 따라 파리에 있는 그리스도 형제회 Christian Brothers에서 운영하는 초등학교와 예수회 학교에서 정규 교육을 받은 후, 벨기에 앙투앙Antoing에 있는 사크레쾨르(성심聖心) 학교Collège du Sacré-Coeur와 파리의 스타니슬라스 학교Collège Stanislas에서 공부했다. 초기 학업 수준은 평범했다. 그러나 철학, 역사, 문학을 좋아했으며 대단히 뛰어난 지적 능력과 특출한 기억력으로 평균보다 높은 성적을 유지했다. 비상한 기억력은 또한 흥미 없는 과목들까지 합격점을 받을 수 있도록 해 주었다. 이러한 성과가 지속적으로 동기들과 교사들 앞에서 우월감을 느끼는 데 영향을 주었을 수도 있다. 프랑스 역사에 대한 관심은 프랑스 군사軍史에 대한 심도 있는 연구로 이어졌다. 전투가 전략에 미친 영향, 부대 이동, 각 부대에 내린 명령을 포함해서 프랑스가 벌인 대규모 전투를 전부는 아니지만 대부분 암기했다.

어릴 때부터 고전을 배운 샤를 드골은 소크라테스Socrates와 플라톤Platon에 익숙했다. 그는 철학 분야를 탐구하고 창의적인 글을 쓰려고 노력했다. 14세 때에는 '불쾌한 만남Une Mauvaise Rencontre'이라는 제목의 운문 단막극을 썼다. 그는 애처로운 거지로 변장한 노상강도를 만난 여행자의 불행을 대화 형식으로 묘사했다. 강도는 경계하는 피해자에게서 모자, 신발, 지갑을 포함한 행장을 빼앗으려고 한다. 이 소품문에서 처음에 관대한 사람으로 가정했던 여행자는 확연한 변화를 보여주었다.

노상강도는 "당신은 동포를 죽이고자 하는 욕망에 눈먼 불쌍한 영혼을 구해 주지 않겠소?"라고 애원한다. 여행자가 망설이자, 강도는 순응해야만 하는 또 다른 이유를 제시한다. "여기를 보시오. 내게는 장전한 권총 두 정이 있소이다!"[4]

이 짧은 작품을 통해 드골의 재치가 드러났다. 동시에 인생 전반에서 샤를 드골을 이끌어준 실용적인 관점도 언뜻 비추고 있다. 계산적이고 통찰력 있는 군인이자 정치가였던 드골은 절대로 겉모습 그대로를 믿지 않았다. 노상강도가 피해자가 동의하도록 애원할 때 사용한 방법은, 후일 그가 국가원수들과의 거래에서 상대방이 자신의 요구에 효과적으로 응하도록 만들 때 사용한 전략이었다. 만약 그렇게 하지 않으면 모두가 우려할 만한 불쾌한 조치를 취하곤 했다.

가족들은 도덕적인 그 연극을 매우 좋아했다. 이어서 가족 중 누군가가 원고를 문학 경연대회에 제출했고, 이 작품은 가치를 인정받아 상을 받았다. 부상으로 작품을 출판하거나 25프랑의 상금을 받을 수 있었는데 샤를 드골은 이야기가 인쇄물에 실리는 것을 선택했고, 그 선택은 적은 돈을 받아 잠깐 동안의 만족감을 얻는 것보다 더 지속적인 보상이 되었다.

청소년 시절 샤를 드골의 비전이 나타난 더 적절한 예는 아마 파리에 있는 예수회 학교에 입학하고 난 다음 해에 쓴 소설일 것이다. 15세의 드골은 전쟁에 휘말린 미래 유럽을 상상해서 글을 썼다.

프랑스 정부의 악의와 오만함에 분노한 유럽은 1930년 전쟁을 선포했다. 독일 3개 야전군이 보주Vosges 산맥을 넘어왔다. 가장 강력한 부대의 지휘는 폰 만토이펠von Manteuffel 장군이 맡았다. 육군 원수 프리드리히 카를Friedrich Karl 공은 두 번째 부대를 맡았다. 프랑스에서 독일군의 진격은 매우 신속하고 조직적이었다.

드골 장군은 20만 명의 병력과 518문의 포로 선봉에 섰다. 드부아데프르De Boisdeffre 장군은 15만 명의 병력과 510문의 포를 지휘했다. 2월 10일

> **❝** 계산적이고 통찰력 있는 군인이자 정치가였던 드골은 절대로 겉모습 그대로를 믿지 않았다. **❞**

부대는 전선에 배치되었다. 드골은 빠르게 자신의 계획을 수정했다. 그는 우선 낭시Nancy를 구한 다음 드부아데프르와 협력하여, 독일군의 연합으로 프랑스군이 참사를 당하기 전에 그들을 먼저 박살 내고자 했다.[5]

선견지명이 있던 드골은 전쟁과 전쟁에 대한 소문이 무성했던 20세기 전반 유럽의 본질을 포착했다. 드골은 독일을 두루 여행하고 유럽이 변화의 한가운데 있다고 글을 썼다. 그는 불안한 기운과 함께 심지어 조국을 향한 적대감을 느꼈고, 그러한 재난이 방대하고 비극적인 무력 충돌로 이어질 수도 있다고 적었다.

훗날 그는 『전쟁 회고록Mémoires de Guerre』에 다음과 같이 적었다.

내가 청소년일 때 프랑스에서 일어난 일은 무엇이든, 그것이 역사 문제이든 대중의 삶의 투쟁이든 상관없이 나의 흥미를 끌었다. 그래서 나는 쉴 새 없이 벌어지는 그 같은 드라마를 보는데 주저하지 않았지만, 한편으로는 쓰라림도 느꼈다. 20세기가 시작된 이래 그 언제보다 전쟁이 발발할 징조가 많이 보이기 시작했다. 어린 시절 나는 이런 미지의 모험을 두려움 없이 상상하고 이를 미화했다는 것을 인정할 수밖에 없다. 요컨대 나는 프랑스가 거대한 시련을 겪게 될 때, 내 인생의 보람은 그 시련 앞에서 조국

을 위해 몸을 바치는 데 있으며, 내가 그러한 기회를 반드시 갖게 될 것이라고 굳게 믿고 있었다.[6]

벨기에에서 두 달 동안 공부를 한 뒤 아버지에게 편지를 보냈다.

저는 이번 주에 커다란 불운을 겪었습니다. 20일에 본 수학시험에서 12등을 했습니다. 게다가 이번 달 운이 나빠서인지 물리와 화학에서 2등에 머물렀습니다. 저는 여전히 많은 역사와 자연사 책을 읽고 있으며, 무엇보다도 독일과 관련된 책을 많이 읽었습니다. 사람들은 최근 알제리 전선의 전투에 대한 프랑스 서적을 읽고 있습니다. 작전 중 전사한 척후대 소속 생틸레르Saint-Hilarie 중위는 이곳에 있는 한 학생의 친척인데, 포스트 거리 학교의 졸업생인 것 같습니다.[7]

샤를 드골은 제국의 국경을 지키다가 전사한 프랑스 장교의 죽음에 충격을 받았다. 그 장교는 현재 학교 친구와 연관되어 있을 뿐만 아니라 그의 아버지가 설립한 학교를 졸업했다. 드골은 이미 프랑스의 기반과 권좌를 가톨릭교회와 육군이라는 두 기둥이 지탱하고 있다는 것을 깨달았다. 그는 일생을 군대에 헌신했고, 어린 시절부터 마음속에는 늘 교회의 영향력이 존재했다. 군대는 국가 내에 있는 안정되고 영속적인 제도였고, 교회는 프랑스의 운명과 드골 자신의 운명을 인도하는 전능하신 하느님의 도구였다.

> **❝** 나는 프랑스가 거대한 시련을 겪게 될 때, 내 인생의 보람은 그 시련 앞에서 조국을 위해 몸을 바치는 데 있으며, 내가 그러한 기회를 반드시 갖게 될 것이라고 굳게 믿고 있었다. **❞**

✝ 확고한 목적의식을 지니고 미래를 준비하다

10대 시절이 끝나갈 무렵, 샤를 드골은 확고한 목적의식을 지니기 시작했다. 교수들은 그에게서 명석함을 보았지만, 어린 학생이 앞에 놓인 기회를 잡기보다 시간이 지나면서 타고난 재능을 낭비할 수도 있다고 경고했다. 하지만 그들이 걱정할 필요는 없었다.

다른 세계 지도자들이 향후 몇 년간 목격하게 되듯, 샤를 드골은 원하는 결과를 얻기 위해 한 가지 행동 방침에 집중하여 지력과 정력을 쏟아부었다. 그 과정에서 희생도 감내했다. 스스로에 대한 타고난 믿음과 숙명에 대한 인식은 나중에 왕권신수설과 매우 흡사한 정책으로 형상화되어 초연하고 냉철한 외형을 드러냈으며, 이러한 완고한 냉정함은 어리석은 자들에게 인내를 베풀지도 막역한 친구에게 환대를 베풀지도 않았다. 아마도 드골은 고독 속에서 강인함을 구하고 결단력을 키워 흔들림 없이 자신과 프랑스의 야망을 추구해 나간 듯하다.

한번은 청소년기 이후의 인생은 "내 인생의 관심은 언젠가 프랑스가 신호를 보낼 때 내가 그 신호를 알아채고 행동할 기회를 가지는 것"[8]이라고 생각하며 살아왔다고 적었다.

그는 아버지를 따라 교사가 되거나, 또는 종교적인 훈육에 따라 사제가

생시르 육군사관학교 École spéciale militaire de Saint-Cyr

프랑스의 국립 군사교육기관. 1802년 나폴레옹 1세가 퐁텐블로^{Fontainebleau}에 처음 창설했고, 이후 몇 차례 이전 끝에 1808년 파리 서쪽의 생시르에 자리를 잡았다. 제2차 세계대전으로 교사가 소실되어 1946년에 코에키당^{Coëtquidan}으로 다시 이전한 뒤에도 여전히 옛 이름으로 부르고 있다. 현재 입학생들의 평균 연령은 21세 정도이며, 3년 동안의 교육을 마친 생도들은 문학석사 또는 이학석사 학위를 받고 육군 소위로 임관한다. 그와 별도로 하사관 중에서 선발한 생도에게 1년간 교육을 실시한 후 소위로 임관시키는 별과^{別科}도 있다.

생시르 육군사관학교 전경.

되기로 결정할 수도 있었다. 그러나 그러한 것들은 군대의 부름에 비할 만한 것이 되지 못했다. 이 젊은 청년의 진로 결정에 대한 역설적인 면은 정평이 나 있다. 엄격한 삶과 다른 사람의 명령을 따르는 것은 그의 본능적인 성향에 반대되는 것처럼 보였다. 그럼에도 불구하고 군대의 일 처리 방식과 명령체계는 커다란 매력이 있었다. 군대에는 지휘를 하고 자신의 용기를 펼칠 기회가 분명히 있었고, 프랑스를 수호하는 일보다 더 고결한 것은 없었다. 결국, 그는 타고난 지도자였다.

샤를 드골은 생시르Saint-Cyr에 있는 명망 있는 사관학교에 지원하기로 결정하고 공부하는데 노력을 기울였다. 나폴레옹 보나파르트Napoléon Bonaparte가 설립한 생시르 육군사관학교는 황제의 유럽 대륙 정복 전쟁에서 싸운 수많은 프랑스 장교를 배출한 교육기관이었다. 전통 깊은 이 사관학교는 보수주의의 보루였으며, 그들의 군사행동 기본교리는 전력을 기울여 공세를 유지하는 것이었다.

드골은 프랑스 역사와 위대한 프랑스 군인들의 군사작전에 대한 지식이 뛰어났지만 자신의 장점만으로는 충분하지 않다는 것을 깨달았다. 그래서 입학을 위해 필수적인 수학, 과학, 그리고 다른 과목들의 점수를 높이고자 했다. 1908년 가을, 생시르 입학을 보장 받기 위해서 수학과 과학을 마스터할 생각으로 스타니슬라스 학교에 들어갔다.

첫 학기 학업 수준은 또 다시 보통 정도로 29명의 학생 중 18등이었다. 그러나 꾸준히 성적이 올라 봄이 되자 2등으로 올라섰다.

1909년 늦여름, 드골은 2년간의 힘든 공부를 마치고 위머로Wimereux에 있는 해안가 마을로 갔다. 그러나 그곳에서도 휴식을 취할 수 없었다. 생시르 육군사관학교 입학시험 결과는 언제든지 나올 수 있었다.

마침내 9월 30일 입학 허가를 받았다. 800명의 지원자 중에서 221명이 어려운 시험을 통과해서 합격 통지서를 받았다. 드골은 119등이었다. 비록 상서로운 시작은 아니었지만 주사위는 던져졌다. 흥미롭게도

> **❝** 타고난 지도자였던 샤를 드골은 명령을 무조건 따르라는 요구를 받아들이기 어려워했다. 권위와 맞서는 것은 드골에게 당연한 일이었다. 그는 일생 동안 자신이 옳다고 생각한 것을 밀고 나갔다. **❞**

프랑스 국방부가 새로운 규정을 통과시켰다. 모든 장교후보생은 1년 동안 육군 사병으로 복무해야만 했다. 이는 병사들을 어떻게 이끄는지 스스로 배우도록 하기 위해서였다.

고향인 릴 근처 아라스^{Arras}에 제33보병연대 본부가 있었다. 드골은 1909년 10월 10일 입대하여 제5중대로 배치되었다. 프랑스군과 오랜 기간에 걸친 애증 관계의 시작이었다. 드골 이병은 약 196센티미터로 다른 병사들에 비해서 키가 컸다. 커다란 코는 얼굴에서 가장 특징적인 부분으로, 종종 큰 키만큼 많은 이목을 끌기도 했다. 이 신병은 바로 다른 동료 병사들의 호기심을 끌었다. 신체적인 겉모습과 종종 드러나는 완고한 성격의 조합으로 인해 드골은 병영 생활, 그리고 낡은 관행과 정체상태에 빠진 군대의 무의미한 교육에 어울리지 않았다.

드골도 전장에서 병사들이 필수적인 명령을 따르고 조화롭게 움직이기 위한 훈련과 훈육의 중요성은 이해했다. 하지만 구식 방법과 낡은 신조는 시간을 낭비하고 곧 다가올 격동기 동안 군대를 이끌 책임이 있는 사람들의 열정을 꺾는 것처럼 보였다. 행군을 하는 동안 보조를 맞추기 위해 노력하면서도 머릿속은 완전히 다른 목표를 향해서 빠르게 움직이고 있었다.

타고난 지도자였던 샤를 드골은 명령을 무조건 따르라는 요구를 받아들이기 어려워했다. 권위와 맞서는 것은 드골에게 당연한 일이었다. 그는 일생 동안 자신이 옳다고 생각한 것을 밀고 나갔다. 병장의 분노를 견디는 것이든 다른 열강의 수장들 사이에서 홀로 고집스럽게 모국의 이해를 관철하는 것이든지 간에 때로는 그 대가를 치러야만 했다. 드골의 자기 과신과 개인적인 확신은 그러한 방향을 계속 추구하도록 하기에 충분했다.

점호 시간은 종종 다른 병사들에게 기분을 전환하는 시간이 되기도 했다. 당시 병사들은 병장이 들어올 때 병영 내에서 열을 맞춰 기립해 있어야 했다. 드골은 자신의 이름이 불리면 대답을 했다. 곧 재치 있는 전쟁이 진행되었다. 정리 기준에 한참 못 미친 쭈글쭈글한 군장, 헝클어진 옷가지, 그리고 다양한 생필품을 병장이 지시봉으로 찔러보게끔 만들었다. 머리 위에 있던 물건들은 바닥으로 떨어졌다.

이러한 어긋난 행동에도 불구하고, 1910년 봄에 드골은 상병으로 진급했다. 중대장 드 튀니$^{de\ Tugny}$ 대위는 그를 진급시키는 것을 반대했다. 그리고 중대장은 왜 그해에 진급시키면 안 되는지 질문을 받자 화가 나서 "그 어린애를 병장으로 진급시킨다고 한들 어디에 쓴단 말입니까? 그는 오직 총사령관$^{Grand\ Constable}$이라는 직함에만 관심이 있습니다"[9]라고 대답했다. 자기 회의는 드골에겐 익숙하지 않았다. 또한 본질적으로 결함이 있는 지휘관에 대한 복종도 어울리지 않았다.

중대장의 언급은 수세기 동안 프랑스 육군에서 가장 높은 직위를 차지한 사람에 대한 것이었다. 그 평가는 상당히 정확했다. 샤를 드골은 총사령관 외의 직함에는 관심이 없었다. 프랑스 군대는 잘못되고 과거에 안주하는 나이 든 간부들이 지휘하고 있었다. 그러나 조만간 상황은 급작스럽게 바뀌었다. 이는 드골이 예상한 바였다.

✟ 드레퓌스 사건의 망령

프랑스의 일반 병사들에게 빠르게 나타나고 있는 결함들을 제외하더라도, 육군은 여전히 프로이센-프랑스 전쟁 패배라는 오명을 지니고 있었다. 프랑스 군대는 1898년 파쇼다^{Fashoda}에서 월등한 영국군과 맞닥뜨리자, 전쟁 직전의 상황에서 뒤로 한 발 물러나야만 했다. 이 사건은 두 국가가 동아프리카에서 급하게 식민지를 확장하려다가 발생한 것이었다.

게다가 드레퓌스 사건^{Dreyfus Affair}이 군 조직에 먹구름처럼 드리웠다. 그 사건은 장교단 내에 의심과 불신을 키웠고, 장교들에 대한 신뢰성을 위태롭게 했으며, 잠재적으로 지휘 능력도 약화시켰다. 알프레드 드레퓌스^{Alfred Dreyfus}는 프랑스 육군의 포병 중위였다. 1894년 가을, 그는 위조문서와 날조한 증거에 근거해서 독일 스파이 혐의로 재판을 받고 유죄 선고를 받았다. 그 뒤 계급을 박탈당하고 프랑스령 기아나^{Guyane française}에 있는 악마의 섬^{Île du Diable}으로 유배당했다. 유대인 혈통과 알자스 지방 출생이라는 신분 때문에, 드레퓌스를 조국을 배신하고 범죄를 저지를 만한 인물로 여긴 것이다. 그러나 2년 뒤 다른 장교가 범행을 저질렀다는 것이 밝혀졌다.

대규모 은폐가 뒤따랐지만, 결국 드레퓌스는 법정에서 최종적으로 무죄 판결을 받았다. 그동안 프랑스군 최고위 계층은 증거를 숨겼고, 드레퓌스는 옥중에서 비참하게 지냈다. 드레퓌스 사건은 심각해졌고, 파리의 일간지 《로로르L'Aurore》에 에밀 졸라Émile Zola의 '나는 고발한다J'accuse'라는 제목의 기사가 보도된 뒤에는 공개적인 문제가 되었다. 졸라의 기사를 근거로 드레퓌스는 악마의 섬에서 돌아와서 두 번째 재판을 받았다. 충격적인 스캔들로 인한 대중의 본성은 프랑스군 지휘부를 분열시켰을 뿐만 아니라 프랑스 사회 전체를 분열시켰다. 결국 드레퓌스는 혐의를 벗었다. 하지만 드레퓌스를 지지한 프랑스 장교들과 드레퓌스를 잘못 기소한 사람들 사이의 적대감이 완전히 사라지기까지는 오랜 시간이 걸렸다. 프랑스 장교들도 명백한 잘못이 있음을 알고 있었으

파쇼다 사건 Fashoda Incident

유럽 열강의 제국주의적 식민지 확대 경쟁이 치열해지는 19세기 말의 상황 속에서, 아프리카 분할 점령을 놓고 1898년에 영국(종단정책)과 프랑스(횡단정책)가 수단 남부 도시인 파쇼다에서 충돌한 사건. 아프리카 남북의 요지를 차지한 영국은 케이프타운Cape Town과 카이로Cairo를 연결한 아프리카 종단 계획을 세웠다. 한편 프랑스는 19세기 전반기에 점령한 알제리를 거점으로 튀니지를 보호국으로 삼고(1881년), 사하라 사막과 적도 아프리카로 진출했다. 그 뒤 마다가스카르를 얻은 프랑스는 아프리카 횡단 계획을 세웠으나 영국의 종단 계획과 충돌하여 파쇼다 사건이 발생했다.
1898년 7월 마르샹Marchand 대령 지휘하의 프랑스군은 동진하여 이집트·수단 남부 나일 계곡에 있는 파쇼다에 도착하여 프랑스 국기를 게양했다. 이에 대하여 영국의 키치너Kitchener 장군은 수단 지방을 남하하여 같은 해 9월 2일 하르툼Khartoum을 점령했다. 9월 19일 키치너가 파쇼다에서 마르샹이 철퇴할 것을 요구했으나 불응하자, 영국과 프랑스 간의 관계는 긴장으로 이어졌다. 결국 외교 교섭에 의하여 이듬해 영국이 이집트를, 프랑스가 모로코를 각각 세력 안에 두기로 하고 타협했다. 수단은 영국의 지배하에 들어가게 되었다.

1898년 1월 13일자 《로로르》 지 1면에 실린 에밀 졸라의 〈나는 고발한다〉.

나, 자신들의 신뢰가 더 이상 떨어지는 것을 원하지 않았기 때문에 범죄를 은폐하려고 노력했다. 그리고 반유대주의 anti-Semitism 도 드레퓌스가 희생자가 되는 데 일조했다.

　드레퓌스 사건의 망령이 수십 년 동안 프랑스군을 따라다녔다. 또한 그 사건은 두 번의 세계대전 동안 군사력을 준비하고 군사력이 쓰이는 데 영향을 미쳤을지도 모른다. 한 전쟁은 프랑스를 피폐하게 만들었고, 또 다른 전쟁은 나치의 혹독한 점령을 초래했다. 군대 리더십에 대한 불신은 수십 년 동안 군부의 응집력 있는 지휘를 가로막았다. 비록 드골은 드레퓌스 사건에 대해서는 거의 언급이 없었지만, 말년에 그 사건이 자신의 정신에 미친 영향에 대해서 기술했다. 그는 또한 유년 시절의 다른 사건들에 대해서도 입을 열었다.

　드골은 『전쟁 회고록』에서 이렇게 언급했다.

　"나에게 우리 조국의 성공을 나타내는 징표보다 더 큰 영향을 미친 것은 없었다. 우리 조종사들이 첫 비행을 한 롱샹 Longchamp 에서 열린 경이로운 박람회를 관람하기 위해 러시아 차르 Czar 가 지나갈 때 대중은 열광했다. 우리의 허약함과 실수보다 나를 더 슬프게 하는 것은 없었다. 나의 어린 시절의 시선을 통해서 적나라하게 드러났듯이 사람들은 파쇼다에서의 패배, 드레퓌스 사건, 사회적 충돌, 종교적 갈등을 보았고 또한 말했다. 청소년으로서 역사적 과제 또는 대중적인 삶의 문제인 프랑스의 운명이 그 무엇보다 나의 흥미를 끌었다."[10]

　드골은 분명 이런 사건들로부터 깊은 영향을 받았다. 흥미롭게도 프랑스 외교 정책의 양상은 파쇼다 사건의 부산물이었다. '파쇼다 신드롬 Fashoda Syndrome'으로 알려진 정치적 입장은 반드시 프랑스가 영국의 영향력에 대항하는 수호자로 남아있어야 한다는 것이었다. 이는 프랑스가 군국주의 독일에 대한 방어를 고려하는 정도에 필적했다. 사실 드골은 일생 동안 영국을 동맹국으로 끌어안으면서도 그들을 불신하며 적당한 거리를 두었다.

어느 정도 연약하고 상처 받은 모습이 프랑스군의 현재 상태였다. 그리고 이는 아마도 20세기 초 프랑스 사회의 축소판이었다. 샤를 드골은 생시르 육군사관학교에 입학하려 했을 때 이미 끊임없는 운명의 끌림을 느꼈음이 틀림없다. 이 운명은 애국적인 자부심과 부모님의 학구적인 물결, 최근 30년간의 역사 물결에 영향을 받은 것이었다. 또한 언젠가 자신이 프랑스의 국가적 명예의 수호자가 될 것이라는 확신을 느꼈다. 드골은 회고록에서 이렇게 말했다.

"나는 평생 동안 프랑스에 대한 확고한 생각을 가지고 있었다. 이는 이성뿐만 아니라 감성에서도 영감을 받았다. 나의 감성은 프랑스를 고귀하고 특별한 운명에 헌신한 동화 속 공주나 프레스코 벽화 속 성모 마리아 같은 이미지로 여기는 경향이 있었다. 본능적으로 나는 신의 섭리가 프랑스를 완벽한 성공이나 가혹한 불행으로 이끌 것이라고 느꼈다. 만약 이런 섭리에도 불구하고 프랑스의 행동에서 평범함이 드러난다면, 나는 이것을 이 나라의 문제가 아닌 프랑스인의 잘못으로 생긴 터무니없는 이례라고 생각할 것이다. 그러나 내 마음의 긍정적인 면은 프랑스가 최고의 자리에 있지 않다면 그것은 프랑스가 아니며, 오직 대규모 사업만이 국민들의 타고난 분산에 따른 사회적 동요를 균형 잡을 수 있으며, 다른 국가들에 둘러싸인 우리나라가 높은 목표를 지향해야 하며 치명적으로 위험한 고통에서도 목표를 향해 곧바로 나아가야 한다는 것을 확신했다. 요컨대, 내 생각으로 위대하지 않은 프랑스는 프랑스라고 할 수 없다."[11]

샤를 드골은 프랑스의 위대함을 알고 있었을 뿐만 아니라 스스로도 위대함을 보이기 시작했다.

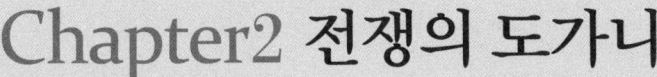

Chapter2 전쟁의 도가니

권위에 의문을 제기하고 자신의 의견을 자유로이 피력하는 직설적 리더십

"뛰어난 분석력과 운명에 대한 믿음은 사람들의 인내를 시험하는 그의 행동에 정당성을 부여했다. 따라서 다른 군인들에게는 복종과 순종이 요구된다 하더라도 드골은 권위에 의문을 제기하고 자신의 입장을 주장하며 인내심을 가지고 이를 관철시키는 것이 의무라고 믿었다."

DE GAULLE LESSONS IN LEADERSHIP FROM THE DEFIANT GENERAL

✝ 사관학교 시절

폭우가 쏟아지던 1910년 10월 14일, 사병으로 의무 복무를 마친 샤를 드골은 파리 외곽 베르사유 근교에 위치한 생시르 육군사관학교에 입학했다. 신입 생도들은 전통에 따라 상급생들에게 약간의 신고식을 치렀다. 얼마 뒤 아버지에게 보낸 짧은 편지에서 그는 이렇게 말했다.

"저는 저녁식사 후에 아버지께 편지를 쓸 수 있을 거라고 생각했습니다. 하지만 지난 나흘 동안 그 시간에 선배들이 우리를 훈계하거나 기합을 주고 있습니다. 그렇게 심하지는 않았지만요."[1]

제33보병연대에 있던 한 해 동안에는 '총사령관'이라는 별명이 따라다녔지만, 이제는 드골의 인상적인 키가 동기들의 놀람거리가 되었다. 그는 다양한 별명으로 불렸다. '빅 아스파라거스 Big Asparagus'는 큰 키와 길쭉한 이마, 날씬한 코를 의미했다. '미스터 2야드'는 그의 키가 육상 높이뛰기 경기의 프랑스 기록과 거의 맞먹기 때문에 붙었다. 그리고 '장닭 Le Coq'이라는 별명은 조롱에 무관심한 그의 태도를 빗댄 마지못한 찬사였다. 프랑스의 전통적인 상징인 '장닭'은 어느 정도 그의 마음에 들었다. 스무 살이 될 무렵에는 이미 그런 비슷한 조롱을 많이 들었을 것이다. 그는 그러한 별명들을 자신의 장점으로 바꾸었고, 종종 에드몽 로스탕Edmond Rostand의 유명한 연극 〈시라노 드베르주라크Cyrano de Bergerac〉의 길고 희극적인 대사를 암송했다. 이 연극의 주인공은 커다란 코를 가지고 있었다.

그러나 샤를 드골은 언제나 다른 사람들과 거리를 두었고, 생시르에 있는 동안에는 계속 유지할 만한 우정을 거의 쌓지 못했다. 비록 프랑스 군대를 이끌 미래의 지도자들을 많이 알게 되었지만, 평생 다른 사람들에게 한 것처럼 동기들에게도 냉담한 태도를 유지하며 고독을 즐기는 것을 좋아했다.

샤를 드골의 초기 학업 성적은 '뛰어남' 하고는 어느 정도 거리가 있었다. 한 강사는 답안지에 다음과 같이 적었다.

"큰 키를 빼고는 모든 면에서 평균임."[2]

이런 의견은 엄밀하게 학급 성적과 관련된 것이었지만, 또한 젊은 생도가 보여준 진지한 표정에 대한 반응이기도 했다. 그럼에도 불구하고 샤를 드골은 앞서 나갈 준비를 하고 있었다. 열심히 공부한 결과 1학년 말 즈음에는 45등까지 올라갔다. 학급에서 특출한 학생은 후에 프랑스 육군 원수가 되는 알퐁스 쥐앵Alphonse Juin이었다. 쥐앵은 제1차 세계대전 중에 심각한 부상을 입었고, 제2차 세계대전에서도 공훈을 세웠다. 수십 년 후 알제리 독립에 대한 생각이 서로 다르다는 것을 알고, 드골은

> **❝** 뛰어난 분석력과 운명에 대한 믿음은 사람들의 인내를 시험하는 그의 행동에 정당성을 부여했다. 따라서 다른 군인들에게는 복종과 순종이 요구된다 하더라도 드골은 권위에 의문을 제기하고 자신의 입장을 주장하며 인내심을 가지고 이를 관철시키는 것이 의무라고 믿었다. **❞**

육군에 쥐앵을 전역시키도록 압력을 가했다.

1912년 10월 1일 졸업을 앞둔 드골의 성적은 211명 중 13등이었다. 생시르에 있는 동안 그는 군사훈련과 훈육의 필요성에 대해 예리한 인식을 지니고 있었다. 그러나 종종 교관들에게 의문을 제기하고 자신의 의견을 자유로이 피력했다. 권위에 의견을 달리하는 확실한 의사표현은 프랑스 장교단에서 이제 막 시작하는 드골의 진급에 방해가 될 수도 있었다. 그런 반면 이것은 1940년의 어두운 시절 동안에 그가 권력을 얻을 수 있도록 만든 가장 중요한 특성이 되었다.

《생시르 매거진》은 교실 안 드골의 특정한 상황을 묘사하면서 예언처럼 보이는 설명을 붙였다.

"역사 과목에서 구두시험을 보는 드골 : 시험관이 궁지에 빠졌다."[3]

성적표를 살펴보면 전체적으로 뛰어난 성적을 보였다. 한 대위는 보고서에 다음과 같이 적었다.

"나무랄 데 없이 행동함. 매너가 아주 좋음. 지능이 매우 뛰어나고 상황 판단이 빠름. 훈육을 신중하게 따름. 성격이 강직함. 태도가 매우 훌륭함. 지속적인 열정을 보임. 군인정신이 매우 높음. 신체 조건이 적당함. 행군

능력이 아주 좋음. 피로를 잘 견딤."
　보고서는 서술 평가를 계속하고 있다.

　　일반적 평가 : 아주 우수한 생도임. 양심적이고 성실한 학생임. 마음가짐이 훌륭함. 침착하고 활기찬 성격임. 아주 훌륭한 장교가 될 것임.
　　보병훈련지휘 전공 : 철두철미한 군인이고 군복무에 애착을 느끼며 매우 성실함. 침착하고 강력하게 지휘함. 아주 훌륭한 장교가 될 것임.
　　훈육관 총평 : 입학 후에 지속적으로 발전을 보였으며 능력, 활력, 열의, 열정, 지휘와 판단력 방면에서 우수함. 틀림없이 훌륭한 장교가 될 것임.

　그의 발전을 주목하지 않을 수 없다. 그리고 이를 통해 미래에 그의 동료 장교들과 정적政敵, 그리고 동맹국마저 혼란스럽게 만들 드골의 성격을 간파할 수 있다. 군대에서 이 젊은 군인은 자기 의사 표현의 기회를 달성하기 위한 수단으로 통제체계를 어느 정도는 받아들일 생각이었다. 그 의견이 다른 사람들의 흥분을 가라앉히든 심기를 불편하게 만들든 관심 밖이었다. 뛰어난 분석력과 운명에 대한 믿음은 사람들의 인내를 시험하는 그의 행동에 정당성을 부여했다. 따라서 다른 군인들에게는 복종과 순종이 요구된다 하더라도 드골은 권위에 의문을 제기하고 자신의 입장을 주장하며 인내심을 가지고 이를 관철시키는 것이 의무라고 믿었다. 드골은 훗날 다른 사람들이나 다른 국가들과 친밀한 관계를 유지했지만, 이는 어디까지나 드골 자신의 안건이자 프랑스의 안건을 밀어붙이기 위한 필요성 때문이었다.

✝ 페탱을 만나다

군내에서는 기병이 엘리트 병과라고 여겼지만 드골은 졸업 후 다시 보병을 선택했다. 흥미롭게도 더 나아가 이전 근무지였던 제33보병연대로 돌아가기로 결정을 내렸다. 그가 떠난 뒤 많이 바뀌긴 했지만 드골은 그 부대에 익숙했고, 사병으로 복무한 그가 장교로서 다시 복귀하면 더 많은 존경을 받을 것이라고 생각했다. 그 부대를 선택한 데에는 그럴 듯한 다른 가능성도 있다. 그는 아마도 1911년 봄에 보직된 연대장 필리프 페탱 대령에 대해서 사전에 알고 있었을 것이다.⁴

페탱은 이미 군사 이론가이자 강연자로서 꽤 명성을 얻고 있었다. 또한 지배적인 정서에 기꺼이 도전하는 전술가로서도 명성이 높았다. 당시에는 연속 공격이 화력 집중보다 뛰어나고, 적 전선에 돌파구를 형성해서 신속하게 진격하는 것보다 앞선다고 생각했다. 드골은 페탱을 잘 알고 있었고, 그가 최고의 멘토가 될 수 있으리라 생각했다.

젊은 소위 드골은 선배 장교들 앞에서도 직설적으로 자신의 의견을 말했다. 또한 철학부터 야전 전술에 이르는 토론 주제에서도 치열한 논쟁을 펼칠 준비가 되어 있었다. 페탱은 이 건방진 신출내기 장교를 주목했고, 소대를 지휘하는 순간부터 그의 행보를 지켜보았다. 이 둘의 첫 만남은 호혜互惠의 전형이었지만 결국에는 비극적인 관계의 상징이 되었다. 처음에는 따뜻했지만 점차 지독하게 차가워졌다. 그러한 관계가 30년 이상 이어졌다.

한번은 페탱 대령이 장교들을 집합시켜 1654년 튀렌 자작^{Vicomte de Turenne}과 콩데 공^{Prince de Condé} 사이에서 벌어진 아라스 전투를 강의했다. 콩데가 전투에서는 결국 패했지만, 사실 전투 중 의사결정에 있어서는 튀렌보다 우월했다고 강력히 주장했다. 대부분의 장교는 그 말에 동의했지만 그들 중 한 사람이 솔직하게 말했다.

"하지만 연대장님, 그렇지 않습니다!" 어수선한 방에서 드골이 불쑥 말을 내뱉었다. "연대장님, 전술 기량은 결국 결과로 분명하게 증명됩니다. 연대장님께서 콩데가 라페르테^{La Ferté}를 사로잡은 후 오캥쿠르^{Hocquincourt}에 대한 측면 공격을 시도하지 않은 것이 올바른 결정이었다고 주장하셨습니다. 그러나 튀렌의 화력이 너무나 강력했고 잘 통제되었기 때문에 콩데가 교전을 지속하지 못했다는 것이 정답입니다. 그 결과 아라스를 구할 수 있었던 것입니다."

페탱은 그의 돌발 행위에 조금 당황하긴 했지만 크게 놀라지는 않은 듯하다. "일어나게, 드골 소위." 페탱은 간단명료하게 말했다. "소위, 자네는 분명 아라스 포위에 대해서 매우 열심히 공부한 것 같군. 자네의 근면함을 칭찬하네. 다음에 반드시 시간을 내서 우리 함께 이 전투의 교훈에 대해 이야기하도록 하세."[5]

그날 이후 연대장과 젊은 소위는 종종 부대 안에서 만났고, 가끔씩 격렬하게 논쟁을 벌이기도 했다. 두 사람은 모두 현대전의 양상이 변화하고 있다는 점에 동의했다. 기술의 발전으로 예전부터 있던, 즉 훌륭한 보병을 불필요하게 낭비하는 전술들은 아마 곧 사라질 것이라고 보았다.

두 장교가 서로 가까워지긴 했지만, 드골은 자신의 완고한 관점과 자기 자신에 대한 믿음을 유지했다. 1913년 프랑스 혁명 기념일^{Bastille Day}에 페탱은 드골을 잡아들여 징계한 일이 있었다. 페탱은 사열 도중 대오가 흐트러진 원인을 드골의 지휘 실수로 생각했다. 하지만 드골은 자신이 아닌 다른 장교의 실수라고 믿고 있었다. 드골은 1주일간 외출금지 조치를 받았다. 페탱은 마지막에 모든 징계조치를 취소했는데, 이로 보아 징계 전에 신중하게 생각하지 않은 듯하다.

드골은 일요일마다 파리를 방문하는 것이 생활이었다. 일요일, 드골은 근처 기차역으로 달려가 막 출발하는 기차를 겨우 잡아탔다. 우연히도 그 차량에는 민간 복장을 한 페탱이 타고 있었다. "그래, 젊은이. 자네는 거의 기차를 놓칠 뻔했다네." 페탱의 말에 드골이 대답했다. "그렇습니다, 연대장님. 그러나 저는 탈 수 있을 거라고 확신했습니다." 페탱이 "그런데, 자네는 지금 영내대기 상태가 아닌가?"라고 묻자 드골이 이야기를 끝맺었다. "사실입니다. 하지만 징계가 부당하기 때문에 연대장님께서 취하해 주실 것이라고 생각합니다."[6]

페탱과 드골은 모두 프랑스가 또 다시 독일과 전쟁을 하거나, 전 세계 특히 북아프리카에서 국가의 핵심적인 이익을 보호할 준비가 되어 있지 않다고 생각했다. 19세기에 라이플총이 머스킷총을 쓸모없는 것으로 만든 것처럼, 최근 기관총의 발명과 중포重砲 구경의 증대는 장차전에서 엄청난 파괴력을 드러내리라고 예상했다. 게다가 전례 없는 규모의 또 다른 전쟁이 몇 년 내로 발발할 것 같은 불길한 징조들도 있었다. 프랑스군 장교 대부분은 조만간 전쟁이 발발할 것이라는 데에 동의했다. 하지만 전쟁이 발발했을 때 취할 행동에 대해서는 서로 견해가 달랐다. 특히 전장에서 전차·포병·보병의 활용에 대한 부분이 그러했다.

유럽이 제1차 세계대전의 공포에 휩싸인 것은 1914년 여름이었다. 그 이전, 육군대학École supérieure de guerre에서 육군총참모부 주관으로 전술토론이 열렸다. 발표자 페탱은 확실한 방어전 추진을 위해서 강력한 성

Chapter 2 전쟁의 도가니

벽을 건설해야 한다는 주류 세력에게 공격을 가했다.

"우리가 먼저 포병 화력으로 적군을 파괴해야 합니다." 그는 용감하게 말했다. "그렇게 된다면 우리는 승리를 쟁취할 수 있습니다. 공격만이 승리로 가는 지름길입니다. 방어는 승리를 가로막을 뿐입니다. 대포를 이용해 지상전에서 우세를 점할 수 있습니다. 이후 보병들이 점령하면 됩니다."[7]

페탱은 자신을 반대하는 사람들에게도 존경을 받고 있었다. 페탱의 지도를 받는 드골은 그런 관계로 인해 많은 혜택을 받았다. 사실 후견인이라 할 페탱은 드골의 군 경력을 한 번 이상 구해주었다. 페탱은 어느 정도 이단적인 내용을 설파했고, 프랑스군 병사들을 지탱해주고 있는 소속감을 조금씩 약화시키는데 영향을 끼쳤다. 그러나 그는 자신을 따르는 헌신적인 추종자를 기르고 있었다. 드골도 큰 범위 내에서는 그들 중 하나였다. 하지만 페탱의 철학을 추종하면서도 전장에서의 승리를 위해서는 신속한 기동력이 화력처럼 대단히 중요한 것이라고 절박하게 주장했다.

"우리는 반드시 공격정신을 지니고 있어야 한다." 드골은 병사들을 향해서 이렇게 경고했다. "이 말은 우리가 언제 어디서나 진격한다는 단 한 가지 생각을 지니고 있어야 함을 의미한다. 전투가 시작되자마자 지휘관, 참모, 병사들을 포함한 프랑스군 전체는 일관된 생각을 지녀야 한다. 진격, 공격을 위한 진격. 독일군을 쪼개버리고 도망치게 하기 위해서는 독일로 진격해야 한다."[8]

프랑스군의 일반적인 태도를 감안할 때, 언젠가 있을 독일과의 또 다른 전쟁에서는 프로이센-프랑스 전쟁에서 입은 피해를 바로잡아야 했

> **❝** 우리는 반드시 공격정신을 지니고 있어야 한다. 이 말은 우리가 언제 어디서나 진격한다는 단 한 가지 생각을 지니고 있어야 함을 의미한다. 전투가 시작되자마자 지휘관, 참모, 병사들을 포함한 프랑스군 전체는 일관된 생각을 지녀야 한다. **❞**

다. 드골은 두 국가 사이에서 높아지는 긴장을 인식하고 있었다. 이런 담론이 벌어진 때는 제1차 세계대전이 1년도 채 남지 않은 상태였다. 군대는 프랑스의 명예를 회복하기 위한 수단이 될 것이었다. 그리고 드골은 그러한 노력에 자신이 큰 기여를 할 것이라는 확신이 있었다. 교전이 벌어지기 4개월 전, 그는 제33연대 제3대대 소속 장교들을 모아놓고 전선에 있는 프랑스 방어부대보다 독일군이 수적으로 우세라고 말했다. 그는 독일군의 훈련 수준과 장비들을 칭찬했지만, 프랑스 포병이 더 우수한 능력을 가지고 있다고 주장했다. 결국은 프랑스 군대가 승리할 것이라는 확신에 찬 주장으로 끝맺었다.

거의 반세기가 지난 뒤에 드골은 페탱이 했던 말에서 받은 인상을 자신의 회고록에 기록했다.

"내 첫 연대장인 페탱 대령은 나에게 지휘관의 자질과 기술이 무엇인지 보여주었다."[9]

페탱은 무심해 보였고 감정을 드러내지 않았다. 말도 거의 하지 않았다. 그는 부하들과 거리를 두고 있었지만 놀랍게도 그들의 관심과 걱정, 사기에 대해서 알고 있었다. 드골은 시간이 지날수록 이런 지휘 형태를 가슴 속 깊이 새기고 본받으려고 노력했다. 1914년에 페탱은 50대 후반이었다. 동기생들은 이미 그보다 높은 계급에서 중요한 직위를 맡고 있었다. 상반된 시각이 그의 정상적인 진급을 가로막았다. 그리고 이제 거의 은퇴할 나이에 가까웠다. 하지만 드골이 보기에 페탱은 어떤 도덕적인 권위를 가지고 있었고, 언젠가는 옳다고 증명될 더 높은 신념을 가지고 있었다.

✝ 초급장교 드골

초급장교 드골은 지휘자의 복장을 중시했다. 그는 언제나 티끌 하나 없이 깨끗한 제복을 입었다. 드골은 자신의 부하들이 알맞은 군대예절을 보여주기를 기대했다. 한번은 경례를 제대로 하지 않은 병사를 꾸짖고, 해당 지휘관에게 군대예절은 지휘관의 책임이라고 말한 적도 있었다. 그는 자신이 지휘하는 병사의 배경과 장점과 단점을 아는 것이 임무라고 생각했다. 또한 그들의 복무기록을 기억해 두는 일에 열성적이었다.

드골은 정기적으로 부하들에게 프랑스군과 조국에 대한 의무와 명예, 그리고 자랑스러운 전통에 대해서 장황하게 이야기했다.

"제군은 이제 더 이상 평범한 사내가 아니다. 제군은 군인이다."

언젠가 그들에게 말했다.

자네들은 생각해 본 적이 있는가? 프랑스는 국가다. 프랑스가 세계에서 유일한 국가인가? 아니다! 우리를 정복하고 우리가 프랑스어를 하는 것을

> **❝ 드골은 지휘자의 복장을 중시했다. 그는 언제나 티끌 하나 없이 깨끗한 제복을 입었다. 드골은 자신의 부하들이 알맞은 군대예절을 보여주기를 기대했다. ❞**

막고 우리의 자유를 빼앗고자 하는 다른 나라들이 있다. 그래서 프랑스는 군대를 보유하고, 프랑스의 아들들이 차례로 군대에서 복무한다. 그래서 자네들이 이곳에 있는 것이다! 프랑스가 평화를 누린 지 이제 42년인데, 만약 외국이 프랑스에 전쟁을 선포한다면 프랑스는 분명히 바로 대응할 것이다. 장담한다. 지금부터 우리 영토, 우리 가족, 우리 아이들은 우리가 지킨다. 그리고 프랑스는 적국에게 두려움이 될 것이다. 집안에 종종 문제를 일으키고 시민들이 평화롭게 사는 것을 방해하려는 사람들이 있다.

그 누가 올해가 조국의 미래를 결정지을 바로 그해가 아니라고 말할 수 있는가? 나는 자네들에게 국외 정세가 그 어느 때보다도 더 위협적이라고 말할 필요도 없다. 내일의 승리는 우리 모두에게 달려있다는 것을 명심해야 한다.[10]

연대에서의 첫해가 지나자 페탱은 적극적으로 드골의 중위 진급을 추천했다.

"매우 똑똑하고 열정적으로 자신의 임무에 헌신함. 기동훈련에서 자신의 부대를 완벽하게 통솔했음. 큰 칭찬을 받을 만한 자격이 있음."[11]

드골 소위의 업적에 대한 페탱의 평가는 아마도 그때까지 자신의 부하에 대한 칭찬 중 최고였을 것이다. 그는 드골에 대한 서류에 다음과 같이 적었다.

"처음부터 미래에 대한 높은 이상을 지녔고, 진정으로 가치 있는 장교가 될 것임을 입증했음. 교관으로서 자신의 업무에 모든 노력을 쏟아 부음. 발칸Balkan 반도에서 일어난 충돌의 원인에 대해 훌륭한 강의를 보여주었음."12

1914년 여름에 일어난 프란츠 페르디난트Franz Ferdinand 대공 암살과 세르비아Serbia에 대한 오스트리아-헝가리Austria-Hungary 제국의 선전포고는 이들과 연결된 동맹인 유럽 열강을 움직였고, 세계대전에 불을 붙였다. 8월 3일, 독일이 프랑스에게 전쟁을 선포했다. 이미 제33보병연대는 전쟁을 준비하고 있었다. 드골은 제11중대를 지휘했다. 페탱은 준장으로 진급하여 연대를 떠난 뒤였다. 드골은 전투 전날 현재 일어나고 있는 사건들을 판단할 시간을 가졌다.

"부대와 부대원들은 완벽하게 고요하다. 그러나 많은 얼굴에서 불안감이 보였다. 지금은 장교들이 중요하다."13

제1차 세계대전이 끝나고 20년 뒤인 1938년 출간한 『프랑스와 프랑스 군대La France et son Armée』에서 드골은 전쟁의 시작을 희열을 느끼면서 맞이했다고 기억했다.

"어떤 단체도 동원령에 반대하지 않았다. 이를 반대하는 어떠한 시위도 없었다. 전시차관을 반대하기 위한 어떠한 의회 표결도 없었다."14

또한 다음과 같이 고백했다.

"전술적으로 독일군 화력의 실현은 현재 군사적 교리에 맞지 않는다. 모든 사람이 마음속으로 단단히 다짐해 왔던 환상들은 수포로 돌아갔다. … 8월 20일에서 23일 사이에 완벽한 안보의식은 위험에 대한 광기로 바뀌었다."[15]

예비군 동원령이 각 가정에 보내졌다. 예비군들은 짐을 꾸려 불확실한 미래로 진격을 준비했다. 드골은 곧 다가올 시련을 파악하고 있었다. 당시에는 최소한 수년 동안 집착해 온 낭만, 영광, 전쟁의 명예는 잠시 제쳐두었다. 그는 이렇게 적었다.

"나의 방, 나의 책, 나의 친근한 물건들이여, 작별이다. 삶은 얼마나 더 치열해질 것인가? 그리고 모든 것이 종말을 맞는 순간이 온다면 가장 사소한 것들마저도 얼마나 소중해질 것인가?"[16]

✝ 첫 번째 부상

제33보병연대는 육군에서 최강부대 중 하나로 손꼽히고 있었다. 최초로 부여된 임무는 아라스 북방에서 이동하여 독일군 공세를 방어하는 것이었다. 독일군의 계획은 중립국 벨기에를 휩쓴 뒤, 남쪽으로 방향을 돌려 프랑스 심장부 깊숙이 진격하는 것이었다. 2주가 채 지나지 않아 연대는 아르덴Ardennes 숲에 진입했고, 벨기에 국경을 지나 디낭Dinant 으로 진격했다. 독일 지상군 역시 벨기에를 횡단했고, 독일군 항공기들이 프랑스의 부대 배치를 감시하고 있었다.

첫 포탄 세례를 받은 지 2주 뒤, 드골은 뫼즈Meuse 강 위의 주요 다리를 확보하기 위한 치열한 전투를 몇 시간 앞두고 상황을 기록했다.

야간 행군. 모두가 곧 전투에 참가한다는 것을 느끼고 있다. 그러나 모두 단단히 각오를 다졌고 사기도 높다. 적군은 더 이상 디낭을 점령하지 못했고, 대신 우리가 시내로 진입했다. 전 병력이 거리에서 잠을 잤다. 보스케 Bosquet 대위와 나는 의자에 앉아 있었다. 오전 6시, 쾅! 쾅! 음악이 시작되었다. 적군은 디낭에 맹렬한 포격을 가했다. 이것이 이 군사작전에서 우리가 받은 첫 공격이었다. 나는 어떤 인상을 받았나? 왜 아무 말도 없었나? 약 2초간 내 목을 조이는 느낌이 들었을 뿐이다. 그게 다였다. 병사들은 한동안 심각해 보였지만, 나중에는 농담을 주고받았다.[17]

포화 속 용기보다 장교의 권위를 더 잘 보여주는 것은 없다. 샤를 드골 중위는 자신의 첫 번째 기회를 최고의 기회로 만들었다. 기회는 1914년 8월 5일 찾아왔다. 제11중대는 도로를 이분하고 있는 철로 부근에서 독일군의 포격을 피할 곳을 찾고 있었다. 드골은 침착함을 유지했다. 그는 나중에 말했다.

"나는 거리 벤치에 앉아 허세를 부리고 있었다. 사실 내게는 아무런 공포심이 없었기 때문에 그런 허세는 조금도 가치가 없었다."[18]

독일군의 포격은 점점 더 강도를 더해 갔다. 곧 명령이 떨어졌다. 제11중대는 총검을 장착하고 적군보다 앞질러 다리를 확보하라는 명령을 받았다.

"나의 소대에 다다르기 위해서 나는 철도 건널목을 건너가야만 했다." 그는 기억했다.

나는 도보로 건너기로 결정했다. 맙소사, 두 다리가 떨렸다! 나는 소리쳤다. "1소대, 나와 함께 진격한다!" 나는 앞으로 달려 나갔다. 우리가 성공할 수 있는 유일한 가능성은 신속한 기동 밖에 없다는 것을 알고 있었다. 그 순간 나는 부대가 둘로 나뉘는 느낌을 받았다. 하나는 자동기계처럼 달려가고 있었고, 다른 하나는 절망한 채 그저 지켜보고만 있었다. 나는 간신히 20야드(약 18미터)를 건넜고, 우리는 다리의 시작 지점에서 분리되었다. 그때 무언가가 내 무릎을 채찍으로 내리치는듯한 느낌이 들었고, 나는 넘어졌다.

드부Debout 병장이 즉사하여 내 위에 쓰러졌다. 그 뒤 내 주변에 총알이 빗발치듯 쏟아졌다. 나는 총알이 사체에 박히는 소리를 들을 수 있었고, 부상자들이 주변에 즐비했다. 나는 시체가 되었거나 또는 그보다 조금 나은 상태의 병사들로부터 빠져나왔다. 그리고 똑같이 총탄이 빗발치는 거리를 기어갔다. 어떻게 내가 그곳에서 벌집이 되지 않았는지는 내 인생에서 큰 의문 중 하나였다.

나는 심각한 상태로 절뚝거리면서 뫼즈 강의 다리를 향해 힘들게 몸을 끌고 갔다. 우리 포병들이 엄청나게 포격을 퍼부었다. 적절한 타이밍이었다! 나는 디낭에 남아 있는 연대 병력을 모으느라 아주 바빴다. 저녁이 되어서야 나의 임무는 끝이 났다. 농부들이 손수레로 부상자 운송수단을 만들었다. 나는 그 중 하나에 실렸다.[19]

드골의 소대는 용감하게 공격했지만 심한 부상자들이 발생했다. 첫 공격의 생존자들이 마을의 가정집에 설치한 대피소에 있다가 잠시 후 철수했다. 그 용감한 돌격으로 중대는 많은 피해를 입었다. 현대전의 불길한 조짐이 다가오고 있었다. 프랑스의 전사자 수는 엄청나게 늘어났다. 이는 상황을 제대로 판단하지 못한 상급 지휘관의 명령 때문이었다.

제1차 마른 전투 당시 배수로 뒤에서 공격을 기다리는 프랑스군 병사들.

포병의 공격준비사격*도 없이 무방비 상태로 기관총을 향해 달려든 보병에게는 당연한 운명이었다.

드골 중위는 오른쪽 종아리뼈와 하퇴부의 작은 뼈에 총상을 입었다. 신경도 손상되었다. 그는 먼저 샤를루아Charleroi로 후송되었다. 우연히도 그곳에는 누이 마리 아그네스가 살고 있었다. 그리고 다시 아라스로 이송된 후 파리에 있는 생조제프St. Joseph 병원에서 수술을 받았고, 마침내 리옹Lyons에서 회복기를 보냈다. 완쾌할 때까지 고통스러운 일곱 달 동안 드골은 자신이 겪은 전투에 대해서 다시 곰곰이 생각해 보았다.

글을 쓸 수 있을 정도로 회복하게 되자 그는 꼼꼼하게 당시를 되짚어 보았다.

"첫 번째 격돌은 굉장한 충격이었다. 어떠한 용기와 무용도 화력을 앞

---

* 본격적인 공격에 앞서 적의 저항력 약화를 위하여 적진에 퍼붓는 사격. 흔히 포병들의 일제 사격을 이른다.

설 수 없음이 명백했다."그는 반성했다. "어린 시절 나는 이런 미지의 모험을 두려움 없이 마음속에 그렸고, 이에 대한 기대도 무척 컸다는 점을 인정한다."[20]

국가 관계에 대한 직관적인 이해를 바탕으로 논리적인 결론을 이끌어 내는데 능력을 보였던 드골은 대규모로 전개되는 사건들에 대해서 곰곰이 생각했다. 이러한 자질은 초급장교들에게는 거의 보기 힘든 것이었다. 그는 다음과 같이 주장했다.

"영국 정부는 최후의 순간까지 참전 결정을 내리지 못한 점과 군대의 준비가 부실했다는 점에서 큰 책임을 져야 한다. … 우리는 최선을 다해서 독일을 지나 러시아와 연결될 때까지 무기를 내려놓아서는 안 된다. 만약 그렇게 하지 않는다면 우리는 10년 전으로 돌아가 다시 시작해야 할 것이다."[21]

전쟁 개시 직후 몇 주 동안은 확실히 프랑스와 새로 도착한 영국해외원정군 British Expeditionary Force 에게 불리하게 전개되었다. 독일군은 개전 후 서부전선에서 공세를 계속 이어나갔고, 결국 파리 외곽에 이르렀다. 드골은 회복 후 제1차 마른 전투 First Battle of the Marne 에 참전했다. 그는 부모님에게 이곳에서의 승리가 전쟁의 흐름을 바꾸게 될 것이라는 내용의 편지를 보냈다. 이 전투로 인해 실제로 전선은 안정되었다. 하지만 1918년 전쟁이 끝날 때까지 양측에 공포를 만연하게 했던 참호전의 직접적인 원인이 되었다.

"우리 병사들의 승리의 발걸음과 화포의 우르릉거리는 끔찍한 소리를 듣게 된다면 아군 전사자들도 무덤에서 전율을 느낄 것입니다."

그는 편지에서 아버지에게 이렇게 말했다.

프랑스는 다시 힘을 되찾고 있습니다. 총사령관은 뫼즈에서의 결정적인 전투에서 한 발 물러남으로써 손실을 막았습니다. 그는 새로운 지형을 선택했고, 적군의 어떠한 저지 없이 그곳에서 빠져나와 잘못된 부대 배치를 완전하게 수정했습니다. 마른에서의 전투는 훨씬 잘 조직되었습니다. 적군이 (국경 부근의) 뫼즈 강이나 룩셈부르크에 이를 때까지 우리는 추격을 멈추지 않을 것입니다. 그리고 우리는 거대하고 결정적인 전투에서, 자신들을 세상 최고라고 생각하는 적군을 쳐부수는 영광을 누리게 될 것입니다. 또한 이것은 우리 프랑스에게 절대적으로 필요하다고 생각했던 러시아의 도움 없이 거두는 승리입니다.[22]

    원 소속부대로 복귀하고 싶다는 요청은 일반적으로 받아들여지지 않는다. 하지만 지금은 특수한 시기였고, 제33연대는 전투에서 손실된 초급장교의 보충이 필요했다. 10월 중순 드골은 제33연대로 복귀했다. 복귀했을 당시는 완쾌 상태가 아니었기 때문에 참모 직책에 보직되었다. 드골은 야전에서 부대를 지휘하지 못하고 연대 부관으로 서류업무를 한다는 생각에 화가 났다. 그는 계속해서 불평을 했으며, 정찰대 지휘를 허락 받기 위해서 계속 노력했다. 결국 요청을 승인받았다.
    드골은 독일 전선을 침투하는 많은 정찰대를 이끌었다. 가끔씩은 적군 병사들의 대화까지 도청했으며, 심문을 위해서 포로들을 잡아오기도 했다. 오래 지나지 않아 제2사단에서 발행하는 일일 보고서로 빛나는 찬사를 받기도 했다.
    "샤를 드골 중위는 적진에 대한 일련의 정찰 임무를 수행했으며, 뛰어난 가치를 지닌 정보를 가지고 돌아왔."[23]

드골은 프랑스 정부가 아직 보르도 Bordeaux에서 파리로 돌아오지 않았다는 사실을 알리기 위해서 공을 들였다. 프랑스 정부는 1914년 가을에 독일군이 마른으로 진격해 오자 보르도로 달아났다. 드골은 영국의 증원 병력이 전선에 도착하는 것이 너무 늦다고 불평했다. 또한 프랑스 장교단의 전투 의지가 부족하다는 사실에 충격을 받았다.

무공십자훈장.

독일군은 1914년 11월이 되자 프랑스 진지 근처까지 참호선을 확장했다. 드골에게는 독일군 전방 초소를 제거할 정찰대를 조직할 수 있는 기회가 있었다. 하지만 그러한 도발은 반드시 보복으로 되돌아온다는 고위 장교들의 주장으로 무효가 되었다. 그러한 공격 효과는 비생산적이라는 것이었다. 또 다른 경우로 그의 소대는 새로운 박격포를 보급 받았는데, 드골은 이를 이용해서 몇 백 야드 떨어진 독일군에게 사격할 준비를 했다. 하지만 그렇게 되면 또 다시 독일 포병이 응사를 하게 되어 프랑스 부대에 사상자가 발생하고 총체적인 불안을 가져올 것이므로 공격적인 행동을 자제하라는 명령을 받았다. 드골 중위는 어떻게든 박격포 사격을 했고, 중대는 바로 다음 날 전선에서 교체되었다.

적군에게 맞서서 고집스럽고 단호했던 샤를 드골은 적군이 가까이에 근접하여 한 방을 날릴 기회가 있을 때 자신의 재량권을 내버려 두지 않았다. 전장에서의 반항은 드골 특유의 확고한 사명감이었으며, 미래에 군사 및 민간 업무에서 보일 행동의 전조였다.

> **❝** 우리 병사들의 승리의 발걸음과 화포의 우르릉거리는 끔찍한 소리를 듣게 된다면 아군 전사자들도 무덤에서 전율을 느낄 것입니다. **❞**

드골은 용맹함을 인정받아 1915년 1월 무공십자훈장 Croix de Guerre 을 받았다. 그리고 2월 초 대위로 임시 진급했다. 정식 대위가 된 것은 그해 9월이었다. 반면 소모적인 참호전으로 사상자 수가 증가하기 시작했다. 비록 정확한 날짜와 사건의 경위는 불분명했지만, 드골은 1915년 3월 15일 메닐레위를뤼스 Mesnil-lès-Hurlus 전투에서 두 번째 부상을 입은 것으로 알려졌다. 파편으로 입은 왼손 부상은 처음에는 경미해 보였다. 하지만 상처 부위가 2차 감염되어, 드골은 기괴하게 부어 오른 팔뚝과 고열을 치료하기 위해 또 다시 후송되어야 했다. 그 상처는 평생 동안 그를 끈질기게 괴롭혀서, 그는 심지어 결혼반지도 오른손에 끼었다.

✞ 독일군의 포로가 되다

드골은 10월에 제33연대 제10중대 지휘를 맡았다. 그해 말에는 독일군이 엄청난 공세를 퍼붓고 있던 베르됭 Verdun 으로 전출을 요청했다. 그의 멘토인 페탱 장군이 지휘하고 있던 곳이었다. 제33연대장 에밀 부도르 Emile Boudhors 대령은 마지못해 이에 동의하면서 다음과 같이 기록했다.

"상황의 심각성과 내가 이번 임무에 두는 중요성으로 볼 때, 나는 드골

대위 혼자 이를 완수하리라고 믿는다."²⁴

사실 제33연대 전체가 결국 베르됭으로 이동하라는 명령을 받았다. 1916년 2월 25일 부대는 낭퇴유라포스Nanteuil-la-Fosse를 출발하여 1주일간 이동한 끝에 전선에 도착했다. 독일군의 진격으로 베르됭의 강화된 전선은 돌파될 위험에 처해 있었다. 제33연대는 칼베르Calvaire와 두오몽Douaumont 사이의 매우 활발한 전선에 배치되었다. 이곳은 프랑스 전선에서 가장 큰 규모로 요새화하여 난공불락으로 여기다가 최근에 독일군에게 점령당한 지역이었다.

3월 1일에 드골은 프랑스 전선 인근 독일 부대의 군사력을 가늠하고, 제33연대 좌우측에 배치할 지원부대의 위치를 확인하기 위해 정찰대를 이끌라는 명령을 받았다. 이는 위험한 임무였다. 그리고 드골은 제110연대 장교로부터 제33연대가 교대 명령을 받았고, 독일군이 일시적으로 공격작전을 중단한다는 잘못된 정보를 받았다.

전방으로 이동했을 때 드골은 지난 며칠간의 집중 포화로 인한 폐허를 목격했다. 교통호交通壕*들은 흔적조차 없었으며, 군사시설은 파괴되어 있었다. 게다가 놀랍게도 독일군이 공격 재개를 준비하고 있음이 분명했다. 그들은 빠르게 두오몽 요새를 점령했고, 프랑스 전선을 휩쓸 포대와 기관총을 배치하고 있었다. 드골은 현 상황을 제110연대장에게 보고했지만 무시당했다.

부도르 대령은 포병 지원을 요청하고 전선을 방어할 준비를 했다. 그는 독일군으로부터 엄청난 공격을 받을 것이라고 확신하고 있었다. 드

---

* 참호와 참호 사이를 안전하게 다닐 수 있도록 판 호.

골이 지휘하던 제3대대 제10중대는 독일군이 점령하고 있는 요새에서 약 800미터가량 떨어진 교회 근처에 배치되었다. 3월 2일 오전 6시 30분 적의 총구가 불을 뿜기 시작했고, 380mm 같은 대구경을 포함한 다양한 구경의 포탄을 발사했다.

제33보병연대 전사戰史는 병사들의 인내가 뒤따른 전투를 묘사했다.

적은 종심이 3킬로미터에 달하는 중포의 엄청난 포격을 전선 전체에 가했다. 지면은 쉼 없이 진동했고, 굉음은 믿을 수 없을 정도였다. 전방으로든 후방으로든 연락 불통이었다. 모든 전화선이 끊기고 밖으로 나간 전령들은 대부분 전사했다. 마지막으로 돌아온 전령은 … 부상당한 채 말했다. "독일군이 20야드(약 18미터) 앞에 있습니다." 적은 두오몽에서 플뢰리Fleury에 이르는 도로에 있었다. 총포를 준비하고, 우리는 어떤 희생이 따르더라도 이 접근로를 방어할 준비를 했다.

포격이 이미 전선을 조각낸 뒤인 오후 1시 15분경, 독일군은 제3대대를 포위하기 위하여 공격을 개시했다. 제10중대 측면에서는 제12중대가 적군의 예봉을 버텨내고 있었다. 최초로 목격된 독일군은 프랑스군 철모를 쓴 채 달려오고 있었다. 제11중대 중앙 뒤쪽에 있던 코르도니에Cordonnier 소령은 "쏘지 마라. 프랑스군이다!"라고 소리쳤다. 그리고 동시에 목에 총상을 입고 쓰러졌다. 이어서 선임하사관 바크로Bacro가 소리를 질렀다. "사격 개시, 독일군이다!" 하사가 먼저 미친 듯이 총을 쏘기 시작했다. 곧 독일군이 제10중대 후방까지 진출했다.

이어서 엄청난 무공이 펼쳐졌다. 제10중대는 마을까지 도달한 적군의 무리를 향하여 정면 돌격을 감행했다. 용감한 중대원들은 최후까지 개머

리판과 총검으로 끔찍한 백병전을 이어갔다. 중대가 완벽하게 포위되자 제10중대장 드골 대위를 선두로 맹렬한 공격을 시작했다. 그들은 적군이 밀집한 곳으로 돌격했고, 목숨을 버리고 영광스럽게 쓰러졌다.[25]

드골의 진지 근처에서 적이 프랑스 전선을 돌파했고, 돌파 지점 양측의 프랑스 부대들은 고립되어 서로 지원할 수 없게 되었다. 드골은 주위에 남은 병사들에게 총검을 장착하도록 명령했고, 교통호를 지나 부대원과의 합류를 시도했다. 그 순간 독일군 병사들과 마주쳤다.

세월이 흐른 후, 독일군의 포로가 된 그때의 시련을 기억하며 드골은 이렇게 적었다.

"내가 간신히 10미터를 갔을 때 포탄 구멍에 웅크리고 있던 독일군 무리를 만났다. 동시에 그들도 나를 보았고, 한 사람이 총검으로 나를 찔렀다. 그 일격은 지도 케이스를 뚫고 내 넓적다리에 부상을 입혔다. 또 다른 독일군은 내 당번병을 쏴 죽였다. 몇 초 뒤 내 눈앞에서 수류탄이 폭발했고, 나는 의식을 잃고 말았다."[26]

실제로 드골이 바닥에 쓰러지는 것을 본 부도르 대령은 그의 부모에게 아들이 전사한 것 같다는 내용의 편지를 보냈다. 또한 대령은 드골에게 레지옹도뇌르Légion d'honneur 훈장을 추서했고, 일일 작전보고서에 그의 이름을 언급했다.

"그는 치열한 백병전 뒤에 총검에 관통당하는 심각한 부상을 입었음에도, 일군의 병사와 함께 탄약이 다 떨어지고 라이플이 박살 날 때까지 항전했다. 결국 맨손만 남은 병사들은 대부분 전사했다."[27]

부도르가 그 전투에 얼마나 가까이 있었는지는 논란의 여지가 있다.

Chapter 2 전쟁의 도가니

왜냐하면 그는 드골이 독가스 때문에 무력화되었다고 주장했기 때문이다. 하지만 이 제33보병연대장은 만년에 드골의 든든한 후원자가 되었고, 그날의 참호 속 이야기를 계속했다.

페탱은 드골이 전사했을 가능성이 있다는 소식을 접하자, 공문을 통해서 당시의 정황을 더욱 미화했다.

"엄청난 포탄 세례에 대대는 큰 피해를 입었고, 독일군이 사방에서 중대로 접근해왔다. 뛰어난 지적 능력과 도덕적 가치를 지닌 것으로 잘 알려진 드골 대위는 병력을 이끌고 맹렬하게 돌격하여 격렬한 백병전을 벌였다. 이는 그가 생각하기에 군인의 명예를 지킬 수 있는 유일한 해결책이었다. 그리고 그는 전투에서 쓰러졌다. 모든 면에서 비할 바 없는 훌륭한 장교였다."[28]

어떤 이야기도 전부 맞는다고 할 수는 없지만, 한 가지 결론만큼은 논란의 여지가 없다. 샤를 드골 대위는 두오몽 전투에서 개인적으로 비범한 용맹을 보였으며, 2년도 안 되는 복무기간 동안 세 번이나 전상戰傷을 입었다. 사흘간의 격렬한 전투에서 제33연대 병력의 3분의 2가 전사하거나 부상을 당했다. 그러나 이러한 무시무시한 사상자 수는 양측 모두에게 흔한 일이었다. 베르됭에서 10개월간의 시련 동안에 사상자 수는 양측을 합해 100만 명을 넘었다.

드골은 부상을 입긴 했지만 1916년 3월 2일 전투에서 살아남았다. 그는 독일군에 의해 옮겨졌다. 그 과정에서 드골은 총검에 관통상을 입은 상태에서도 육탄전을 벌인 것으로 알려졌다. 그는 전사자들을 실어 나르는 수레에서 의식을 되찾았다. 처음에는 피에르퐁Pierrepont으로 이송되었고, 그 후 마인츠Mainz에 있는 독일 병원에서 치료를 받았다. 그리고

2주도 지나지 않아 꽤 회복된 그는 왼쪽 엉덩이에 붕대를 감은 채 나이세Neisse에 있는 다른 수용소로 이송되었다.

✝ 탈출 시도

드골은 부상을 입은 지 6주가 지나서야 누이에게 자신이 살아있다는 사실을 알릴 수 있었다. 1916년 7월 아버지에게 쓴 편지에서 자신의 상태를 한탄했다.

"프랑스 장교로서 포로로 지내는 것이 무엇보다도 끔찍합니다."

이 편지를 작성할 무렵은 첫 번째 탈출 시도가 발각되어 무산된 상태였다. 그 결과 드골은 서부전선에서 멀리 떨어진 슈추친Szczucin에 있는 수용소로 옮겨졌다. 슈추친의 상황은 끔찍했다. 포로들은 음침하고 낡은 제재소에서 생활했다. 그곳에 이송되기 전에 드골은 그곳을 빠져나와 작은 배를 타고 다뉴브Danube강을 따라 흑해Black Sea로 항해한다는 믿기 어려운 계획을 생각했다.

비록 좌절했지만 의연했던 그는 탈출을 결심했다. 타르디외Tardieu중령과 로드레Roederer소위와 합세하여 땅굴을 팠다. 하지만 출입구가 발각되어 당시 감시가 가장 삼엄한 감옥인, 바이에른Bayern 다뉴브 기슭에 있는 잉골슈타트Ingolstadt 제9요새로 이송되었다. 드골은 독방에 120일이나 갇혀 있었다. 감옥은 그 자체로 인상적이었고 언덕 바로 옆에 세워져 있었다. 강철 대문이 주 건물의 출입구를 가로막았고, 그 뒤를 약 14미터 너비에 약 1.8미터 깊이의 해자가 둘러쌌다. 또한 흙 둔덕 위에 약 18미터 높이로 세운 담벼락이 대지를 가로막고 있었다.

잉골슈타트에 있던 포로들 중에는 조르주 카트루^{Georges Catroux} 대령도 있었다. 그는 나중에 장군으로 진급하고, 1940년에 자유 프랑스 운동의 충실한 멤버가 되었다. 롤랑 가로^{Roland Garros}는 항공기의 엔진 카울링에 장착하는 전방사격 기관총을 개발하고 공중전의 개혁을 일으킨 항공 개척자였다. 러시아 장교 미하일 투하쳅스키^{Mikhail Tukhachevsky}는 훗날 원수에 오르지만, 1930년대 붉은 군대 장교들에 대한 스탈린의 유혈 숙청 당시 제거당하고 말았다.

잉골슈타트에 수감돼 있던 포로 150명 대부분이 탈출에 몰두했지만, 특히 드골은 탁월한 에너지를 가지고 실제 행동으로 옮겼다. 그는 감옥의

조르주 카트루

1877~1969. 프랑스의 장군·외교관. 제2차 세계대전 당시 자유 프랑스 정부의 최고위 관리 가운데 한 사람이었다. 생시르 육군사관학교를 졸업한 뒤 제1차 세계대전에 참전했으며, 이후 프랑스의 식민지에서 여러 요직을 역임했다. 1939년에는 인도차이나 총독으로 임명되었으나 1940년에 비시 정부에 의해 해임되었고, 이후 드골 장군이 이끄는 자유 프랑스 운동에 참여했다. 자유 프랑스 대표로 중동에 파견된 카트루는 1941년에 시리아와 레바논의 독립을 선포했다. 1943~1944년 알제리 총독을 지냈으며, 1944년에 프랑스 임시정부의 북아프리카 담당 장관으로 임명되었다. 1945~1948년 소련 주재 프랑스 대사로 활동했다.

> **❝** 우리를 정복하고 우리가 프랑스어를 하는 것을 막고 우리의 자유를 빼앗고자 하는 다른 나라들이 있다. 그래서 프랑스는 군대를 보유하고, 프랑스의 아들들이 차례로 군대에서 복무한다. 그래서 자네들이 이곳에 있는 것이다! **❞**

경계상태를 조사한 뒤, 직접 탈출하는 것은 사실상 불가능하다며 실망했다. 그러나 한 번의 기회가 찾아왔다. 감옥 밖에는 전투에서 부상을 당한 포로들과 함께 독일군 병사들이 복무하는 작은 병원이 있었다. 드골은 치료를 위해서 병원으로 갈 때라야 탈출이 가능할 것이라고 판단했다.

아들을 걱정한 드골 부인은 감옥의 습기 찬 냉기에 노출되어서 부풀고 상처 난 신체 부위에 사용하라고 피크르산 picric acid 을 보냈다. 하지만 그는 피부 보호제를 삼키고 말았다. 다음 날 그는 감옥 내 군의관에게 진찰을 받았는데, 노랗게 뜬 눈과 탁한 소변 색 때문에 심각한 황달 증세처럼 보였다. 일단 병원에 입원했고, 탈출을 시도하려는 또 다른 포로인 뒤크레 Ducret 대위를 만났다.

둘은 독일인에게 감명을 받아 전기공으로 일하고 있다는 현지 프랑스인의 도움을 받았다. 이 사람은 그들에게 충분한 음식을 제공했다. 그동안 두 포로는 한 독일인을 매수했다. 그 독일인은 드골이 자는 부속건물에서 병원 본청으로 환자들을 이송하는 업무를 담당하고 있었다. 독일인은 그 주변 지역의 지도를 구해주었다. 일단 지도를 손에 넣자 드골과 뒤크레는 그에게 더 많은 협조를 강요했다. 독일군 모자와 제복을 제공하지 않는다면 군사법정에 넘기겠다며 협박까지 했다.

미하일 투하쳅스키

1893~1937. 소련의 군인·원수元帥. 귀족 집안에서 태어나 제1차 세계대전에서는 제정 러시아의 육군 소속으로 싸우다 1915년에 생포되었지만 탈출했다. 10월 혁명 후 적군赤軍에 지원, 1918년 공산당에 입당했다. 적백내전 후 군부개혁에 주도적인 역할을 했고, 1931년부터 소련의 재무장을 지휘했다. 그는 적군의 대대적인 조직개편 및 기술혁신과 일련의 현대적인 군사학교 설립 책임을 맡았다. 천재적인 조직능력과 스케일이 웅대한 작전을 펴는 군인으로 유명했고, 또한 현대전에서의 전략적 고려사항들에 관한 많은 책과 논문을 집필하기도 했다. 그는 참모장과 국방위원회 부위원을 역임하고 레닌 훈장을 받았으며, 1935년 소련의 육군원수가 되었다. 1937년 6월 스탈린이 숙청작업을 벌일 때, 다른 7명의 적군 고위사령관과 함께 독일과의 공모혐의로 재판에 회부되어 유죄 판결을 받고 처형되었다. 1988년 혐의가 벗겨져 복권되었다.

1916년 10월 29일에 남자 간호사 복장을 한 뒤크레와 변장을 한 드골은 병원 밖으로 탈출했다. 8일 동안 당국을 피해 다닌 둘은 거의 322킬로미터 떨어진 스위스 국경의 샤프하우젠Schaffhausen에 도착했다. 그러나 폭우와 도망 생활에 따르는 어려움이 그들에게 대가를 요구했다.

드골은 당시를 기억했다.

"11월 5일 일요일, 우리가 탈출한 지 8일째 되던 날,"

우리는 울름Ulm에서 남서쪽으로 30킬로미터 떨어진 작은 마을 파펜호펜Pfaffenhoffen에 도착했다. 우리 여정의 3분의 2를 지났다. 우리는 이곳을 문제없이 통과할 수 있으리라고 생각했다. 그러나 일요일이었다. 아주 환하고 밝은 중앙광장에 도달하자 우리는 거리에서 빈둥거리는 마을 젊은이들 사이에 있다는 것을 불현듯 알게 되었다. 지난 일주일 동안 힘들게 보낸 탓에 우리 모습은 마치 사형수 같았다. 단번에 상황을 깨달았다. 우리는 붙잡혀 마을 유치장에 갇혔다.[29]

이후 8개월 동안 드골은 더 이상 탈출 시도를 하지 않겠다고 결심했다. 그는 간수의 밀착 감시가 차츰 줄어들 때까지 기다렸다. 대신 독일어 구사 능력을 향상하기 위해 도서관에서 책을 빌려 읽고, 포로들에게 나누어 주는 신문을 통해서 전쟁의 진행 상황을 주시하면서 투하쳅스키에게 프랑스어를 가르쳤다. 이어서 군사작전에 대해서 동료 포로들과 공공연하게 토론하기 시작했다. 동료들 중 상당수가 드골보다 높은 계급의 장교들이었다.

드골이 그 토론에서 한 일련의 강의는 후일 『적의 내분La Discorde chez l'Ennemi』이라는 저서의 기초가 되었다. 그 책은 독일 민간 정부 및 정부와 군사세력의 상호작용과 세계대전에 미친 영향을 다루고 있다. 또한 독일군 고위급 장교들의 전략적 결정을 비판하고 있다. 1924년에 출판된 이 책은 독일의 패배에 대한 통찰력 있는 평가를 내린 것으로 판명되었고, 개인과 국가가 가진 강점과 약점을 평가하는 드골의 예리한 재능이 드러나 있었다.

게다가 이 젊은 장교는 감옥에 있으면서 자신의 성격과 몸가짐에 대해서 숙고했다. 이 시기에 작성한 노트들 중 일부는 다음과 같다.

사람은 반드시 개성이 있어야 한다. 어떠한 행동에서 성공하기 위해서는 항상 자제력이 있어야 한다. 더 정확하게 말하자면, 이는 성공을 위한 필수불가결한 요소이다. 자제력은 습관의 일부가 되어야 하며, 일관된 의지의 발현을 통한 반사적 행동이어야 한다. 작은 문제에 있어서도 마찬가지이다. 복장, 대화, 생각의 방향, 특히 개인의 업무에 대한 신중하고 체계적인 접근을 포함한다. 말수를 줄이는 것은 반드시 필요한 일이다. … 또한 행동을 할 때에는 반드시 아무 말도 해서는 안 된다. 지도자는 불필요한 말을 하지 않는 사람이다.[30]

드골은 자신의 조언에 딱 들어맞는 사람이었다. 세월이 흐른 후에 외국 외교관들은 종종 그의 언어적 의사소통이 부족함에 할 말을 잃기도 했다. 그리고 부하들은 그를 말수가 적은 남자로 기억했다.

몇 달간 성실한 태도를 유지하자, 드골은 상습적인 탈출 시도자 몇 명과 함께 프랑켄Franken 주 로젠베르크Rosenberg에 위치한 좀 더 고풍스러운 시설로 옮겨졌다. 1917년 가을, 그들 중 넷은 다시 한 번 탈출을 모의하고 이를 실행했다. 그리고 시도 당일 수용소에 도착한 다섯 번째 장교도 함께했다.

이번 시도에서 가장 큰 장애물은 16세기에 건축된 수용소의 가파른 바위 담을 뛰어넘는 것이었다. 그러나 짧은 시간 동안 탈출에 성공한 포로들은 다시 샤프하우젠 방향으로 행선지를 정했다. 이번에는 잉골슈타트에 있을 때보다 대략 거리가 절반이나 줄어든 483킬로미터 정도였다.

"샤프하우젠 방향으로 10일 동안 행군한 우리는 추위와 피로에 지쳤다. 불행히도 우리는 들판 가운데 있는 비둘기장에서 하루를 묵겠다는

> **❝** 프랑스 장교로서 포로로 지내는 것이 무엇보다도 끔찍합니다. **❞**

생각을 했다. 근처에 있는 농부들이 우리 소리를 들었고, 근처 농장에서 러시아 포로들을 감시하고 있던 병사에게 이 사실이 알려졌다. 밤이 되자 병사와 일부 민간인들이 비둘기장 근처를 둘러싸고 우리에게 밖으로 나오라고 말했다. 우리는 복종하는 수밖에 없었다."31

다시 체포된 지 1주일이 지나지 않아 드골과 동료들은 또 다시 탈출을 시도했다. 이번에는 감방의 작은 창문을 가로막고 있던 쇠창살을 절단했다. 그들은 민간복장과 가짜 수염으로 변장하고 나서야 간신히 간수들을 피할 수 있었다. 다시 한 번 절벽 쪽으로 빠져 나왔다. 그리고 리히텐펠스Lichtenfels에 있는 기차역에 도착했다. 네덜란드 국경 근처인 아헨Aachen 행 기차에 탑승하려고 할 때 다시 붙잡히고 말았다.

그들은 반복되는 탈출 시도 때문에 다시 잉골슈타트로 보내졌다. 이곳에서 드골은 1917년의 마지막 두 달을 독방에서 보냈다. 독방은 읽을거리는 물론, 하루에 30분의 운동을 제외한 어떠한 소일거리도 없는 어두운 감방이었다. 전쟁이 진행될수록 잉골슈타트에서의 포로 생활은 이전보다 더욱 가혹해졌다. 한 프랑스 장교는 탈출을 시도하다가 총살을 당했다. 포로들과 간수들 사이의 긴장은 더욱 고조되었다. 불만이 가득 찼다. 그러한 상황을 완화시키기 위해서 악명 높은 감옥은 폐쇄되었다. 드골은 프린츠 칼Prinz Karl 요새를 거쳐 뷜츠부르크Wülzburg에 있는 감옥으로 이송되었고, 이곳에서 자신의 특징이라 할 수 있는 또 다른 탈출을

Chapter 2 전쟁의 도가니   83

시도했다. 그는 훔친 독일군 제복을 입고 그 시설의 프랑스인 사제의 호위를 받으며 감옥을 빠져나왔지만 다음 날 또다시 붙잡혔다.

1918년 11월 11일의 휴전협정이 이루어지기 바로 몇 주 전, 드골은 마지막 탈출 시도를 감행했다. 드골은 세탁물바구니에 숨었다. 수용소 밖으로 나오자 뉘른베르크 Nürnberg 쪽으로 향했고, 프랑크푸르트 Frankfurt 로 향하는 기차표 좌석을 구매했다. 하지만 갑자기 발생한 위장염 때문에 여정을 계속할 수 없었다. 그는 뷜츠부르크로 돌아와 전쟁이 끝나기만을 기다렸다.

✝ 종전

마침내 평화가 찾아왔다. 드골과 다른 포로들은 처음엔 파사우 Passau 로, 그 뒤에는 마그데부르크 Magdeburg 를 거쳐 루트비히스하펜 Ludwigshafen 으로 호송되었다. 12월 중순 그는 스위스 제네바 Geneva 에 도착했다. 뒤이어 리옹, 파리를 거쳐 라리제리 La Ligerie 에 도착했다. 이곳에는 가족들이 전쟁 영웅의 귀환을 환영하기 위해 간절한 마음으로 모여 있었다. 다른 형제들 또한 전쟁에서 살아남았다. 그 자체가 기적 같은 일이었다.

한편 아직 포로였던 1918년 봄, 드골은 미카엘 공세 Michael Offensive 에 대해 알게 되었다. 이는 불가피하게 계획된 독일군의 대규모 공세로 전쟁에서 승리하기 위한 도박이었다. 만약 성공한다면, 1917년 4월에 참전한 미국의 군사 및 산업 역량이 독일에 도달하기 전에 전쟁에서 독일은 승리할 수 있다고 생각했다. 파울 폰 힌덴부르크 Paul von Hindenburg 장군과 함께 서부 독일군 최고사령관 에리히 루덴도르프Erich Ludendorff 장군은 연합군 전선을 무너뜨리고 파리로 승리의 행진을 하기 위한 방법을 모색하고 있었다. 그러나 독일군의 공격을 효과적으로 방어한 제2차 마른 전투Second Battle of the Marne로 인해 수포로 돌아가고 말았다.

미카엘 공세 초기에 연합군이 후퇴를 하자 드골은 전쟁이 길어질 것이라고 생각했다. 하지만 연합군이 다시 반격을 하리라고 굳게 믿었다. 늦은 여름, 비열한 적군의 패배가 임박해지자 드골은 자신의 미래에 대해서 심각하게 고려했다. 그러나 좌절에 가까운 상태가 뒤따랐다.

그는 1918년 10월 1일에 감옥에서 어머니께 편지를 썼다. 음울한 어조는 그와 어울리지 않았다. 하지만 샤를 드골의 관점에서 보면 자신의 전시 경력은 실패였다. 그 편지는 놓쳐버린 기회에 대해서 말하고 있었다.

"저는 산 채로 매장되었습니다."

일전에 저는 신문에서 프랑스로 돌아온 포로들을 '유령'이라고 부른다는 기사를 읽었습니다. 제가 무슨 목표를 가질 수 있겠습니까? 군 경력? 그러나 만약 제가 지금부터 전쟁이 끝날 때까지 다시 전투에 참가하지 못한다면, 과연 군대에 남아야 할까요? 그리고 제가 군에서 어떻게 평범한 미래를 가질 수 있나요? 제가 참여하지 못하는 전쟁이 3년, 4년 혹은 그것보다 더 길어질 수 있을까요? 우선 제 나이 대에서 어느 정도 야망을 가진 장교들이 군대에서 미래를 꿈꾸기 위한 필수 조건은 군사작전에 참여하고, 어떻게 판단할지를 배우고, 추론능력을 기르고, 성격과 권위를 단련하는 것입니다. 이렇게 군사적인 관점에서 본다면 저에게는 어떠한 미래도 없습니다. 저 역시 '유령'에 지나지 않습니다.[32]

샤를 드골은 자신의 32개월간의 포로 생활은 끔찍한 불운이었으며, 프랑스를 위해서 위대하고 잊지 못할 노고를 할 운명의 사나이에게는 걸맞지 않는 일이라고 생각했다. 세 번의 전상, 여러 훈장을 가져다 준 포화 속에서 보인 용맹, 그리고 독일군이 묶어놓을 수밖에 없었던 여러 차례의 탈출 시도, 또한 스스로를 제어할 수 있게 만든 여러 요소는 조금도 인정되지 않았다. 28세가 되었을 때 드골은 자신의 불확실한 미래를 곱씹어 보았다. 만약 그의 미래가 의심 속에 가려져 있다면 그가 사랑하는 프랑스의 미래 또한 같았을지도 모른다.

드골은 포화 속에서 한 번 이상 용맹을 보여주었는데, 이는 아마도 스스로의 용기를 증명하고자 하는 의지였거나 프랑스의 영광을 위해 기여하겠다는 개인적 임무를 완수하기 전에는 자신의 시대가 오지 않을 것이라는 운명적 확신 때문이었을 것이다. 1915년 어느 날, 참호 속에서 소위 2명과 함께 중대원의 위치를 확인하고 있던 드골은 독일군의 포격을 받았다. 박격포탄이 세 장교를 향해 곧바로 날아들었다. 소위들은 서로 끌어안으며 바닥에 엎드렸지만 드골은 꼿꼿이 서 있었다. 박격포탄은 머리 위를 지나 어느 정도 떨어진 후방에 떨어졌고, 두 소위는 다시 자신들의 위치로 돌아왔다. "귀관들, 두렵나?" 드골이 냉담하게 말했다.[33]

동기와는 상관없이 포화 속에서도 두려움이 없던 사람이 미래의 위업을 음울하게 전망하며 낙담했다는 것은 아이러니하다. 전쟁에 참전하지 못한 것은 어느 정도 부정적으로 작용했다. 아마 그는 포로였을 때 투하쳅스키와 나눈 대화를 기억할 것이다.

투하쳅스키는 드골이 우울해 보이자 다가와서 물었다. "당신은 전쟁을 놓쳐서 슬픈 것이오?" 드골은 고함치며 대답했다. "전쟁은 패배하지 않았소! 아군은 지금쯤이면 거의 승리를 목전에 두고 있을 것이오!" 투하쳅스키가 대답했다. "아니, 그게 아니오! 나는 당신이 전쟁에서 배제되었기 때문에 슬픈 거냐는 의미였소. 왜냐하면 이는 당신에게 패배를 의미하기 때문이오." 그리고 투하쳅스키는 이유를 들었다. "슬퍼해서 좋을 일이 무엇이 있겠소? 지금 상황은 우리 편이 아닐지라도 미래는 우리 것이오."34

이는 사실이었다. 프랑스는 제1차 세계대전에서 자원이 고갈된 채 빠져나왔으며, 그 세대의 가장 우수한 사람들이 참호 속에서 공포를 느끼며 희생되었다. 그럼에도 불구하고 프랑스와 연합군은 승리했다. 프랑스는 위대한 영웅들을 배출했지만 샤를 드골은 그들에 포함되지 않았다. 그가 이 전쟁에서 살아남았다는 사실은 그의 업적에서 거의 가치를 지니지 못하는 것이 명백했다. 그는 세계적으로 알려진 거대한 무력 충돌을 대부분 놓쳤다. 부대를 지휘할 기회와 군사행동을 지휘하는 감각을 통해 스스로를 부각할 기회마저도 사라졌다.

직업 군인이었던 드골은 이제 평화로운 군대와 4년간의 전쟁으로 지칠 대로 지친 조국, 그리고 만족스럽지 않은 평범한 미래만을 꿈꾸어야 했다. 그러한 총체적인 난관을 어떻게 극복할 수 있을까? 드골은 이에 대한 답을 스스로 찾아야 했다.

Chapter3 젊은 사자

실패에도 좌절하지 않는 불굴의 용기와 기회를 놓치지 않는 리더십

"자신들을 이끌어줄 지도자만 있다면 프랑스 국민들 또한 국가적 좌절과 위기의 순간에도 다시 일어날 수 있다. 드골은 이 교훈을 자신의 경력에도 적용해 기회가 오면 그것을 붙잡아 자신의 길에 도움이 되게 했다. 그는 실패라고 여기는 상황에서도 강인한 성격을 보여주었으며, 포로수용소에서 나온 지 몇 달 만에 전투에서 병력을 지휘하기까지 했다."

✝ 폴란드에서

샤를 드골은 제1차 세계대전의 자취를 쫓으면서 구원을 찾고자 했다. 성취하지 못한 잠재력이 주는 절망은 그의 정신을 괴롭혔다. 그러나 단호함과 불굴의 용기, 개인적인 의지는 사라지지 않았다. 드골은 전략적 군사이론, 무기와 장비를 앞세운 진격, 그리고 전쟁포로였기에 놓친 전쟁의 교훈을 인식하면서 잃어버린 시간을 회복할 준비를 했다.

라리제리에서 가족들과 재회한 지 얼마 지나지 않아서, 드골은 전쟁포로였던 장교들을 위해서 프랑스군이 생멕상Saint-Maixent에서 간단한 학습 과정을 준비했다는 것을 알게 되었다. 전쟁 동안 드러난 모든 것을 숙지시키고, 현대 전쟁에 대한 최신 정보를 교육하기 위한 과정이었다. 드골은 몇 주 동안 가족들과 보낸 뒤 큰 기대를 품고 그 학교에 등록했다. 교육과 강의에 몰두한 결과 그는 거의 3년이라는 공백의 간극을 상당 부분 메울 수 있었다. 한편 군대에서의 장래에 대해서도 어느 정도 자신감을 되찾았다.

드골은 연합군의 최근 승리 중에서도 주로 프랑스군의 승리를 연구했다. 그는 조국의 지도자들을 만나보고 싶었다. 특히 조르주 클레망소Georges Clemenceau 수상과 페르디낭 포슈Ferdinand Foch 원수를 보기를 원했다. 포슈 원수는 서부전선에서 연합군 총사령관을 역임했으며, 독일에 대한 가혹한 처벌과 유럽 대륙에서 프랑스의 우위를 주장했다.

그는 아버지께 자신 있게 편지를 썼다.

"대부분의 동포와 마찬가지로 저는 전반적으로 외국에 대한 혐오의 감정이 넘쳐흐르는 상태로 전쟁을 마쳤고, 우리 스스로가 존중 받기 위해서는 지금 현재 세계 최강인 우리 군사력을 합리적으로 이용해야 한다는 확신을 가지게 되었습니다."[1]

한편 동부에서의 사건들은 드골에게 유리하게 전개되고 있었다. 독일과 오스트리아-헝가리 제국의 패배로 유럽의 지도는 다시 그려졌다. 그 과정에서 일부 정치인들과 외교관들은 폴란드의 독립을 주장했고, 폴란드가 어둡고 위험한 존재인 볼셰비키Bol'sheviki 러시아에 대한 서부 유럽의 완충지 역할을 해 줄 것으로 기대했다. 독립국으로 부활한 폴란드는 지정학적으로 전통적인 적대국인 러시아와 독일 사이에 위치해 있었다. 비록 독일이 군사적 패배로 인해 심각하게 약화된 상태이기는 했지만 폴란드는 방어 목적으로 상비군이 필요했다.

제1차 세계대전의 총성이 잠잠해지기도 전에, 폴란드군 6개 사단이 서부 유럽에서 폴란드로 이동한다는 전제하에 구성되었다. 이 사단들은 국외 교포들과 망명자들, 그리고 조국의 기준에 부합하는 여러 사람들

> **우리 스스로가 존중 받기 위해서는 지금 현재 세계 최강인 우리 군사력을 합리적으로 이용해야만 한다는 확신을 가지게 되었습니다.**

로 구성되었다. 유제프 할러Józef Haller 장군이 지휘하는 이 부대들은 도처에서 온 부대로 증강되었다. 이들 병력 중 일부는 제1차 세계대전 동안 독일군을 위해 싸웠기 때문에 러시아에 대항하여 계속 싸우는 일에 대해 어떠한 불안도 없었다. 하지만 다른 이들은 러시아를 위해서 싸웠기 때문에 정반대의 생각을 가지고 있었다. 미국과 서부 유럽의 여러 국가들은 새로운 폴란드의 부흥을 지원했고, 유럽 대륙의 정치적 지형에 있어서도 안정을 구축하도록 도왔다.

프랑스는 이러한 상황에 깊이 개입하고 있었다. 또한 드골은 생멕상으로 떠나기 전, 신생 폴란드군을 지원하는 프랑스군 장교요원으로 보직을 신청했다. 드골은 이 일이 자신을 지도자로 구별해 주며, 영감을 불어넣고 조직하고 지휘하는 자신의 능력을 확실하게 보여줄 기회라고 생각했다. 그리고 잘만 하면 전투에서 부대를 지휘할 수도 있다고 보았다. 비록 프랑스 부대가 아닌 폴란드 부대였지만, 그 상황은 드골의 목적을 이루는 데 유용한 것이었다.

프랑스와 폴란드는 오래된 문화적·외교적 관계가 있었다. 프랑스어는 폴란드 귀족들의 제2의 언어였다. 또한 폴란드 병사들은 나폴레옹과 제3공화국의 군대에서 복무했다. 드골은 볼셰비즘Bolshevism으로부터 세계를 지키고자 하는 마음은 없었다. 그러나 깊이를 더해가고 있는 공산주의와 민주주의 사이의 이념 갈등은 그의 경력을 위해서 유용했다. 게다가 그는 프랑스인에게 주어진 군사 임무는 신생 폴란드를 지원하는 다른 유럽 열강보다 더욱 높은 도덕적 권위와 더 커다란 규모를 가져야 한다고 믿고 있었다.

1919년 봄이 되자 드골을 포함하여 프랑스 장교 2,000명으로 구성된 대표단이 폴란드의 수도 바르샤바Warszawa에 도착했다. 드골은 1년 동안 폴란드에 있겠다는 계약에 4월 4일 서명을 했다. 제5폴란드 샤쇠르연대에 배치된 그는 독일을 기차로 가로지르는 고된 여정을 견뎌냈고, 교관이라는 다소 평범한 역할로 폴란드에서의 모험을 시작했다. 그리고 임시 소령으로 진급했다. 바르샤바의 중심부에서 19킬로미터 정도 떨어진 렘베르투프Rembertów에 배치된 그는 담당 병사들을 처음 만나고, 그들이 전혀 훈련이 되지 않았고 군인 자세 또한 미흡하다고 느꼈다.

"이대로 방치하면 이들은 아무 쓸모가 없다. 최악인 것은 이들 스스로가 모든 면에서 뛰어나다고 믿고 있다는 것이다."2

흥분한 그는 반유대적인 욕설을 경솔하게 말하기도 했다.

"…유대인은 전적으로 모든 사회 계층으로부터 혐오를 받고 있으며, 모두가 전쟁을 통해서 부를 이루었다. 이들은 러시아인, 독일인, 폴란드인을 이용하여 이익을 챙겼다. 또한 몇 가지 더러운 속임수를 이용하여 큰돈을 모을 수 있는 사회 혁명을 매우 선호한다."3

아마 그는 훗날 유대인에 대해서 그렇게 말한 것을 후회했을 것이다. 그러나 당시에는 수세기 동안이나 유럽에서 반유대정서가 만연했다는 점을 인정해야만 한다. 게다가 드골은 드레퓌스 사건의 영향으로 평생 동안 그런 모습을 보였음이 분명하다. 다행인지 불행인지는 모르겠지만 그는 유대인이 사회에 미치는 영향에 대해서 자기 의견을 정리할 시간이 있었다.

폴란드 병사들의 다양한 배경 및 충성심은 부대의 단결을 유지하고 발전시키는데 어려움을 주었다. 드골은 부대원 대부분이 불량한 태도를 보이는 것을 비난했다. 그를 더욱 힘들게 만든 것은 제1차 세계대전 동안 독일인을 위해 싸웠던 폴란드인 당번병을 배속 받은 것이었다. 심지어 그 당번병은 1915년 치열한 전투동안 베리오박Berry-au-Bac에서 드골의 연대와 직접 교전한 경험이 있었다. 또한 드골은 통장 잔고가 바닥난 뒤에는 생필품을 사기 위해서 어머니에게 돈을 빌려야 했고, 그에게 남은 것이라고는 입고 있는 옷가지밖에 없었다. 그러나 8월경, 그는 형편을 회복했다는 내용의 편지를 어머니께 보냈다.

"예전의 끔찍했던 포로 생활에 비하면 형편이 꽤 좋습니다. 저는 제 자신과 미래에 대한 자신감을 회복했습니다. 폴란드 군대는 제가 계획한 군사적 복구를 달성할 것입니다. 그 후에 저는 제 자신을 위해서 일할 것입니다."[4]

프랑스인들은 표면상 방어를 목적으로 한 군대의 창설을 돕기 위해 폴란드로 왔지만, 한편으로는 무장한 병력을 자유재량으로 움직여 전후 권력을 차지할 수 있는 강력한 지도자의 등장을 기다리고 있었다. 그런 지도자로 최근 독일 수용소에서 풀려난 유제프 클레멘스 피우수트스키 Józef Klemens Piłsudski 원수가 등장했다. 피우수트스키는 오스트리아 군대에서 훈련을 받은 인물로, 이때는 폴란드의 국경 수비뿐만 아니라 동쪽의 오랜 숙적 러시아에게 피해를 줄 수 있는 국경 확장 임무에 착수하고 있었다.

비록 군대와 외교적 지지자들 모두가 걱정스러운 눈길을 보냈지만, 피우수트스키는 발트Balt 해로 이동했고 러시아 국경을 넘어 분쟁지역으로 들어갔다. 폴란드 군대는 약 160킬로미터 이상 진격하여 대도시인 민스크Minsk를 점령하고, 드네프르Dnepr 강까지 동진하여 위협을 가했다. 1920년 봄 폴란드 군대는 우크라이나Ukraina의 수도 키예프Kiev를 포위했고, 흑해에 있는 항구도시 오데사Odessa까지 접근했다. 발트3국은 위협을 받았다. 하지만 서부 유럽의 지지를 받고 모험심 강한 피우수트스키의 영토 획득에는 한계가 없어 보였다.

유제프 클레멘스 피우수트스키

1867~1935. 폴란드의 혁명가·정치가. 폴란드의 국가원수(1918~1922)를 역임했다. 러시아 하리코프Kharkov 대학 의학부에 재학 중 학생운동에 참가하여 퇴학당했다. 후에 차르 알렉산드르 3세 암살계획에 연루되어 1888~1892년 시베리아로 유형, 그곳에서 마르크스주의자가 되어 폴란드사회당을 결성했다. 러시아 제1혁명(1905~1907) 후, 폴란드 독립을 위해서는 러시아의 패전敗戰이 불가피하다고 판단하고 오스트리아로 망명하여 무장집단 '스트레리치'를 조직했다. 제1차 세계대전에서 폴란드 병단을 지휘해서 러시아와 싸웠으며 이후 1918년 폴란드군 최고사령관으로 추대되었다. 이어서 임시정부 주석이 되었으며 국내의 혁명운동을 탄압, 프랑스군과 손을 잡고 대소간섭전對蘇干涉戰에 나서 우크라이나로 출병했다. 1920년 정계를 은퇴했으나 그 후 국내의 정쟁이 격화하자 1926년 군사쿠데타로 정권을 잡고 의회를 무력화한 다음 파시즘적 독재를 폈으며, 1934년 히틀러와 동맹을 맺었다.

> 드골은 나폴레옹이 프랑스를 파괴했다고 믿었다. 나폴레옹이 조국을 '부서뜨렸고, 침략당하게 만들었으며, 피와 용기를 고갈시켰고, 그가 통치하기 전보다 약소국이 되었으며, 나쁜 조건의 국경을 받아들여 그 후 다시 복구되지 않게 한 것은' 비난 받아야 한다고 했다.

소비에트 러시아Soviet Russia는 여전히 혁명의 격변으로 흔들리고 있었지만, 명백한 전쟁에 직면하자 스스로를 보호하기 위해서 다시 뭉쳤다. 4월 28일, 제1차 세계대전 당시 드골의 수용소 동료이자 친구였던 27세의 미하일 투하쳅스키 원수가 지휘권을 잡았다. 투하쳅스키의 지휘 아래 붉은 군대는 폴란드 군대를 바르샤바에서 매우 인접한 비스와Wista 강으로 다시 몰아냈다. 폴란드의 후원자들은 전쟁을 끝내기 위해서 다급하게 협상을 강요했고, 그 결과 폴란드를 몰락 직전에서 구할 수 있었다.

협상이 시작되자 러시아인들은 공산주의 이념에 친숙한 우호적인 정권 수립을 요구했다. 서구 열강의 노력은 수포로 돌아가는 것처럼 보였다. 그러나 피우수트스키는 회담이 완료될 때까지 가만히 앉아서 방관하고 있지만은 않았다. 그는 급히 바르샤바 입구에서 붉은 군대를 몰아내기 위해서 반격을 가했다. 사건들의 극적인 전환은 '비스와 강의 기적'이라고 알려졌다. 피우수트스키는 측면 공격을 개시하여 러시아군을 물리치고 7만 명이 넘는 포로를 사로잡았다. 폴란드를 구원한 것이다.

파리의 전쟁성에서 한 달을 머문 뒤, 드골은 폴란드로 돌아와 보병 대

막심 베강

1867~1965. 프랑스의 육군장교. 1888년 생시르 육군사관학교를 우수한 성적으로 졸업했다. 소뮈르^{Saumur}에 있는 기병학교에서 공부를 계속한 뒤 그 학교의 교관이 되었다. 1914년 페르디낭 포슈의 눈에 들어 그 휘하의 참모장이 되었다. 제1·2차 세계대전 사이에 볼셰비키와 싸우는 폴란드군 고문관(1920), 시리아 주재 고등판무관(1923~1924), 프랑스 최고 군사위원회의 부의장 겸 육군 감찰감(1931~1935)으로 복무했고, 1935년 1월 21일 68세로 퇴역했다. 프랑스가 독일군에게 짓밟히고 있던 1940년 5월 20일 프랑스군 최고사령관으로 복직되었으나 프랑스 정부에 항복할 것을 권고했다. 1941년 은퇴했고, 이듬해 연합군이 북아프리카를 침공한 뒤 알제리로 가려다가 독일군에게 붙잡혀 오스트리아의 슐로스이터 성에 갇혔다. 1945년 5월 5일 미군에 의해 석방된 후 곧바로 파리로 돌아갔지만 샤를 드골 장군의 명령으로 체포되었고 3년 뒤 복권되었다.

맨 앞 왼쪽부터 막심 베강, 조제프 폴-봉쿠르^{Joseph Paul-Boncour}, 모리스 가믈랭.

대장을 맡게 되었다. 이 대대는 그가 즈브루치Zbrucz 강에서 견제 공격을 할 때 탁월하게 지휘했던 부대였다. 그의 부대 지휘능력은 칭찬을 받았고, 피우수트스키의 선임 고문 막심 베강Maxime Weygand 장군은 그에게 감명을 받아 자신의 보고서에 샤를 드골의 이름을 언급했다.

"그는 1920년 8월, 최악의 상황에서 부여한 여러 임무를 아주 훌륭하게 수행했다. 드골은 가치 있는 정보를 획득하기 위해서 적군과 직접 접촉하는 등 최고 지휘관들에게 확실한 판단력을 보여주었고, 자신의 폴란드 전우들에게는 매우 훌륭한 지원자이자, 노련한 장교의 전형이었다."5

또한 드골은 이 기간 동안 두 가지 흥미로운 현상에 대해서 기록했다. 그는 기회가 찾아왔을 때 이를 붙잡는 피우수트스키의 강인한 성격을 보았다. 그 폴란드 장군은 역사의 또 다른 혼란스러운 순간 중에도 권력의 계승자가 되었고, 그의 단호한 태도는 인상적이었다. 또한 위험에 처한 국가의 국민들이 조국의 수호를 위해서 결집하는 것도 보았다. 러시아인들은 폴란드인에 대항하여 뭉쳤고, 폴란드인들은 열정적으로 붉은 군대에 맞서서 활용할 수 있는 모든 자원을 이용했다.

이 교훈들은 약 20년 후, 프랑스가 나치의 점령 아래 놓였을 때 샤를 드골에게 도움이 되었음이 틀림없다. 자신들을 이끌어줄 지도자만 있다면 프랑스 국민들 또한 국가적 좌절과 위기의 순간에도 다시 일어날 수 있다는 사실을 깨우쳐 주었다. 드골은 이 교훈을 자신의 경력에도 적용해 기회가 오면 그것을 붙잡아 자신의 길에 도움이 되게 했다. 그는 실패라고 여기는 상황에서도 강인한 성격을 보여주었으며, 포로수용소에서 나온 지 몇 달 만에 전투에서 병력을 지휘하기까지 했다.

폴란드에서 전투가 진정되자, 드골은 프랑스 동부 원정군 지휘관인 앙리 알베르 니셀Henri Albert Niessel 장군의 보좌관으로 임명되었다. 드골은 전투 경험을 글로 옮겨 1920년 가을에 《르뷔 드 파리La Revue de Paris》에 '비스와 전투'라는 제목으로 게재했다. 그는 또한 자신이 할 수 있는 최선을 다해서 바르샤바에서 사교생활도 즐겼다.

사치를 모르는 검소한 청년 드골은 폴란드의 페이스트리, 그중에서도 특히 작은 베이커리인 '블리클레네 빵집Chez Blikle'이라는 가게에서 만든 페이스트리를 무척이나 좋아했다. 그는 카페에서 페이스트리를 자주 먹었으며, 종종 동료들과 함께 즐기기도 했다. 그리고 작은 상자에 포장을 해서 본부로 가져오기도 했다. 그가 체트베르틴스카Czetwertyńska 백작부인의 집을 자주 방문하는 것으로 알려져, 바르샤바에서는 두 사람 사이의 로맨틱한 애정관계에 관한 소문이 떠돌았다. 만약 폴란드에서 생활하는 동안 즐거운 유희가 있었다면 이러한 작은 에피소드 정도였을 것이다.

샤를 드골은 냉담함을 유지했다. 다른 장교들은 그에게서 거리감을 느낀 것으로 알려졌다. 비록 처음 그는 학생들에게 그들의 모국어로 강의를 하고자 폴란드어를 배우려고 시도했지만, 이 시도는 올바른 어조와 말투를 지닌 통역이 지원되자 그만두었다. 또한 제복을 입을 때는 하얀 장갑을 착용하여 격식과 완고한 분위기를 더했다. 그럼에도 불구하고 그는 청중의 이목을 사로잡는 능력으로 유명했으며, 발표 내용은 사람들의 찬사를 받았다. 또한 그의 개인적인 용기는 사람들의 존경을 받았고, 그는 용맹을 나타내는 폴란드 훈장 비르투티 밀리타리Virtuti Militari를 받기도 했다.

드골의 이름은 보고서에 최소한 네 번 이상 언급되었다. 보고서에는 그를 칭찬하는 내용뿐만 아니라, 가끔씩은 그의 성격을 평가하는 내용도 거침없이 들어 있었다. 한 장교는 드골의 인사기록에 다음과 같이 적었다.

"최고 수준의 장교이지만 다소 거만한 태도를 보임. 이로 인해 동료들을 포함해 그에게도 해를 끼칠 수 있음. 하지만 이러한 장교가 없다는 것은 보병학교의 크나큰 손실이며, 그를 대체할 사람을 찾기란 무척 어려울 것임. 폴란드 당국은 그가 대대장 과정의 교관으로 남아주기를 간곡하게 요청하고 있음."[6]

다른 평가에는 다음과 같이 적혀 있다.

"군인으로 자신의 장래를 운명 지을 만큼 훌륭한 자질을 갖춘 장교임. 존경을 불러일으키는 자세, 강인한 성격, 한결같은 인격, 위험에 맞선 적극적이고도 침착한 태도, 폭넓은 교양, 뛰어난 지적 능력. 이러한 자질들을 동일한 수준으로 모두 갖춘 이는 드묾. 군사학교의 교관으로 적합함. 또한 육군대학의 추천 대상자로 손색이 없음."[7]

✝ 가정을 꾸리다

폴란드군은 자신들의 참모학교에서 강의하도록 드골을 초청했다. 그러나 그는 1921년 1월을 마지막으로 폴란드에서의 복무를 마치고 파리로 돌아왔다. 그는 생시르에서 교수직을 맡거나 식민지에서의 근무 등 평화기 군대에서의 장래에 대해 고민했다. 아마 그가 돌아온 주요한 이유는 약혼녀 이본 방드루 Yvonne Vendroux 와의 결혼 때문이었을 것이다. 그녀는 칼레Calais 지방에 비스킷 공장을 소유한 존경 받는 가문의 딸이었다.

그 둘은 드골이 파리에서 휴가를 보내던 1920년 6월 처음 만났다. 앙리 드골의 대녀代女이자 이본 어머니의 친구였던 폴 당캥Paule Denquin 여사의 주선으로 젊은 장교와 단정한 숙녀는 첫 인사를 나누었다. 여러 달 동안 드골의 마음 깊은 곳에는 교제와 결혼에 대한 생각이 자리하고 있었을 것이다. 1919년 11월에 드골의 어머니는 편지를 보내 형 그자비에의 결혼에 대해서 상의를 했다. 감정을 잘 표현하지 않는 드골이었지만 답장에서 자신의 이야기를 덧붙였다.

"어머니께서는 제가 올해 무엇을 기대하는지 알고 계실 겁니다. 가족과, 조용하고 평화로우며 깊고 신성한 사랑 안에서, 한 남자가 줄 수 있는 모든 행복을 다른 사람에게 주고 싶습니다."[8]

당캥 여사는 아마 대규모 미술 전람회인 살롱 도톤Salon d'Automne에서 두 사람의 만남을 주선했을 것이다. 두 사람은 주위에서 작품에 대해 이야기하고 있는 가족 및 친구들보다 앞서 걸으면서 대화를 나누었다. 2주 뒤 이본의 오빠 자크Jacques Vendroux가 참가하는 펜싱 대회가 열렸고, 베르사유Versailles 궁전 경내에서 열린 에콜 폴리테크니크École Polytechnique가 주최한 무도회에서 두 가족이 만났다. 샤를 드골은 자크의 허락을 받은 뒤 이본과 함께 춤을 추었다. 무대 위에서 몇 번 춤을 춘 뒤 그들은 정식으로 교제하기로 했고, 곧 약혼을 발표했다.

두 사람의 교제에 관한 다른 이야기에 따르면, 드골이 친구와 박물관에 갔는데 사람들로 붐비는 방 건너에서 친구에게 손을 흔드는 젊은 아가씨를 보게 되었다. 오케스트라가 〈운명의 왈츠Destiny Waltz〉를 연주하고 있는 동안 그는 즉시 친구에게 그녀를 소개시켜 달라고 말했다. 그런

살롱 도톤

매년 가을에 프랑스 파리에서 열리는 미술 전람회. 보수적인 프랑스 국립미술협회 가입을 거부당한 근대 미술가들이 독자적인 기구를 만들기로 결의하여 생겨났다. 이 새로운 기구는 가입을 원하는 미술가는 누구든지 받아들이며, 회원들이 제비를 뽑아 전시회의 심사위원을 결정하고, 장식미술도 순수미술과 똑같이 대우한다는 취지를 갖고 있었다. 제1회 살롱 도톤은 1903년 10월 31일에 열렸고, 마티스·블라맹크·피카소 등이 참가하여 야수파·입체파 운동을 육성하여 근대 회화사에 큰 업적을 남겼다. 살롱 도톤은 1970년대까지 계속되었다.

조르주 뒤프레누아 Georges Dufrénoy 가 그린 1937년 살롱 도톤 포스터.

뒤 그는 방드루 가족이 앉아 있던 작은 테이블에 비집고 들어갔다. 키가 크고 호리호리한 장교는 젊은 이본의 무릎 위에 차 혹은 펀치를 쏟았다. 이 사건으로 그 후 몇 차례 방드루 집을 방문하게 되었다. 처음에는 난처하게도 차를 엎지른 것을 사과하기 위한 방문이었지만, 결국에는 약혼을 승낙 받는 방문이 되었다.

그러나 또 다른 종류의 이야기도 있다. 당캥 여사가 1920년 10월 파티를 주최했다. 그녀는 두 사람을 커플로 만들고 싶어 했던 자크와 사전 모의를 하고 두 가족을 모두 초대했다. 그들은 아마 저택의 거실에 앉아서 당시의 유명한 작품인 〈푸른 옷을 입은 여인 La Femme en bleu〉에 대해서 이야기

> **일어나십시오, 제군. 영리한 비겁함에 대항하십시오. 이는 멍청한 것보다 더 나쁜 것입니다. 이는 성령에 반하는 범죄입니다.**

를 나누고, 전시회에서 작품을 보기로 했을 것이다. 그 뒤 전시회에서 차를 쏟는 사건이 발생했다. 며칠 후, 방드루 가문의 청년과 여동생은 생시르에서 열리는 무도회에 초대를 받았다. 자크에 따르면 그 둘은 어떠한 춤도 추지 않았지만, 적당한 거리를 두고 각자의 자리에 앉아 대화를 나누었다. 그런 뒤 그들은 11월 11일 공식적으로 약혼을 했다. 그리고 드골은 마지막 의무 복무를 마치기 위해서 폴란드로 돌아갔다.

비록 이본은 최근에 다른 장교에게 받은 청혼을 거절하면서 장교의 부인이 되어 이곳저곳 옮겨 다니는 생활을 할 생각이 없다고 말했지만, 그녀는 드골의 배우자로 잘 어울리는 것처럼 보였다. 드골은 그녀의 조용하고 품위 있는 모습을 좋아했고, 그녀는 그를 다른 누구보다도 잘 이해했다. 실제로 그녀는 브리지 게임을 할 때 모든 가족 앞에서 드골이 화를 내자 그의 행동을 변호하기도 했다. 드골은 이본보다 약 46센티미터나 키가 컸고, 나이도 열 살이나 많았다. 그러나 이것이 문제가 되지는 않았다. 둘은 그 뒤 반세기 동안이나 삶을 공유했다.[9]

샤를 드골과 이본 방드루는 1921년 4월 7일 결혼식을 올리고 이탈리아 마조레Maggiore 호수로 신혼여행을 떠났다. 그 해 12월에 아들 필리프Philippe가 조산아로 태어났다. 그 밑으로 두 딸이 있었는데, 1924년에 엘리자베트Élisabeth가, 1928년에는 다운증후군Down's syndrome을 지닌 안

Anne이 태어났다. 결혼식 직후, 드골은 생시르 육군사관학교 교수에 임명되었다.

교수의 아들인 드골은 사관생도들을 가르치는 역사 교수로서 훌륭한 능력을 발휘했다. 드골은 19세기 역사 수업을 맡았는데, 특히 나폴레옹의 군사작전을 가르치면서 황제의 군국주의를 대담하게 혹평했다. 그는 나폴레옹이 프랑스를 파괴했다고 믿었다. 나폴레옹이 조국을 "부서뜨렸고, 침략당하게 만들었으며, 피와 용기를 고갈시켰고, 그가 통치하기 전보다 약소국이 되었으며, 나쁜 조건의 국경을 받아들여 그 후 다시 복구되지 않게 한 것은" 비난 받아야 한다고 했다. 강의 내용은 나중에 『드골의 서신 모음집 Lettres, Notes et Carnets』이라는 책으로 출판되었다. 또한 강의 내용 중 일부분은 1938년 『프랑스와 프랑스 군대』라는 책에도 포함되었다.[10]

훗날 생시르 출신인 한 장군은 사관학교 교수 시절의 드골을 분명하게 기억하고, 그가 비길 데 없는 연설가였다고 말했다. 그가 쓴 글에서 드골에 대해 다음과 같이 말했다.

다운증후군

염색체 이상으로 생기는 선천 질환. 1866년 존 랭던 다운 John Langdon Down이 학계에 보고했다고 하여 이렇게 불린다. 21번 염색체가 정상인보다 1개 많은 3개가 존재하여 정신 지체, 신체 기형, 전신 기능 이상, 성장 장애 등을 일으키는 유전 질환이다. 신체 전반에 걸쳐 이상이 나타나며 얼굴이 편평하며 눈초리가 올라가는 따위의 특징적인 얼굴 모습을 관찰할 수 있고, 대개 심장병, 지적 장애, 내장의 형태 이상 따위를 수반한다. 출생 전에 기형이 발생하고, 출생 후에도 여러 장기의 기능 이상이 나타나는 질환으로서 일반인에 비하여 수명이 짧다.

"그의 매 강의는 말 그대로 행사였다. 그가 큰 강당에 부츠를 신고 옆에 검을 차고 들어오는 유일한 사람은 아니었다. 그러나 그는 경건하고 인상적인 분위기를 풍겼다. 그는 케피^{kepi*} 모자를 벗고 검을 풀어서 책상 위에 나란히 두었다. 그런 뒤, 장갑을 낀 채 특유의 방식으로 학생들을 응시했다. 엄청나게 키가 크고 긴 목 주위에는 풀을 먹인 뻣뻣한 칼라를 두른 그는 꼿꼿하게 서서, 강의 노트도 보지 않고 두 시간을 내리 강의했다. 그는 우리를 압도했다. 그는 당시 첫 줄에 앉아 있던 학교 간부들과 야전 장교들, 심지어 장군들에게까지 같은 인상을 남겼다!

총 열두 강좌로 이루어진 그의 강의의 정점은 베르됭 전투에 대한 강의였다. 그는 한참 동안을 멈추었다가 큰 소리로 말했다. '제군, 일어나게!' 평범한 학생들을 따라서 장군들도 자리에서 일어났다. 그는 두오몽에서 전사한 전우들에 대해 경의를 표했다. 이는 모든 연령과 계급을 초월하는 드골의 비범함을 보여주었다."[11]

한 강의에서 드골은 자신이 1940년 프랑스에서 도망쳐 비시^{Vichy} 정부에 대항하는 상황의 전조를 보이기도 했다.

"역사는 운명론을 가르치지 않습니다. 소수의 자유의지를 가진 사람들이 결정론을 깨부수고 새로운 길을 여는 순간은 옵니다. 사람들은 자신이 받을만한 만큼의 역사를 갖게 됩니다. 여러분이 불행을 한탄하고 최악의 순간이 다가오고 있다는 공포를 느낄 때 사람들은 당신에게 말할 것입니다. '이것이 역사의 법칙이다. 이것이 진화 의지다.' 그들은 이러한 것들을 매우 명쾌하게 설명할 것입니다. 일어나십시오, 제군. 영리

---

* 위가 평평한 프랑스군 군모.

한 비겁함에 대항하십시오. 이는 멍청한 것보다 더 나쁜 것입니다. 이는 성령에 반하는 범죄입니다."[12]

샤를 드골은 사람들이 역사를 만들어 나가는 것이며, 그 반대가 아니라는 것에 강한 확신을 가지고 있었다. 프랑스 사람들에게는 조국이 힘든 시기에 명예를 지키고 숭배하는 것이 의무였다. 드골은 생시르에서 곧 다가올 시기에 그를 돋보이게 할 무대에서의 존재감과 자신의 목소리를 찾았다. 그는 다시 자신이 위대해지고 있음을 느꼈다.

그것이 운명의 개입 결과인지 아닌지는 모르지만 젊은 부부는 행운을 거머쥐었다. 드골 부부는 파리 그르넬Grenelle 거리에 있는 작은 아파트에서 살았다. 드골이 그런 상황을 유도했을 수도 있는데, 이곳은 베르됭의 영웅 페탱 원수의 집에서 가까웠던 것이다. 악명 높은 바람둥이 페탱은 사교계에서 기피하는 이혼녀와 결혼을 했다. 이는 원수와 대위 사이의 우정을 조금 서먹하게 만들었다. 하지만 둘은 서로를 매우 존경하고 있었다. 더군다나 명문 군사교육기관인 육군대학의 지휘관은 전쟁 기간 동안 페탱의 부하이자 추종자였다.

✟ 육군대학으로

프랑스 군대에서 고위 계급으로 진급하고자 하는 장교들에게 육군대학 졸업은 사실상 필수조건이었다. 드골은 생시르에서 단지 1년만 강의를 했다. 그는 육군대학 입학을 계획했다. 그는 참모 직책을 해본 적이 없기 때문에 육군대학 입학을 보장 받지 못했다. 육군대학은 전쟁기간 동안에는 휴교를 했다. 또한 포로가 되어 전장에 벗어난 적도 없고 인상적인 전투 기록을 가진 많은 장교들이 입학을 기다리고 있었다.

그럼에도 불구하고 그는 시험에서 높은 점수를 획득하여 육군대학에 입학할 수 있었다. 1922년 5월 2일, 그는 육군대학 44기 명단 중 129번째에 이름을 올렸다. 2년간의 학업과정을 시작할 무렵, 시험 점수와 다른 기준들을 기초로 한 그의 성적은 학급에서 상위 3분의 1 수준에 들었다.

전쟁포로였던 시기 이후로 드골은 '전차^{Tank}'라는 신무기에 대해서 알고 있었다. 전차는 1916년 가을 전장에 첫선을 보였다. 그는 독일 신문에서 전차가 전장에 출현한 것을 보았고, 그 화력과 기동력에 대해서 흥미를 느꼈다. 또한 폴란드에서 몇몇 장갑차량을 보았다. 그는 폴란드에서의 경험을 적은 보고서를 총참모부에 보내 이렇게 조언했다.

"전차들을 산개하지 말고 주력으로 통합하여 전장에서 운용해야만 합니다."[13]

이는 아마도 제2차 세계대전 동안 전차가 차지할 역할에 대한 첫 번째 의견일 것이다.

전투 경험을 통해서 드골은 기관총과 중포 같은 현대식 무기들의 치명적인 위력과 기동전 지원에 활용할 가능성을 인지하고 있었다. 일부 군사 이론가들이 전차의 공격적 사용을 중심으로 한 전술적 기조들을 발전시켰지만, 대부분의 프랑스 고위 장교들은 제1차 세계대전 동안의 대학살로 인해 강한 고정 방어시설과 난공불락의 강력한 방어선 구축이 미래 전쟁에서 주효할 것이라고 확신했다. 현대전에 대해서 드골이 발전시킨 이론들은 그와 전후 군사체제와의 대립을 증가시켰다.

드골이 1922년 11월 육군대학에 입학했을 때, 그는 이미 어느 정도 유명 인물이었다. 제1차 세계대전과 폴란드에서의 경험에도 불구하고 그 보다는 페탱의 애제자로 널리 알려져 있었다. 이는 훌륭한 자산이자 방해물이기도 했다. 그의 지적 능력과 고립적 성격은 잠재적으로 취약한 조합이었다. 간단히 말하면, 이러한 것들은 육군대학의 사람들이 드골을 잘 알지도 못한 채 그를 싫어하게 만들기 쉬웠다. 그의 오만함과 자만심은 때때로 다른 사람들을 참을 수 없게 만들었고, 그들은 드골을 '페탱이 총애하는 애송이'로 여겼다.

드골은 다시 원점으로 돌아가 학생 역할을 하는 것이 어려웠다. 전장과 교실 모두에서 그의 경험이 교수진보다 우월하다는 것이 분명했기 때문이다. 드골은 습관적으로 교관들의 실수를 지적하고 그들의 생각에 도전했다. 특히 제1차 세계대전 당시의 참호전을 곧 다가올 전쟁의 우수한 전술적 방어라고 보는 토의에 관해서는 더욱더 그랬다. 33세의 고참 대위는 전차가 미래 육상전의 주요한 역할을 할 것이라는 것을 알고 있었다. 그렇기 때문에 비록 그 자신이 해를 입더라도 의견을 고수하기로 단단히 결심했다.

냉담한 성격에도 불구하고 드골은 일부 급우들에게 호의적인 인상을 주기도 했다. 한 동기생은 드골과 파트너로 함께 한 격렬한 운동이 끝난 후, 커다란 오크나무 아래에서 휴식을 취하던 때를 기억했다. 휴식을 취하던 그는 담배를 피우면서 말했다.

"친구, 이 말을 들으면 아마도 자네는 웃을 테지만, 나는 자네가 위대한 숙명을 지니고 있다는 생각이 든다네." 드골은 그냥 웃어넘기는 대신 진지하게 대답했다. "그래, 나도 그렇게 생각하네."[14]

육군대학에서의 2년 동안 드골은 경직되어 있는 교과과정과 이를 신

> **❝** 드골은 다시 원점으로 돌아가 학생 역할을 하는 것이 어려웠다. 전장과 교실 모두에서 그의 경험이 교수진보다 우월하다는 것이 분명했기 때문이다. 드골은 습관적으로 교관들의 실수를 지적하고 그들의 생각에 도전했다. **❞**

봉하는 장교단에 대해 경멸을 감출 수 없었다. 그는 전장에서 직접 전차를 접한 경험은 없었지만, 폴란드에서 복무하는 동안 전장에서 전차의 신속한 기동력이 주는 장점을 보았다. 드골은 주위에 있는 사람들의 지적 수준이 낮다는 사실에 기회가 있을 때마다 분노를 나타냈고, 이는 다른 사람들로부터 적의를 불러일으켰다.

육군대학의 장교들로부터 스스로 고립된 그는 자신의 첫 번째 책 『적의 내분』을 졸업도 하기 전인 1924년 여름에 출판했다. 이 책은 제1차 세계대전 동안 독일 정부와 군대가 맞닥뜨린 문제들을 기술했지만, 한편 학교에서 가르치는 것에 반대하는 수많은 생각 또한 기술하고 있었다. 하급 장교가 그런 책을 출간할 정도로 건방진 생각을 가졌다는 사실에 고위 장교들은 분노했다.

그와 같이 전쟁포로로 갇혀 있던 사람이 출판한 드골의 책은 1,000부도 팔리지 않았다. 그러나 잠재적인 대인 관계에 어려움이 될 것이 분명함에도 책을 출간한 것은, 자기 생각을 밀고 나가는 드골의 의지를 보여주었다. 그의 통찰력 역시 충격적이었다.

그는 독일인에 대한 선입견을 이렇게 묘사했다.

"탁월한 성품과 권력에 대한 의지를 지니고 위험을 감수하는 슈퍼맨 …

독일인이 궁극적으로 바라는 이상형은 열정적이고 잔인한 사람인 것 같다. 그들은 자신만의 영광을 추구하면서, 보편적 이익을 위해서라면 많은 사람을 노예로 만들어야 한다고 확신하는 무시무시한 니체주의 엘리트에 속하기로 서슴지 않고 선택한다. 그리고 필요하거나 바람직하다고 여겨 칭송할 때를 제외하고는 사람들의 고통 앞에서도 그만 두지 않는다."

두 번째 해에 전술교관인 무아랑Moyrand 대령은 드골에 대해서 이렇게 기록했다.

"드골은 매우 똑똑한 장교이며, 교양 있고 진지하며, 뛰어난 재능이 있다. 불행하게도 과도한 확신과 다른 사람들의 의견에 대한 혹독함, 그리고 망명중인 왕 같은 태도가 그의 뛰어난 자질들을 망쳐놓고 있다. 더욱이 그는 문제에 대한 자세한 조사와 이를 실행하는 현실적인 면보다는 문제의 통합과 일반적인 연구에 더 적합한 것으로 보인다."[15]

1924년 여름, 드골은 이 교관과의 일화를 통해서 권위에 대한 존경심이 부족한 면을 보여주었다. 파리 근교 바르쉬르오브Bar-sur-Aube 인근에서 행한 야외 기동훈련 동안, 무아랑은 드골에게 군단 지휘를 맡기고 빠르게 변화하는 상황 동안 적절한 결정들을 내리도록 했다. 드골은 침착하게 의무를 수행하여 원하는 결과를 얻었고, 모의 전투에서 승자가 되었다.

그러나 이 과정에서 드골의 거만함은 계속해서 도를 지나쳤다. 무아랑은 이미 그의 불량한 학습 태도를 알고 있었기에 야외 훈련에 참여한 장교들을 불러 모은 상태에서 드골에게 예리한 질문들을 던졌다. 드골이 이러한 질문에 대해서 눈에 보이게 무관심한 태도로 답변을 하자, 무아랑의 불만은 더욱 커졌고 방안의 긴장감 역시 높아만 갔다. 마침내 무아랑은 드골의 지휘하는 부대 오른쪽 측면에 있는 연대들 중 한 곳의 보급품 위치를 묻는 적절치 못한 질문을 던졌다. 드골은 옆자리에 앉은 자신의 참모장 샤토비외^{Châteauvieux} 대위를 돌아보고, 무아랑의 질문에 대신 답하도록 지시했다.

"아니, 나는 드골 자네에게 질문을 한 걸세." 무아랑이 화를 내며 말했다. 드골은 활짝 열린 문으로 걸어 나가면서 침착하게 답변했다. "대령님께서는 제게 부대 지휘 책임을 부여하셨습니다. 만약 제가 부하들에 대한 책임까지 맡게 된다면, 저는 저의 임무를 만족스럽게 달성하는 것 외에는 다른 어떤 생각도 하지 않을 것입니다." 그는 빠르게 라틴어로 덧붙였다. "사소한 일에 대해서는 법률이 관여하지 않는다$^{de\ minimis\ non\ curat\ praetor}$." 이어서 샤토비외에게 다시 그 질문에 답하라고 말했다. 분노한 무아랑은 분명한 어조로 말했다. "우리는 자네가 주어진 많은 업무에 대해서 고려하고 있다는 것을 알고 있네. 아주 좋아. 나는 이제 자네에 대한 생각이 분명해졌네."[16]

드골은 이 사건을 사소한 것이 아닌 자신의 지적 우수성과 이를 주장할 권리를 입증한 것이라고 생각했다.

육군대학 졸업생은 세 단계의 등급 중 하나의 등급을 받게 되는데, 이는 남은 경력에서 그들의 성공에 대한 척도가 되었다. 훌륭함$^{Very\ good}$, 양호^{good}, 또는 평균^{average}이라는 성적은 교수진에 의해서 결정되었다. 오직 가장 우수한 성적을 받은 장교만이 군에서 유망한 직위로 배치될 수 있다는 확신을 가질 수 있으며, 가장 높은 지휘 계층을 열망할 수 있다는 사실은 잘 알려져 있는 일이었다. 하지만 그렇지 못한 사람들은 군에서 암울한 전망을 가진 채 매력적이지 못한 막다른 곳에 배치 받는 수모를 당했다.

드골은 자신의 성적이 가장 높은 수준이 될 수 있으리라는 확신이 있었다. 그러나 이 신출내기 대위의 역량에 대한 평가의 시간이 다가왔을 때 논란이 뒤따랐다. 몇몇 교관들은 평균 수준의 점수를 주기를 원했다. 이는 무례한 장교에게 확실하고 분명한 메시지를 보내는 것이 될 것이며, 사실상 군대 내에서 미래가 없음을 확인시켜주는 것이었다. 일부 교관들은 심지어 더 나아가 드골에게 가장 저조한 성적을 주고자 했다.

그러나 학교장이었던 뒤피외Dufieux 장군이 이러한 열띤 토론에 개입했다. 더욱 중요한 것은 페탱이 드골의 성적을 둘러싸고 격렬한 논쟁이 있다는 풍문을 들었다는 것이었다. 게다가 페탱은 기동훈련 동안 드골과 무아랑 사이에 있었던 부끄럽고 논란이 된 대화를 조사하라고 지시했다.

페탱은 기동훈련 동안 드골의 행동을 평가했고, 드골의 적대자들과 개인적인 대화를 나누기도 했다. 그리고 드골이 자신의 임무를 적절하게 수행했다고 결론을 내렸다. 그는 자기 제자의 성적이 재검토되어야 하며, 좀 더 공정하게 결정해야 한다고 주장했다. 하지만 뒤피외 장군은 원수의 요구를 전적으로 들어줄 수 없었다. 이는 육군대학 간부단 사이에서 자신의 신뢰성이 심각하게 손상되는 것이기 때문이었다. 따라서 드골의 최종 성적은 '양호'가 되었다.

학생 장교들이 모여 있는 가운데 졸업생의 이름과 최종 성적이 크게 불려졌다. 드골에게 그 성적은 크나큰 수치였고 오심과도 같았다. 그의 반응은 예상대로였다. 그는 학교장에 대해서 장황한 비난을 늘어놓으며 맹세했다.

"나는 이 더러운 곳에 지휘관이 되어서 다시 돌아올 것이다. 그리고 당신들은 모든 것이 어떻게 바뀌는지 보게 될 것이다."[17]

그는 페탱으로 인해서 이를 바로잡을 기회를 얻게 되지만 그것은 훗날의 일이었다.

Chapter4 부단한 고집불통

자신이 믿는 바를 강하게 주장하는 자기 확신의 리더십

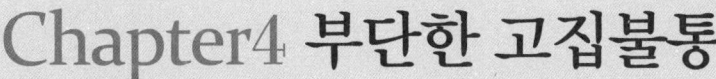

"자신의 저작에 대한 반응을 충분히 예상하고 있던 드골은 자신의 경력이 위태로워지더라도 만약 필요하다면 이를 혼자 힘으로라도 할 의지가 있었다. 왜일까? 그는 자신이 옳다는 확신을 가지고 있었기 때문이었다. 그는 자신만의 길을 가기로 결정했다. 그는 편의와 사리 추구를 위해서 묵인하고 단순히 협력하는 것을 거부했다. 그의 불같은 성미와 한없이 높은 자존심에 대해서 뭐라고 하든지, 그가 가진 인내심과 확신은 다가올 어려운 시기 가운데서도 그를 지탱해 주었다."

✝ 페탱의 비호 아래 새로운 일을 시작하다

육군대학을 예사롭지 않게 졸업한 샤를 드골은 독일 주둔군의 보급과라는 무척 애매한 한직으로 밀려나는 수모를 감내해야만 했다. 1924년 10월, 그는 주둔군 제4국에 배치되어 라인란트^{Rheinland}의 마인츠로 보내졌고, 식량의 냉동·공급·저장에 관한 임무를 부여받았다.

한때 육군대학에서 교관이 되는 희망에 부풀었던 드골은 이제 낙심하여 군대를 떠나는 것을 고려하는 데에 이르렀다. 벌써 첫 책을 펴냈으므로 드골은 아마 일반 대학교에서 교육자가 될 수도 있었을 것이다. 하지만 지금의 그에게는 자유 시간을 가질 수 있다는 이점이 있었다. 드골은 자신이 배치된 곳에서 독일인의 민족성을 파악하고 독일어에 숙달할 수 있었으며, 미래에 독일과의 또 다른 전쟁이 발발할 것이라는 생각도 굳혔다.

마인츠로 출발하기 전, 드골은 페탱을 방문했다. 페탱은 육군대학에서 있었던 모든 사건을 자신에 대한 개인적 모욕이라고 생각하고 있었다. 프랑스군 고위 장교들 사이에서 드골의 명성과 입지는 일련의 사건으로 인해 어느 정도 손상된 상태였다. 따라서 그는 자신의 경력에 거의 도움이 되지 않는 곳에서 9개월의 임기를 마친 후에 다시 파리로 돌아와서 페탱의 개인참모가 되는 것을 숙고했다.

페탱 원수는 당시 최고 군사 평의회Conseil Supérieur de la Guerre 의 부의장이라는 직위와 육군 감찰감監察監을 맡고 있었다. 그는 과도한 부채 부담을 지고 있는 전후 사회주의 정부가 국방 지출을 줄이고, 심지어 일반 병사의 의무복무 기간을 3년에서 1년으로 축소할지 모른다고 우려했다. 그러한 위협에 대응하여 페탱은 프랑스군의 역사와 군대가 조국을 수호하고 지키기 위해서 해온 역할에 대해서 책을 편찬하고자 하는 생각을 가지고 있었다.

드골은 또한 제1차 세계대전에서 군대의 역할에 대해 특별한 관심을 가진 프랑스 군인의 관점이 종합된 책을 쓰기 시작했다. 이는 좀 더 광범위한 작품을 쓰는 데 토대가 되었다. 문학 작품을 쓰는 것은 프랑스군 역사에서 대부분의 유명 인물과 사건, 날짜를 기억하고 있는 재능 있는 작가 드골에게는 타당한 선택이었다.

1925년 10월부터 드골은 페탱의 보좌관인 로르Laure 대령과 참모장인 뒤셴Duchene 대령의 감독 아래 참모진과 함께 작업을 시작했다. 페탱은 저자들에게 엄격한 지침을 주었다. 그들은 직속 지휘관의 대필 작가여야만 한다는 명백한 지침이었다. 자신만의 수려한 글을 쓸 자유가 부족했음에도 불구하고 드골에게 이는 행복한 시간이었고, 그의 조사 결과와 저술은 책의 여러 장에 실렸다.

페탱의 비서는 열정적인 드골의 면모에 대해서 다음과 같이 기억했다.

"그는 중산모자를 쓰고 지팡이를 들고서 항상 무언가에 몰두하고 있는 것처럼 보였다. 그는 걸을 때 하늘을 바라보았고, 허공에 글을 쓰는 것처럼 지팡이를 움직였다. 페탱은 쉽게 만족하지 않았다. 그는 자주 줄을 그어서 지우고 수정을 가했다. 그러나 나는 드골 대위의 글이 매우 훌륭했던 것으로 기억한다. 그의 글을 언제나 완벽하면서도 읽기 쉬웠기 때문에 페탱도 조금 밖에 고치지 않았다."[1]

파리에서 다른 작가들은 공동 사무실을 썼지만, 드골은 혼자서 개인 사무실을 쓰도록 허락 받았다. 아마도 이는 자신의 애제자가 생각을 글로 풀어내는 것에 관해서는 프랑스 군대에서 가장 유능한 장교라는 것을 페탱이 인정했기 때문일 것이다. 프로젝트가 진행 중이던 어느 날, 페탱은 드골을 한쪽으로 데리고 가서 프랑스의 과거·현재·미래의 방어 체계에서 고정된 방어시설의 중요성에 대한 간단한 논문을 써줄 것을 요청했다.

드골은 화력과 기동성을 옹호하고 있었다. 그런 그에게 움직일 수 없으며, 공세를 취하지 못하고, 수비적인 입장만을 취하도록 강요된 부대를 배치한 요새를 옹호하는 글을 쓰라는 것은 명백히 역설적이었다. 그러나 그는 그 명령에 순응했고, 몇 주 내로 작성을 완료했다. 그 기고문은 1925년 12월 《르뷔 밀리테르 프랑세즈 Revue Militaire Française》에 "프랑스 요새의 역사적인 역할 Rôle Historique des Places Françaises"이라는 제목으로 실렸다. 이 기사는 프랑스 군사 체제의 방어적인 태도를 강화하는 것처럼 보였기에 열렬한 환영을 받았다. 후에 이 기사는 마지노선 Maginot

Line을 구축하기 위한 주장을 뒷받침하는데 활용되었다. 하지만 마지노선은 1940년 나치에 의하여 프랑스군의 실패의 기념비로 남게 되었다.

그러나 드골은 그러한 주된 기조를 위해서 원칙을 버리지 않았다. 그는 글에서 무장 충돌에서 프랑스의 구세주가 되기에는 부족하다는 점을 언급하기는 했지만, 고정 요새의 장점들도 인정했다. 고정 요새는 어느 정도의 안정성을 제공할 수는 있었다. 더 중요한 것은 고정 요새가 기동 작전과 공격작전, 그리고 적극으로 공격하는 적에 대한 반격 거점이 될 수도 있다는 점이었다.

제33보병연대에서 드골과 함께 복무했고, 훗날 1944년 드골의 자서전을 집필하게 될 뤼시앵 나싱Lucien Nachin 대위는 다음과 같이 말했다.

"이 기고문은 북동 전선의 요새화 계획을 바라는 대중의 의견을 반영하는 면에서는 완벽하게 성공적이네. 아마 굉장한 성공이지 싶네. 사실대로 말하면, 난공불락이라고 말하는 이 무장 방어기지에 관한 과도한 자신감에 타당성이 없다는 것은 조국을 자극하는 것이 아닌가?"2

드골은 자신의 일부 결론이 잘못 해석될 것을 염려하며 대답했다.

"나의 미천한 소견으로는 방어시설은 많은 사람이 원하는 것처럼 작전 계획의 일부가 되어서는 안 된다고 보네. 지리학적이고 정치적이고, 심지어 사기와도 연관된 필수적이고 영구적인 방어시설은 정부가 해결해야 할 문제이네. 그리고 작전 계획은 지휘부가 해결해야 할 문제이네. (어떠한 형태의) 작전계획을 수립함에 있어, 요새는 그 수단의 하나로 고려해야 하네. 작전계획 수립 시 병력과 군수물자, 경제력 등을 모두 고려하는 것처럼 말이네."3

✟ 명예 회복

페탱이 드골을 파리로 데려온 데는 확실한 다른 이유가 있었다. 페탱 원수에게 있어서 육군대학에서 드골이 받은 모욕은 현대 전쟁의 실체를 모르는 장군들에 의한 부당한 대우를 연상케 했다. 1900년 당시 그는 승인되지 않은 전술들을 가르쳤다는 이유로 국립 포병학교 École de l'artillerie 교관 직책에서 물러나야 했다. 또한 그 이후 육군대학의 보병전술교관으로 재직할 당시, 보병 돌격의 영웅적 행위보다 화력을 중시하는 내용으로 수업을 진행하여 학교 내에 많은 적을 만들었다. 하지만 제1차 세계대전의 대량 학살의 현장에서 페탱의 주장이 옳은 것으로 증명되었다. 이제 베르됭의 영웅인 그는 드골의 불운한 경험을 통해서 자신의 제자가 반격을 가할 기회를 제공하고자 했고, 그 과정에서 자신의 명예도 되찾으려고 했다.

달콤한 복수를 위한 드라마의 장은 세 번의 강연에 걸쳐서 진행되었다. 육군대학에 있는 모든 교관과 학생장교가 의무적으로 참석한 가운데, 페탱이 지휘하고 드골이 강연을 했다. 페탱은 그의 열렬한 지지자들 중 한 사람이자, 후일 마지막까지도 그의 지지자로 남게 될 피에르 에링 Pierre Hering 장군과 만났다. 그는 에링에게 상황을 알리고, 드골에 대한 부당한 처우에 대해서 설명했다. 에링은 페탱의 요청에 흔쾌히 응했다.

첫 번째 강연은 1927년 4월 27일로 계획되었다. 이는 드골의 이름이 소령 진급자 명단에 오른 지 4개월 뒤였다. 그는 거의 11년 동안 대위 계급장을 달고 있었다. 이는 당시 프랑스군 고위 장교들의 보복적인 성격을 보여주는 것이었지만, 아주 많은 면에서는 드골 자신이 뿌린 씨를 거두는 것이기도 했다.

저녁에 실시된 첫 번째 강연에서 여러 장교들은 페탱의 입장을 위해서 길을 만들었다. 페탱은 매우 극적이게도 드골이 자신보다 먼저 입장하도록 잠시 멈추었고, 드골에게 다음과 같이 말했다.

"영광은 자네 것일세. 앞장 서 걷는 것은 강연자의 특권일세. 일단 입장한 뒤에 강연자는 자신이 바라는 것을 가르칠 권리가 있는 것이지. 이것이 나의 시대와는 다른 생각을 표현하기 위해 적용하는 나만의 방식이네."4

페탱의 간결한 소개에 뒤이어서, 드골은 무대에 올라 군사 리더십을 주제로 강연을 했다. 또한 자신의 후원자의 삶과 군복무에 대한 장황한 찬사를 늘어놓았다. 깔끔하게 차려입은 드골은 케피 모자를 옆에 벗어두고, 검을 푼 뒤에 자신의 트레이드마크인 하얀 장갑을 벗으면서 앞으로 나아갔다. 아직 소령으로 진급하지 않았기 때문에, 그는 자신보다 높은 계급의 장교들로 가득한 계단식 강당에서 대위 계급장이 달린 장식용 수술을 썼다. 드골이 굉장히 뛰어난 연설가라는 사실 하나만으로는 강연을 듣고 있는 사람들의 불편함을 누그러뜨리기에 충분하지 않았다. 프랑스 육군 원수의 후원을 받고 있는 하급 장교는 전례 없는 강연에서 분명한 메시지를 던졌다.

첫날 저녁 주제는 '전투와 지휘관'이었다. 그는 청중에게 말했다.

"충돌과 위기, 그리고 커다란 사건들을 조직하기 위한 강력한 성격은 언제나 일상생활에서 환대 받는 편안한 매너와 외관상 매력적인 자질들만 가지고 있는 것은 아닙니다. 그런 성격은 사교성이 없는 직설적이고 비타협적인 태도를 지니고 있습니다. 비록 대중은 마음속으로는 애매하

> **❝ 비난만 하지 말고 행동하라! 지도자를 향한 희망과 바람은 자석을 향한 철과도 같다. 위기가 닥치면 대중을 이끌고, 비록 부러질지라도 자신의 두 팔로 그 짐을 떠맡는 사람이 바로 지도자다. 또한 그 밑에 깔릴지라도 짐을 자신의 두 어깨로 받치는 사람이 지도자다. ❞**

게 그 우수성을 인정하긴 하지만, 그러한 사람들은 사랑을 받기 힘들고 결국에는 높은 자리로 올라가기 힘듭니다. 진급선발위원회는 장점보다는 개인적인 매력에 좀 더 치우치는 경향이 있습니다."5

다음에 이어진 강연 동안에 드골은 수많은 정치인, 군인, 철학자, 과학자들을 언급했다.

자신의 처우에 대한 간접적인 언급은 반박할 수가 없었다. 그는 겉보기에는 위엄을 유지했다. 하지만 청중에게 날카로운 비판을 가하는 동안 큰 희열을 느끼고 있었다. 2년 전에는 그를 가르쳤던 교관이었지만 지금은 학생이었던 드골의 강연을 듣고 있는 많은 사람에게 이 일련의 강의는 절대 잊을 수 없는 것이었고, 이미 맛본 비통함은 평생 동안 지속되었다. 오래도록 기다려왔던 드골의 해명은 그 값어치가 있었다.

지휘관의 개성과 위신에 대한 강연 뒤에 군사 리더십에 대한 강연이 이어졌다. 이날 강연의 내용은 최소한의 편집과 수정을 거친 뒤, 1930년과 1931년 《르뷔 밀리테르 프랑세즈》에 실렸다. 이후 1932년 내용을 여러 장章 추가하여 그의 대표작인 『칼날Le Fil de l'Épée』로 출판했다.

드골은 『칼날』을 완벽하게 만들기 위해서, 이 책이 출판된 뒤부터 제

2차 세계대전이 발발하기 전까지 거의 10년간 작업을 계속했다. 자주 인용되는 이 책의 가장 유명한 구절은 그 작가의 가장 뛰어난 자화상으로 남아 있다.

비난만 하지 말고 행동하라! 지도자를 향한 희망과 바람은 자석을 향한 철과도 같다. 위기가 닥치면 대중을 이끌고, 비록 부러질지라도 자신의 두 팔로 그 짐을 떠맡는 사람이 바로 지도자다. 또한 그 밑에 깔릴지라도 짐을 자신의 두 어깨로 받치는 사람이 지도자다. 평범한 사건은 지도자의 우수함을 드러내지 못한다. 지도자는 자신의 판단에 대해서 확신이 있으며, 자신의 강점을 알고 있다. 또한 즐거움을 위해서는 어떠한 것도 희생하지 않는다. 지도자는 종종 수동적인 복종과는 거리가 있다. 그는 다른 사람의 명령이 아닌 자기 자신이 내린 결정을 따르고 단호함을 보인다. 그는 스스로 할 수 있는 업무를 배정받기를 열망한다. 전체를 보기 원하는 많은 지도자에게 세세한 부분을 신경 쓰고 이를 형식상 절차에 따라 처리해야 하는 일들은 견디기 힘든 요구이다. "자만심이 강하고 규율이 없다"라는 말은 좋지도 나쁘지도 않은 평범한 생각이다. 부드러운 연설로 교양 있게 대하면 앞으로 나가지 못하는 당나귀 신세가 된다. 거칠다는 것은 강인한 성격이 실패할 때의 모습이며, 단지 단호한 입장을 고수할 때에만 지지를 얻을 수 있고, 느긋하고 온순한 마음을 가진 사람들은 순종하지 않는 강인한 마음이 선호된다는 사실을 전혀 모르고 있다. 그러나 문제들이 점점 더 심각해지고 위험이 절박해지마자, 일반적인 안정이 긴급한 결단력과 위험의 감수와 단호함을 요구하게 되자마자, 곧 모든 관점이 변하고 새로운 정의가 성립하게 된다. 최선봉을 향한 인간의 성격이 커다란 해일에 휩쓸리는 것이다.[6]

드골은 불복종하고 거부하는 것 모두가 필수적이며 고귀한 것이라고 믿었다. 두 번째 강연에서 그는 영국 해군의 존 젤리코John Jellicoe 제독을 언급했다. 젤리코 제독은 1916년 유틀란트Jutland 전투 직후 독일 대양 함대Hochseeflotte를 추격하는데 실패했다. 영국 해군참모총장First Sea Lord 존 피셔John Fisher 제독은 젤리코가 유틀란트에서 한 행동을 트라팔가르Trafalgar의 영웅 허레이쇼 넬슨Horatio Nelson과 비교했고, 젤리코에 대해서 다음과 같이 언급했다.

"넬슨과 같은 자질을 가지고 있지만, 단 한 가지가 부족했다. 젤리코는 불복하는 법을 몰랐다."7

모든 노력에도 불구하고 드골은 육군대학의 청중을 사로잡지 못했다. 그의 연설은 대부분 청중이 이해할 수 있는 범위를 벗어나거나, 관심을 끌지 못하는 것이었다. 드골은 충실히 3주에 걸쳐 강연을 진행했다. 그가 강연을 마쳤을 때, 청중의 분노는 정점에 달했다. 말할 필요도 없이 강연이 끝난 뒤 에링 장군은 수많은 불평을 들어야만 했다. 얼마 후, 파리 소르본 대학교Université de Sorbonne에서 열린 강의에서도 민간인 청중은 똑같은 상황을 되풀이했다. 일반 대중의 반응은 뜨뜻미지근했다.

그럼에도 불구하고 페탱 원수의 후원을 받은 샤를 드골의 경력은 되살아났다. 아마 역사가들이 사용한 '명예를 회복하다'라는 말보다 '되살아났다'라는 표현이 더 적절할 것이다. 드골은 프랑스 군에서의 미래를 다시금 견실하게 만든 페탱 원수에 대해서는 고맙게 여겼지만, 여러 어려움에도 불구하고 자신이 '명예회복'의 대상이었다는 의견은 아마도 받아들이지 않았을 것이다. 명예를 회복해야 할 사람들은 바로 자신의 강연을 들은 사람들이었다. 그들이야말로 불가피한 변화 앞에서 마음의

존 젤리코

1859~1935. 영국의 해군 제독. 1872년 장교후보생으로 해군에 입대했다. 1883년에 영국해군대학에 들어가 포격 전문가가 되었으며, 1888년에는 해군부 병참국장보로 임명되었다. 1898년에 그는 중국에 주둔하는 센추리언호 함장으로 임명되어, 1900년 의화단 사건이 일어났을 때 베이징北京 주재 영국 공사관 직원들을 구출하기 위해 출동했다. 1902~1914년 그는 해군부와 함대에서 다양한 직책을 맡으면서, 영국 해군함정의 포격술을 개선하고 체계화했다. 1915년에 제독이 된 뒤 2년 동안 대함대를 조직하고 훈련하면서 전투에 대비했는데, 그의 지휘력은 유틀란트 전투에서 시험대에 올랐다.

젤리코 제독과 비티 제독이 이끄는 영국 함대가 라인하르트 셰어 제독이 이끄는 독일의 대양함대와 벌인 유틀란트 전투에서 영국군이 승세를 잡기 시작하자, 셰어 제독은 뱃머리를 돌렸다. 그러나 독일 함대가 본국을 향해 뱃머리를 다시 돌리자 영국 함대와 정면충돌하게 되었다. 양국의 해군이 서로 스치고 지나가면서 생긴 충돌로 많은 선박이 침몰했다. 양국은 모두 승리를 주장했는데, 독일은 더 많은 선박을 파괴하고 인명 손실을 입혔고, 영국은 북해에 대한 제해권을 계속 확보했기 때문이다. 당시 그의 전술은 심한 비판을 받았지만, 독일의 외양함대를 전쟁이 끝날 때까지 쓸모없게 만든 것은 오늘날 그의 전략적 승리로 평가되고 있다.

문을 닫고 있었다.

비록 페탱의 명성이 비시 정부 기간 퇴색하긴 했지만, 그는 제1차 세계대전 동안 연합군의 승리와 양 세계대전 사이 프랑스 군대의 보전, 그리고 자신의 애제자의 경력을 부활시키는데 크나큰 공헌을 했다. 그는 드골의 명석함과 선견지명을 알아보았고, 드골의 이름을 드높이고 그가 프랑스의 미래에 중요한 역할을 담당할 수 있게 하는 것에 자신의 명예와 위신을 걸고자 했다.

드골은 『칼날』을 페탱에게 헌정했다. "원수 각하Monsieur le Maréchal, 이 책을 오직 당신에게 바치겠습니다. 순수한 사고의 깨달음을 통해 표현되는 행동의 미덕인 당신의 영광을 이보다 더 잘 표현할 수는 없을 것입니다." 그는 "C. 드골이 깊은 존경과 헌신을 다해서 경의를 표합니다"라고 적은 초판본을 자신의 후원자에게 보냈다.

시간이 흘러 제2차 세계대전 뒤에 페탱의 사형선고가 드골에 의해서 무기징역으로 감형된 후, 릴디외l'Île d'Yeu로 유배 가는 페탱의 개인 소지품 중에는 『칼날』의 초판본이 포함되어 있었다고 한다. 릴디외는 프랑스 브르타뉴Bretagne 지방 서쪽 해안의 강한 바람이 부는 섬으로, 페탱은 이곳에서 1951년 95세의 나이로 숨을 거두었다.

✝ 명예로운 샤쇠르

1927년 가을, 마침내 드골은 소령으로 진급했다. 그는 원래 자신이 파리로 돌아온 목적이었던, '군인Le Soldat'이라고 잠정적으로 명명된 역사서

샤쇠르 알팽

프랑스 육군의 엘리트 산악보병부대. 19세기 말 이탈리아가 알프스를 넘어 침공해올 가능성에 대비해서 창설되었다. 이탈리아 통일이라는 지정학적 변화와 더불어 이탈리아에서 산악전 전문 부대를 창설하자, 프랑스에게 이는 알프스 국경을 위협하는 것으로 보였다. 창설 당시 산악군단은 12개 대대로 구성되었지만, 현재는 규모가 줄어들어 제27산악보병여단 27e brigade d'infanterie de montagne 에 속한 3개 대대로 구성되어 있다.

1923년 루르 지방 점령 당시 샤쇠르 알팽의 모습.

집필을 마무리하지 못하고 페탱의 참모직을 떠나게 되었다. 분명 페탱은 다른 더 시급한 사항에 신경을 쓰고 있었을 것이다. 드골의 다음 보직은 샤쇠르 알팽 Chasseurs Alpins 산악부대 예하 제19경보병대대 대대장이었다. 이 보직은 10년 남짓 만에 맡게 되는 첫 지휘관 임무로, 그는 이를 위해 독일 트리어 Trier 로 가야 했다.

새로운 지휘관은 특유의 열정을 가지고 자신의 임무에 접근했다. 그는 즉시 대대에 자신만의 스타일을 적용했다. 베레모를 왼쪽으로 기울여 쓰는 전통적인 방식 대신, 베레모를 오른쪽으로 기울여서 착용했다. 부하 장교들과 다른 장교들도 이를 따랐다. 상급 지휘관이 이를 반대했지만 변화를 규제하는 어떠한 구체적인 규정이 없었기 때문에, 드골은 상급자의 요구를 간단하게 무시해 버렸다. 비록 베레모 사건이 사소한 것처럼 보이지만, 이는 드골의 불복종적인 성향을 보여주는 것이었다. 그러나 그의 부하들은 그에게 존경심을 가지게 되었고, 얼마 지나지 않아 드골을 '명예로운 샤쇠르'라고 부르기 시작했다.

대대는 엘리트로 구성되었다. 그래서 드골은 자신의 부하들을 가차 없이 다루었다. 수많은 시간에 걸친 반복훈련, 어려운 지형과 혹독한 날씨에서의 장거리 행군, 그리고 사격술을 향상시키기 위한 계속되는 교육훈련은 병사들을 예리한 면도날처럼 유지시켰다. 하지만 몇몇 사람이 드골의 부대 전출을 요구하는 주목할 만한 사건들이 발생했고, 공식 조사도 뒤따랐다.

1928년 가을에 제19대대는 야외훈련에 참가했다. 그리고 겨울 드골의 부임과 함께 또 다른 유사한 야외훈련에 참가하기로 결정되었다. 야외훈련은 당시 얼음으로 뒤덮여 있는 모젤Moselle 강 도하를 포함하고 있었다. 도하 준비가 모두 끝난 상태에서 대대는 부대 이동을 취소하라는 명령을 받았다. 드골은 이 명령 때문에 화가 났다. 대대는 이미 며칠 전에 비셰Bitche 근처에 있는 캠프로 이동을 완료한 상태였는데, 다시 트리어로 복귀행군을 지시 받은 것이다.

복귀행군이 시작되었다. 드골은 휴식을 취한 뒤 다음 날 낮에 행군을 끝내는 것보다, 자신의 부하들을 길 위에서 쉬게 한 다음 밤사이 행군을 모두 마쳐야겠다는 결정을 내렸다. 자신의 부하들에게는 바로 이를 알리지 않고 다른 장교에게 대대 작전명령을 내린 후, 자전거를 타고 사거리로 앞장서서 갔다. 한 시간쯤 뒤에 대대의 행군 대형 역시 사거리에 도착하자, 그는 다른 장교들에게 자신의 결정을 말했다. 그들은 밤에 중간 휴식캠프를 설치하는 것이 원래의 계획이며, 강행군을 하고 늦은 시각 마을에 진입하기 위해서는 사령관의 승인이 필요하다고 항의했다. 하지만 그는 그들의 걱정들을 무시했고, 자신이 모든 책임을 지겠다고 짧게 응답했다.

    그 무분별한 강행군은 독일에서 프랑스군을 휘감은 심각한 인플루엔자 유행병이 발발할 무렵에 시행된 것이었다. 이 병은 심각한 병세를 불러일으키고, 수많은 군인들을 죽음으로 몰고 갔다. 놀랄 만큼 많은 전출 요청이 있을 수도 있다고 우려한 드골은 제19대대에서 훈련 이전에 재배치를 탄원하는 부대원은 어느 누구라도 영창에 보내겠다며 위협했다. 하지만 한 병사는 의회에 있는 자신의 지역 의원에게 국방부로 전출하는 것을 도와달라고 요청을 했다. 이 사실을 알게 된 드골은 자신의 말을 이행했고, 그 병사는 2주간 감금되었다.

    병사들과 의회 의원들의 항의만 있었던 것은 아니다. 그 뿐만 아니라, 제19대대의 야간 복귀 때문에 평화를 방해 받은 트리어 시민들로부터도 항의가 잇따랐다. 드골의 지휘를 특별히 어렵게 만든 것으로 알려진 인플루엔자 유행에 대한 소식과 함께 야간 행군에 대한 항의가 전쟁성 장관인 폴 팽르베 Paul Painlevé에게 보고되었고, 공식적인 조사가 뒤따랐다. 드골은 구금 60일의 징계를 받았고, 어쩌면 자신의 군 경력을 수치스럽

> 드골은 자신의 부하들을 가차 없이 다루었다. 수많은 시간에 걸친 반복훈련, 어려운 지형과 혹독한 날씨에서의 장거리 행군, 그리고 사격술을 향상시키기 위한 계속되는 교육훈련은 병사들을 예리한 면도날처럼 유지시켰다.

게 끝내는 상황이 될 수도 있었다. 그러나 그는 여전히 페탱 원수의 호의를 받고 있다는 것을 알고 있었기에 강건함을 유지했다. 가혹한 처벌이 있을 것이라고 경고하는 사람들에게 드골은 자신 있게 말했다.

"나는 페탱파에 속한 사람이오. 모든 것이 차차 진정될 것이오."[8]

드골은 독일 주둔 프랑스군 사령관 앞에서 스스로를 변호하라는 명령을 받았다. 하지만 변호에 앞서 기차를 타고 파리로 가서 페탱 원수에게 자신의 행동을 설명했다. 페탱은 자신의 친구인 팽르베에게 전화를 걸어 조사 문제를 해결했고, 이에 관련된 모든 사람이 체면을 살릴 수 있었다. 왜냐하면 문제의 병사는 드골이 그러한 행동을 금지하기 이틀 전에 전출을 요청했기 때문이었다. 그 병사의 상황을 확인하기 위해서 트리어를 방문한 조사위원회의 한 의원은 가족이 없는 한 병사의 사망에 대해 개인적으로 애도를 표하는 드골을 칭찬하면서 말했다.

"제19경보병대대에는 수많은 죽음이 있었다. 하지만 이것은 병사들이 받는 치료 때문이 아닌 것은 확실하다. 이 대대는 훌륭하게 지휘되고 있다."[9]

드골은 주둔군 사령관 앞에 출두하지 않게 되었으며, 그 사건에 대해서 어떠한 처벌도 받지 않았다. 그러나 그 상황을 아는 사람들에게는 그가 이중 잣대의 혜택을 받으며 복무하고 있는 것처럼 보였을 것이다. 그는 자신의 지시에 대해서 모순되는 행동을 보이거나 명령에 불복종한 부하들에 대해서는 재빠르게 대응했다. 하지만 똑같은 행동을 자신이 저질렀을 때는 스스로를 보호하기 위해서 재빠르게 페탱에게 달려갔던 것이다.

✝ 드골과 페탱의 불화

드골 특유의 자신의 의견에 대한 높은 자신감과 함께, 이 사건은 일부 사람들이 그를 더욱 더 싫어하게 만들었다. 한 부하 장교는 수많은 병사들과 나눈 느낌을 종합한 결과, 드골이 두드러지는 것은 그의 큰 키 때문이 아니라 멀리서도 빛나는 등대와 같은 그의 자존심 때문이라고 말했다.

드골을 구제하기 위한 페탱의 행동은 그가 이 유능한 젊은 장교에게 베푼 마지막 호의였다. 페탱 원수는 오만한 드골을 구제하는 일에 싫증을 내기 시작했고, 드골이 자기의 지위를 너무 이용한다고 생각했다. 사실 이 두 사람 사이의 관계는 이전부터 금이 가기 시작했다. 페탱이 보유한 원고가 그들 사이의 불화의 중심이었다.

드골이 독일에 있는 동안 페탱은 '군인'이라고 잠정적으로 명명된 원고의 진척에 대해서 다시 관심을 가지게 되었다. 1928년 초에 드골은 페탱이 또 다른 작가로 선정한 오데^{Audet} 대령으로부터 한 통의 편지를 받았다. 그 편지에는 페탱이 자신에게 드골이 저술한 이후부터 글을 다시 이어나가도록 요청했다는 내용이 적혀 있었다. 드골에게 이는 믿기 어려운 일이었다. 그는 프로젝트에서 자신의 역할은 대필 작가 이상이며, 페탱의 이름으로 출판되는 작품에 자신이 기여한 것에 대해서 간단한 감사인사 이상을 받으리라는 믿음으로 처음부터 이 일을 했던 것이다. 그는 오데 대령의 편지로부터 충격을 받은 것처럼 대응했다.

"저는 당신이 저에게 보여주신 솔직하고 열린 신뢰에 대해서 감동했고, 이에 대해서 감사를 표합니다."

드골은 답장을 했다.

대령님께서는 이미 제 의견을 알고 있습니다. 책은 곧 사람입니다. 지금까지 그 사람은 제 자신이었습니다. 하지만 이제 다른 사람인 대령님께서 이 책을 맡게 된다면, 심지어 몽테스키외Montesquieu가 맡게 되더라도, 한두 가지 일은 반드시 발생할 것입니다. 완전히 다른 책을 쓰게 되거나, 제 것을 완전히 파괴하는 일이 생길 것입니다. 그렇다면 이 책은 더 이상 어떠한 특징을 가지지 않게 되는 것이며, 따라서 가치가 없게 되는 것입니다. 만약 원수께서 당신에게 또 다른 책을 쓰길 원했다면, 저는 그 제안에 대해서 어떠한 반대도 없었을 것입니다. 저는 순순히, 그리고 간단히 제 책을 되돌려 받으면 됩니다. 그러나 그것이 제 생각과 철학, 그리고 제 스타일을 난도질 하는 것이라면 저는 이에 반대하며, 이러한 의견을 원수께 말할 것입니다. 원수님은 한 권의 책과 작전참모가 작성하는 보고문서의 차이점에 대해서 인정하려고 한 적이 없습니다. 이 점이 제가 종종 이 업무가 좋지 않게 끝나리라고 생각했던 이유입니다.[10]

두 사람이 '군인'이라는 책을 저술함에 있어 각각의 역할을 서로 다르게 생각했다는 것은 분명했다. 페탱은 드골이 자신의 후원과 지도 아래에서 저술을 하고 있으며, 그의 역할은 본질적으로는 대필 작가라는 것을 이해하고 있다고 믿었다. 반면에 드골은 그 책이 자신의 창조물이며, 따라서 자신이 그 작품의 가장 큰 몫을 받을 자격이 있다고 강하게 믿고 있었다. 드골은 '군인'을 자기 자신의 작품이라고 언급했다. 하지만, 좀 더 엄밀히 말하면 그도 여러 작가 중 하나에 포함되어 그 책의 일부를 맡은 것에 불과했다. 드골은 주로 제1차 세계대전 동안 프랑스의 전략과 전술에 대한 부분을 다루었다.

편집을 진행하던 페탱은 제1차 세계대전 동안 프랑스의 작전 수행에 대한 드골의 평가가 자신의 몇몇 작전 수행에 대한 것뿐만 아니라 마지노선 구축을 옹호하는 데 기반이 되었던, 자신의 이전 저작들에 의해 증명된 바 있는 고정 화력을 중시하는 기조에도 해롭다는 것을 알게 되었다. 나중에 밝혀진 것처럼 '군인'은 완성된 작품으로 출판되지 못했다. 그러나 드골은 그가 쓴 10개 장 중에서 7개의 장을 1938년 출판된 자신의 책 『프랑스와 프랑스 군대』의 기초자료로 활용했다.

페탱과의 불편한 관계 외에도, 드골은 특별히 개인적인 비극을 경험했다. 1928년 12월, 막내딸 안이 다운증후군을 가지고 태어났다. 20년의 생애 동안 그녀의 상태는 부모에게 큰 슬픔의 원천이 되었고, 또한 드골의 입장에서는 자애로운 마음을 가지게 하는 원천이 되었다. 드골에게 그러한 순수한 감정의 표출은 드문 일이었다. 그는 "안이 세상에 태어난 것은 그 애가 원한 일이 아니었으며, 그 애를 행복하게 해주기 위해서 가족들은 할 수 있는 모든 일을 다 할 것"이라고 여러 차례 말했다.

드골 소령에게 1929년 가을은, 제19대대에서 2년 동안의 지휘관 임기가 거의 끝나가는 시점이었다. 라인^{Rhein} 강에 주둔해 있던 프랑스 군대는 재조직되었고, 그의 대대는 해체되었다. 드골은 중동지역으로 전출을 요청했다. 중동에서의 근무가 최소한 페탱과의 불화를 일시적으로나마 진정시킬 수 있다고 보았다. 사실 페탱도 드골이 평화로운 기간 동안 그의 경력을 발전시키기 위해서 중동지역에서 복무할 것을 권했다.

그럼에도 불구하고 드골의 한없이 높은 자존심은 유럽 대륙을 넘어서는 모험에 대해서 열망을 품게 했다. 그는 페탱이 자신의 작가적 재능을, 자기가 페탱의 후원을 자신의 군대 경력을 구제하는데 사용한 것과 같은 수준으로 보았다고 믿었다. 반대로 '군인'과 관련된 페탱의 바람은 드골이 조용하고 충실하게 대필을 하는 것이었고, 그것은 자신이 드골에게 베푼 엄청난 호의에 비하면 작은 답례일 뿐이라고 생각했다. 그들 모두는 서로의 유용함을 선의의 한계와 강력한 성격이 인내할 수 있는 범위를 넘어서까지 이용하려고 했다.

✚ 프랑스 식민 제국의 본성을 통찰하다

1929년 10월 30일, 드골 가족은 레바논^{Lebanon}의 베이루트^{Beirut}로 배를 타고 이동했다. 드골은 레반트^{Levant*} 지역에 주둔한 프랑스군의 정보작전참모 임무를 수행하기로 되어 있었다. 그는 출발 전, 자신의 친구에게

---

* 그리스와 이집트 사이에 있는 동지중해 연안 지역을 통틀어 이르는 말. 좁게는 지금의 시리아와 레바논 두 나라를 이른다.

독일과의 미래 관계에 대한 자신의 생각을 적어 보냈다.

"라인란트에 주둔하고 있는 프랑스 주둔군은 그곳에서 오래 머무르지 못할 것일세. 상황이 변하여 유럽의 중요한 유적인 고착된 전선을 때려 부술 것이야. 사람들은 합병Anschluss(1939년 독일과 오스트리아의 합병)이 가까우며, 독일이 조만간 폴란드에서의 이익을 위해 평화적으로 또는 무력을 사용해서라도 영토를 점령할 것이라는 걸 알아차려야 하네. 그 후에 독일은 알자스를 요구할 것일세. 내게는 그러한 사실이 별빛에 쓰여 있는 것처럼 자명하다네."11

중동지역을 여행하고, 광범위하게 펼쳐진 프랑스 식민 제국의 본성에 대해서 통찰력을 얻는데 많은 시간을 들인 드골은 그러한 제국을 유지하기 위한 인력과 국고가 국가가 투자할 수 있는 범위를 넘어선다는 확신을 점점 더 가지게 되었다. 그는 다음과 같이 적었다.

"우리는 거의 어떠한 영향력도 가지고 있지 못하다. … 이 세상에서 확고함 없이는 어떠한 것도 이루어지지 않는다. 내가 볼 때 우리의 운명은 확실한 인상을 남기거나 아니면 사라지거나, 둘 중 하나가 될 것이 틀림없다."12

역설적이게도 중동에서의 경험은 수십 년 뒤 그가 제5공화국 대통령으로 임기를 보내는 동안 프랑스 민족주의에 영향을 미쳤다. 수많은 프랑스 식민지에게 독립을 보장한 그의 결정은 1930년대에 그가 프랑스의 영토들을 여행하면서 받은 인상의 영향을 받았던 것이다.

드골은 1931년 중동지역에서 돌아오면서 육군대학의 교관 직책을 희망했지만, 페탱의 추천으로 국방 최고 위원회Conseil Supérieur de la Défense 사무국에 보직되었다. 이 위원회는 연로한 페탱이 1922년 설립한 것으

> 그는 자신의 지시에 대해서 모순되는 행동을 보이거나 명령에 불복종한 부하들에 대해서는 재빠르게 대응했다. 하지만 똑같은 행동을 자신이 저질렀을 때는 스스로를 보호하기 위해서 재빠르게 페탱에게 달려갔던 것이다.

로 프랑스군의 전쟁 준비상태를 유지하기 위한 것이었다. 이제 70대 중반이 된 페탱은 은퇴했다. 페탱의 후임 프랑스군 사령관은 막심 베강으로, 드골은 폴란드에 있을 때 베강의 휘하에서 복무한 적이 있었다.

중동에서의 프랑스군 역사에 대한 글을 쓴 뒤, 드골은 또 다른 전쟁에 대비해서 기동과 자원의 활용에 대한 총람을 작성하는 책임을 맡았다. 드골은 빠르면 1923년에 완료한 기존 내용에 여러 조사 결과들을 업데이트 했다. 하지만 그 일은 그 뒤 5년간 무력한 정부로부터 관심을 거의 받지 못했다. 그 보고서 자체는 드골이 이를 수정한 지 1년이 지나도록 프랑스 입법기관에 도달하지도 못했다. 그리고 이 보고서의 최종 버전은 1938년 봄이 될 때까지 승인을 받지 못했다.

반면에 대공황 Great Depression 의 와중인 1934년에 프랑스는 마지노선을 구축하기 위해서 수백만 프랑을 지출했다. 비록 그 방어 요새선을 구축하는데 많은 비용이 들긴 했지만, 재정난에 처한 프랑스 정부가 보기에는 동쪽의 침공을 방어하는데 가장 경제적인 대안으로 보였다. 또한 이 방어선은 군의 일반적인 기조와도 일치하는 것이었다. 아돌프 히틀러 Adolf Hitler 와 나치 Nazi 당은 독일에서 힘을 키워가고 있었다. 오스트리아와의 합병이 실제로 일어났다. 1938년 가을, 영국과 프랑스는 나치

뮌헨 회담

제2차 세계대전 직전에 독일 뮌헨에서 나치 독일의 체코슬로바키아 주데텐란트 병합 문제를 수습하기 위하여 영국·프랑스·독일·이탈리아 4국이 개최한 정상회담. 1938년 9월 29~30일 열린 이 회담은 제2차 세계대전 전 대對독일 유화정책의 결정판이었다.

1938년 3월 나치 독일이 오스트리아를 합병하고 9월 체코슬로바키아에 독일계 주민이 많은 주데텐란트를 할양할 것을 요구한 것이 회담이 열리게 된 직접적인 이유였다. 정작 당사자인 체코슬로바키아는 이 회담에 참석하지 못했으며, 회담에 참가한 열강들은 전쟁을 원하지 않고 독일의 군사력에 대해 두려움을 갖고 있었기 때문에 독일의 주데텐란트 합병을 승인하는 데 합의했다. 뮌헨 협정 체결로 독일은 전략상 유리한 발판을 얻은 반면 프랑스·소련·체코슬로바키아 3국의 상호원조체제는 붕괴했고, 소련은 국제적으로 고립되었다. 이후 소련이 영국에 대해 강한 불신을 갖게 되는 등 반反독일 진영의 반목과 불화가 커졌다.

1938년 9월 29일, 뮌헨 회담에 참석한 열강 대표들. (왼쪽부터) 영국 수상 네빌 체임벌린Neville Chamberlain, 프랑스 수상 에두아르 달라디에, 아돌프 히틀러, 베니토 무솔리니, 이탈리아 외무장관인 갈레아초 치아노Galeazzo Ciano 백작.

와 악명 높은 뮌헨 협정München agreement을 체결하면서 체코슬로바키아Czechoslovakia의 운명을 확정했다. 1년 내로 프랑스는 다시 전쟁과 직면하게 될 상황이었다.

✝ 정치적 인맥을 쌓고 전술 이론을 확고히 하다

국방 최고 위원회에서 드골이 보낸 5년은 그가 프랑스 정부의 고위층에 있는 정치·군사적 파벌들과 교류하며 친분을 쌓을 수 있었다는 점에서 의미 있는 시간이었다. 또한 그는 많은 수의 부대를 움직이고 조정하는 병참업무에 대해서도 알게 되었다. 퇴역한 페탱은 여전히 상당한 영향력을 유지하고 있었지만, 1933년 12월 25일 중령으로 진급한 샤를 드골은 이제 자신에게 익숙하고, 심지어 자신의 멘토와의 불화를 일으킬 수도 있는 전술적 이론에 대해서 더 자세하게 설명할 수 있는 권한을 가지게 되었다고 느꼈다. 그 생각은 확고해지기 시작했다.

그는 자신의 전쟁 회고록에 기록했다.

"1932년부터 1937년까지 14개 부처에서"

나는 조국의 방어와 관련한 정치적, 기술적, 행정적 활동의 전체적인 부분을 계획하는 곳에 속해 있었다. 내가 해야 했던 일, 토론장에서 내가 발표한 내용, 그리고 내가 맺은 관계들은 우리가 가진 자원의 크기와 국가의 나약함을 보여주었다. 정부 해체의 조짐이 사방에서 만연하고 있다. 이는 국민들의 정보와 애국심이 부족해서가 아니다. 반대로 나는 아주 뛰어난 사람들과 훌륭한 재능을 가진 사람들이 때때로 각 부처의 수장이 되는 걸 보았다. 그러나 정치적 게임이 이들을 소진시키고 마비시켜 버렸다. 13

샤를 드골은 그 당시의 정치를 초월하고, 확고한 입장을 고수하고, 자신의 정당성을 주장하며, 그가 옳다고 생각하는 것에 뒤따를 부정적 결과에 대처하기 위해서 그 어느 때보다 더 단호해 보였다. 심지어 그의 생애를 통틀어 제2차 세계대전의 프랑스 영웅을 둘러싸고 드골주의가 자라나기 시작했을 때보다 더 단호했을 것이다. 열렬한 지지자들이 꾸몄을 그의 경력의 세세한 부분과 성취 중에서도, 드골은 실제로 기동전의 기조와 야전에서 기갑차량의 사용을 발전시켰다는 점에서는 칭찬을 받

배질 헨리 리델하트 Basil Henry Liddell-Hart

1895~1970. 기계화 전투를 주창해 유명해진 영국의 군사가·전략가.

　제1차 세계대전이 발발하자 케임브리지 대학교에서의 학업을 중단하고 육군 장교로 입대했다. 1920년 육군의 공식 교본인 『보병훈련 Infantry Training』을 집필했다. 이 교본에는 1917년에 안출된 그의 '전투훈련' 체제와 1917~1918년에 도입된 침투전술을 발전시킨 소위 '확장급류' 공격 방법이 수록되었다. 일찍이 공군력의 증강과 기계화 전차전을 제창했다. 전략을 '정책목표를 완수하기 위한 군사적 수단들의 배분기술'로 정의하고, 전시 경험을 바탕으로 기동성과 기습의 요소들을 강조했다.

　1927년 대위로 퇴역했으며, 1937~1938년에는 육군장관의 개인고문으로 일하면서 그가 주창한 개혁 가운데 다수가 실행되는 것을 보았다. 그의 '확장급류' 이론은 전차운용에 관한 J. F. C. 풀러 장군의 이론들과 함께 독일의 장갑전 선발공병들에 의해 채택되어 1939~1941년에 독일군이 대륙을 정복하게 된 전격전의 기초가 되었다. 전후에는 핵전쟁 억지력을 불신하여 재래식 방위군을 역설했으며, 전면전의 개념에도 반대했다. 수많은 군인전기와 군사전략에 관한 여러 권의 저서, 제2차 세계대전의 역사서를 출간했다.

을 만하다. 그럼에도 불구하고 그는 두 가지 모두를 옹호했고, 프랑스 군대의 사고를 현대화하기 위해서 그가 할 수 있는 최선을 다했다.

드골은 제1차 세계대전에서 전차가 첫선을 보였다는 것에 대해서 분명히 알고 있었다. 그는 자신이 전쟁포로였을 당시 발전된 기술에 관한 전후 단기 재교육 과정에 참여했었다. 그는 1921년 사토리^{Satory}에 주둔하고 있는 기동부대에서 짧은 시간을 보내기도 했다. 또한 영국군 소장인 풀러와 리델하트^{B. H. Liddell Hart} 대위가 1920년에 출판한 저서를 읽기도 했다. 그는 10년 전에 장 밥티스트 에티엔^{Jean-Baptiste Estienne}과 조제프 두망^{Joseph Doumenc} 장군이 기갑사단의 창설을 주장하며 프랑스 군사 체제에 건의했던 제안들에 대해서도 알고 있었다. 또한 그는 이러한 제안들이 무시당했다는 것도 예리하게 파악하고 있었다.

사실 몇 년 전에 에티엔은 사람들에게 다음과 같이 말했다.

"여러분, 지난 몇 년간 어마어마한 전술적·전략적 이점들을 축적하여 중무장한 군대를 생각해 보십시오. 10만 명이 하룻밤에 50마일(약 80.5킬로미터)을 이동할 수 있고, … 50톤에서 100톤의 전차들이 … 공격하고 모든 장애물을 박살내며, 기계화된 보병이 포병을 동반하여 집들을 박살내는 모습을 상상해 보십시오. 이어서 적의 최전방 전선이 무너지고, 과거의 기병들이 그랬던 것처럼 경전차들이 앞으로 돌진하여 승리를 거머쥘 것입니다." 14

제1·2차 세계대전 사이 프랑스 군대가 지닌 사고방식은 여전히 순수한 방어였고, 거대한 요새에 장착된 커다란 화포에 의존하고 있었다. 그러나 마지노선은 프랑스의 북동부 전선을 완벽하게 잇지 못했다. 마지노선을 스위스 국경에서부터 영국 해협^{English Channel}까지 확장할 때의

> **❝** 드골이 두드러지는 것은 그의 큰 키 때문이 아니라 멀리서도 빛나는 등대와 같은 그의 자존심 때문이다. **❞**

이점에 대한 논의가 의회에서 진행되었다. 논의 결과 그러한 모험을 감내하기 위한 비용이 엄청나게 증가할 뿐만 아니라, 얼마 동안 관계가 악화되었던 이웃국가 벨기에의 적대감을 불러일으킬 수 있다고 결론이 났다. 게다가 벨기에는 자신들만의 요새를 일부 건설한 상태였다.

따라서 마지노선의 건설은 주로 분쟁지역인 알자스로렌 지방의 국경에서 시작해 룩셈부르크를 연하여 북쪽으로 확장되어, 어떠한 경우에도 병력이 통과할 수 없다고 생각되는 아르덴 숲이 시작되는 끝자락에 이르는 지점까지로 제한되었다. 마지노선은 이론적으로도 독일군에 대한 방어벽으로써 결점을 가지고 있었을 뿐만 아니라 내재적으로 북쪽에 트여있는 측면이 있다는 약점을 가지고 있었다. 1940년 5월 10일 독일군이 프랑스와 저지대 국가에 대한 침공을 단행했을 때, 독일군은 직접 마지노선을 공격하지 않았다. 대신에 글라이더보병들의 정밀 강습으로 벨기에 요새를 제압했고, 기계화 부대로 아르덴 숲을 통과하여 마지노선의 측면을 공격했다. 드골은 1930년대 마지노선을 프랑스의 안전 보장으로 받아들이는 데 반대한 몇 안 되는 군인 중 하나였다.

✝ 기갑전력의 필요를 인식하다

1930년대 중반 국방 최고 위원회에서 일하는 동안 드골은 자신의 친구 나싱 대위의 프랑스군에서의 전차 활용에 관한 기사를 읽었다. 또한 그는 나싱을 통해서 80세가 넘었지만, 여전히 선견지명이 있는 에밀 마이어Émile Mayer 대령을 소개 받기도 했다. 마이어는 매주 전쟁성 근처에 있는 몽파르나스Montparnasse 거리의 카페에 장교들을 모아 놓고, 그날의 적절한 주제를 선정하여 토론을 하게 했다. 드골도 이 회의에 참석하기 시작했다.

이러한 모임에서 한 번은 드골이 나싱의 기고문에 관해 토론을 시작했다. 그는 마이어에게 에티엔의 개념과 유사한, 고도로 훈련되고 기동성을 갖춘 직업군인 10만 명에 대한 비전을 말하기 시작했다. 그러한 생각은 나폴레옹 시절부터 시작된 수천 명의 시민군을 징병하는 프랑스의 전통인 '국민 징병제Levée en Masse'에서 급진적으로 나아간 것이었다. 또한 드골은 전쟁에서 전차와 차량화보병들의 확장된 개념에 대해서도 상세하게 설명하기 시작했다. 마이어는 드골에게 그 이론들과 관련한 기고문을 준비해서 군사 잡지에 게재할 것을 권했다.

드골은 그 작업에 착수했다. 그리고 1933년 5월 10일, 그 기고문은 《정치와 의회 리뷰La Revue politique et parlementaire》라는 잡지에 실렸다. 제목은 '전문적인 군대를 향하여'였다.

거의 1년 뒤 동일한 제목으로 출판된 책은 단지 4만 5,000단어가 조금 넘는 얇은 책이었다. 잡지나 책 모두 큰 반향을 불러일으키지는 못했다. 비록 이 책이 훗날 '미래의 군대'라는 제목 아래 영어로 번역되기는 했지만, 프랑스에서 단지 약 750부 정도만 팔렸다. 드골은 아마도 자신의 전문서적이 지나가는 짧은 관심만을 받을 것이라는 것을 잘 알고 있었을 것이다. 하지만 그럼에도 불구하고 그는 그러한 경종을 울리고, 시대에 뒤쳐진 군사적 사고가 야기할 위험을 알리며, 그가 할 수 있는 변화를 이끌어내는 것이 자신의 의무라고 생각했다. 그는 결국 지도자였다.

1950년대 중반에 쓰인 『전쟁 회고록』에 따르면 드골은 높아가는 나치 독일의 위협에 대해서 다음과 같이 적고 있다. "어느 누구도 그 상황에 대처하기 위한 어떠한 제안도 하지 않았기 때문에, 나는 이를 대중에게 알려야 할 필요를 느꼈다. 나는 언젠가는 공직 생활에 나아갈 길이 있을 것이라고 기대했다. 하지만 군사적 기준에 따라 25년을 산 후 이러한 결정을 내리는 것이 나에게는 유쾌한 일이 아니었다."[15]

물론 드골이 보았던 것처럼 군사적 기준은 종종 좀 더 나은 결과를 막는 방해물이 되기도 했다. 그러한 장해물을 제거해야만 했고, 〈전문적인 군대를 향하여〉는 당시의 직설적이지만 무명이었던 중령이 선택할 수 있는 최선이었다. 비록 그가 다른 사람들의 토대 위에서 자신만의 생각을 만들긴 했지만, 그는 프랑스 군에서 군사전략과 관련하여 현 상태의 변화를 활발하게 모색한 장교로서 최고 권위자의 인정을 받아야했다. 다른 사람들도 이에 동의는 했지만, 드골이 노력하기 전까지는 단지 말에 지나지 않았다. 그리고 그 대단한 자존심을 가진 신뢰 있는 군인 드골은 그 개념들이 자기 혼자만의 생각이라고 주장하지 않았다. 드골은 마이어로부터 큰 독려를 받았고, 크나큰 영향력을 미친 이 원로 대령과 빠르게 친구가 되었다.

〈전문적인 군대를 향하여〉에서 드골은 먼저 전투에서 계속되는 성쇠 때문에 벌어지는 상황에 대한 계획과 준비의 중요성에 대해서 이야기했다. 이어서 부대를 이끌고 지휘하기 위해서 필요한 성격에 대한 설명이 이어졌다. 그 뒤에 저자는 승리를 쟁취하기 위해서 필요한 기계화에 대해서도 설명했다. 4,000대의 전차와 6년간 의무복무를 하는 군인들로 구성된 6개의 보병사단은 "기계화된 기술, 화포, 충격, 속도, 그리고 위장이라는 훌륭한 시스템을 구현하기에 충분했다. … 오늘날의 부대는 기계와 이를 뒷받침해 줄 훈련된 팀들로 구성된다. … 분명하고, 딱 부러지며, 간결한 성향은 우리의 고도로 훈련되고 용감한 젊은이들이 가지고 있는 추진력이다. 그러나 이러한 성질들이 그저 계속 구제할 수 없이 생활해 나가는 것에만 안주하고 있는 군대에서 어떻게 유지될 수 있겠는가?"

보수적인 군인들을 겨냥한 기회는 어찌할 수 없는 불가항력이었다. 또한 그 뒤 드골은 예상대로 그 책으로 인해 일부 다른 장교들 사이에서 소외되었다. 특히 강력한 참모단과 그가 여전히 혐오하고 있는 육군대학 간부단의 장교들이 그렇게 만들었다. 마이어 대령은 육군보다 공군력을 강력히 옹호했지만, 이상하게도 드골은 제공권에 대한 노력은 거의 기울이지 않았다. 그러나 그가 제안한 최일선 기갑사단의 조직체계는 꽤 상세했다.

각 사단은 기갑여단, 차량화보병여단, 포병여단 같은 여러 구성요소로 조직된다. 기갑여단 예하에 2개 연대가 있는데, 1개 연대는 중重전차로, 1개 연대는 중中전차로 구성된다. 경전차대대는 정찰을 위해 배치된다. 차량화보병여단은 일반보병대대와 경보병대대로 구성된 2개의 연대로 구성된다. 포병여단은 155mm 곡사포와 75mm 대포를 소유한 연대로 구성되며, 대공포 또한 포함하고 있다. 지원부대들은 정비대대·병참대대·사령부, 기타 필요한 다른 부대들로 이루어진다.

드골의 조직체계에 대해서 비판을 가한 수많은 사람이 군대를 이렇게 확실한 공격력을 가진 부대로 구성하는 것은 프랑스의 이해관계에 반하는 것이라고 주장했다. 게다가 이 제안된 사단의 체계는 실질적이라고 생각되는 것보다 실제로 훨씬 더 큰 규모였다. 무엇보다 중시한 개념은 속도였지만, 이들의 조정된 기동성은 최선의 경우에도 꽤 느릴 것이라는 점을 고려해야 했다. 총사령관 모리스 가믈랭 장군은 기동전에 대한 생각을 조롱하며 말했다.

"나는 드골 대령의 이론을 믿지 않는다. 그 이론은 부적절하며 비현실적이다. 전차는 필요하다. 이는 사실이다. 그러나 전차로 모든 적군의 조직을 박살 낼 수 있다는 그의 생각은 신중하지 못하다. … 전차는 태생부터 자급자족이 불가하다. 전차로 진격할 수는 있지만 연료와 탄약을 보충하기 위해 되돌아와야 한다. 이는 공군처럼 용두사미가 될 것이다."

머지않아 현대 전쟁에 대한 드골의 이론들은 대부분 그 정당성을 충분히 입증했다. 가믈랭은 1940년 봄에 독일군의 손에 의한 치욕적인 패배를 스스로 자초했고, 나치의 가장 위협적인 무기는 바로 빠르게 이동하는 차량화보병의 지원을 받는 전차였다. 그러나 현재 드골은 전쟁성 장관인 루이 모랭Louis Maurin 장군에 의해서 국방 최고 위원회에서 맡은 자신의 직책에서 물러나야 했다. 또한 그는 메스Metz에 위치한 제507기갑연대로 전출되면서 신랄한 비난을 받았다. "자네는 이미 서류상에 있는 전차로 우리에게 충분히 많은 문제를 일으켰네. 이제 자네가 실제 전차를 가지고 무엇을 할 수 있나 보겠네. … 잘 가게, 드골! 내가 있는 한 이제 자네를 위한 자리는 없을 걸세." 장교들이 모여 있는 자리에서 즉석으로 다음과 같은 말이 이어졌다. "나는 자네를 코르시카^{Corsica}로 보내버릴 걸세!"[16]

✝ 전차부대 지휘관

드골은 정부에 최소한 한 사람의 정치적 협력자를 가지고 있었다. 당시 활동하던 몇 안 되는 선견지명 있는 정치인 중 한 사람이었던 폴 레노는 드골이 제안한 기동화 군대 구조를 1935년 봄 국회에 제출했다. 드골은 필요하다면 자신이 직접 나서서 설득하고자 했다. 레노는 1934년 12월 5일에 가진 그들의 첫 만남을 회상했다. 그 만남에서 드골은 "경보병대대의 키 큰 중령은 조용하지만 자신감있는 사람이었다.… 그는 동일한 어조로 말했고, 큰 덩치에도 그의 목소리는 놀랍도록 신사적이었고, 얼굴을 앞으로 내민 채 말했다. 나는 그가 거부할 수 없는 명백한 진실을 말하고 있다고 생각했다."[17]

비록 그 제안은 국회에서 철저하게 거부당했지만, 레노는 앞에 놓인 위험에 대해서 말했다.

히틀러의 독일은 현대의 모든 홍보수단을 동원하여 광신적이고 흥분에 가득 찬 젊은 세대를 선동하고 있습니다. 이 젊은이들은 비록 평화를 통해서는 그 어떤 희망도 발견하지 못하지만, 전쟁을 통해서는 희망을 발견할 수 있다고 배우고 있습니다. 우리의 군사 조직이 완전히 변화하고 있는 유럽의 요구를 충족할 수 있겠습니까? 그렇지 않습니다. 여러분, 왜 그런지 아십니까? 왜냐하면, 전쟁이란 공격자 혼자서 무기를 선택하는 결투이기 때문입니다.

군사적인 관점에서 본 프랑스의 문제는 공격만큼이나 강력한 반격을 할 수 있는 특수부대 창설이 시급하다는 것입니다. 만약 공격을 받은 측이 공격자만큼 신속하게 대응하지 못한다면 모든 것이 끝장입니다. 게다가 우리의 외교 정책은 절대적으로 우리가 이러한 타격부대를 보유할 것을 요구하고 있습니다. 우리는 우리의 정책에 적합한 군대를 보유해야 합니다. 우리가 원조 정책과 협약을 저버릴 일이 있습니까? 우리에게 주어진 권리로 우리의 정책을 바꾸길 원하십니까? 그리고 히틀러가 선택한 대로 유럽을 휘젓기를 바라십니까?" [18]

드골과 레노는 서로 협력 관계를 유지했고, 특히 1940년 5월과 6월의 어려운 시기에는 더욱 그러했다. 1936년 드골의 이름이 대령 진급자 명단에 올랐지만, 그의 진급은 가믈랭 장군에 의해서 봉쇄되었다. 레노가 이에 개입했지만 소용이 없었다. 드골의 진급은 1937년 후반에 이르러서야 마침내 승인되었고, 그때도 역시 고위 장교들의 적극적인 반대가 있었다. 또한 〈전문적인 군대를 향하여〉에서 다룬 군사 체제가 급진적이라고 치부되어 공식 군사 잡지에 게재가 금지되었다.

드골에 대한 그러한 적대감에도 불구하고, 프랑스군 장교들은 기갑사단의 필요성에 대해서 마지못해 인식하기 시작했다. 1937년 베를린에서 대규모 군사 퍼레이드가 열렸다. 이곳에서 각종 장비를 완비하고 전투기의 공중엄호를 받는 독일군 전차사단의 선봉을 목격한 이들은 깊은 인상을 받았다. 드골이 제안한 구조를 채택하는 것 대신에 전차의 성능에 대한 연구가 진행되었고, 군수업체들도 그와 관련하여 더 많은 요구를 했다.

새롭게 조직된 프랑스군 기갑사단들은 2개 여단으로 구성되었다. 한 여단에는 3개 전차대대와 2개 보병대대, 포 36문을 갖춘 포병연대와 이를 지원하는 방공부대와 대전차부대, 그리고 정찰대대·통신대대·정비대대가 있었다. 원래의 구조에서 조금 수정된 2개 기갑사단은 1938년 12월에 배치를 승인 받았다. 첫 번째 기갑여단은 프랑스가 독일에게 전쟁을 선포하기 하루 전인 1939년 9월 2일에 승인되었다.

비록 드골의 기동전에 대한 주장은 상당 부분이 옳은 것으로 증명되었지만, 그의 생각들은 예전 군대에서 기갑사단의 출현과 기동 전술의 개선에 실제로 나타난 것보다 더 큰 공헌을 한 것으로 알려졌다. 드골주의 역사가들은 전격전의 아버지인 독일의 하인츠 구데리안Heinz Guderian 장군이 전쟁 이전에 드골로부터 많은 영향을 받았다고 주장한다. 그러나 이러한 주장에 대한 증거는 단지 소문에 불과할 뿐이다. 또 다른 사람들은 프랑스 장교들의 이론 중 상당 부분이 드골 혼자만의 것이라는 주장까지 펼치기도 한다. 하지만 제아무리 드골이라 할지라도 그러한 위치까지는 도달하지 못했다.

여하튼 모든 사건은 드골의 부인할 수 없는 탁월한 리더십이 입증되는 방향으로 흘러갔다. 자신의 저작에 대한 반응을 충분히 예상하고 있던 드골은 자신의 경력이 위태로워지더라도 만약 필요하다면 이를 혼자 힘으로라도 할 의지가 있었다. 왜일까? 그는 자신이 옳다는 확신을 가지고 있었기 때문이었다. 그는 자신만의 길을 가기로 결정했다. 그는 편의와 사리 추구를 위해서 묵인하고 단순히 협력하는 것을 거부했다. 그의 불같은 성미와 한없이 높은 자존심에 대해서 뭐라고 하든, 그가 가진 인내심과 확신은 다가올 어려운 시기 가운데서도 그를 지탱해 주었다.

드골 중령은 1937년 10월에 제507기갑연대에 도착했다. 그가 야전에서 전차를 실제로 경험하는 것은 처음이었다. 하지만 그는 근본적인 약점이 전차 자체가 아니라 이 기계들의 전개와 배치에 있다는 것을 이해했다. 프랑스군 전차는 실제로 세계에서 가장 우수했고, 모든 면에서 독일군의 전차사단에 필적할 만했다. 그러나 프랑스 전차는 이제 막 발전하기 시작한 기갑사단이 아닌 보병사단의 일부로 운용되고 있었다.

제507기갑연대는 37mm 주포와 적 보병들로부터 보호를 하기 위해 기관총을 탑재한 르노^{Renault} R35 경전차대대와 47mm 주포와 보조 기관총 2정을 탑재한 르노 D2 중重전차대대로 구성되었다. 이 전차들은 각각 12톤에서 20톤에 달하는 상당한 크기의 기계들이었다. 특징적으로 드골은 훈련과 기술 숙달에 매달렸다. 하지만 곧 이 전차들에서 마모와 손상이 나타나기 시작했고, 이를 유지하기 위한 비용은 상당히 늘어났다.

이 시기부터 그는 '모터 대령$^{Colonel\ Motor}$'이라는 별명을 얻게 되었고, 그의 지휘는 활기와 열정을 더해갔다. 모의 돌격과 반격 훈련이 시행되었다. 몇 주가 지나지 않아 제507기갑연대의 전차 80대는 메스 중심부에서 굉음과 함께 화려한 장갑 전투력을 펼치는 솜씨를 보여주었다.

드골은 그토록 자신이 오랫동안 주장해온 원칙들을 활용하기 시작했다. 그는 마이어 대령에게 다음과 같이 썼다.

"몇 번의 세심한 실험 뒤에 저는 제가 그토록 설파하려고 노력했던,

그리고 저의 고국보다 독일인들이 더 적극적으로 수용하려고 했던 생각들이 옳았다는 것에 대해 그 어느 때보다 확신을 가지게 되었습니다. 육지에서의 기동작전과 공격은 전차를 제외하고서는 달성할 수 없습니다. 이제 남은 일은 이를 인정하고 '기갑부대'라고 불리는 전차에 기반을 둔 기동작전과 공격을 위한 기구들을 설치하여 프랑스 군대를 재조직하는 것입니다."[19]

✞ 페탱과 갈라선 드골

그의 모든 시련의 과정 동안, 샤를 드골은 결코 글쓰기를 포기한 적이 없었다. 그가 제507기갑연대의 연대장으로 보직되기 전인 1934년에 소설 『죽음이여, 그대의 승리는 어디에 있는가?Mort, où est ta victoire?』를 집필한 작가이며, 앙리 다니엘 롭스Henri Daniel-Rops라는 필명으로 알려진 앙리 프티오Henri Petiot를 알게 되었다. 둘 다 마이어 대령의 친구로 만났다. 드골의 이전 작품들을 읽었던 프티오는 자신이 군사서적에 대해서 집필할 기회를 갖자, 그 장교의 재능을 기억했다. 프티오는 드골에게 간단한 부탁을 했고, 드골은 프티오의 출판사가 출판할 일련의 책 중 한 권을 집필하기로 했다.

하지만 연대장 업무는 드골이 자신의 계약을 이행하기 어렵게 만들었다. 그래서 그는 대안을 제시했다. 드골은 페탱이 출판을 바라지 않는 '군인'의 원고 복사본을 수년간 간직하고 있었다. 대필문제를 겪은 지 이미 10년이 지난 뒤였다. 또한 그 두 사람은 실제로 화기애애한 서신을 주고받고 있었다. 그래서 드골은 '군인'에서 자신이 쓴 부분이 포함된 책을 출판하는 것을 페탱이 흔쾌히 수락할 것이라고 생각했다.

  1938년 4월, 드골은 출판사에 원고를 보냈다. 원고는 채택되었다. 이어서 새로운 계약이 그 다음 달에 체결되었다. 페탱이 이 시점에서 어떤 소식을 접했는지는 분명하지 않다. 그러나 드골의 입장에서 보면 이미 주사위는 던져졌다. 그해 8월에 드골은 페탱 원수에게 '프랑스와 프랑스 군대'라는 책의 출판 승인을 요청하는 장문의 글을 쓴 것으로 알려졌다. 페탱의 대답은 재빠르고 분명했다.

  "자네는 나에게 '프랑스와 프랑스 군대'라고 명명된 책이 곧 출판될 예정이라고 말하고 있네. 내가 자네를 올바로 이해한 것이라면, 자네는 지금 내가 이전에 출판을 위해서 자네에게 맡겼던 조사 결과들을 이용할 생각이라는 것이 아닌가. 나는 이 사실이 정말 너무 놀랍네. 내가 이렇게 놀랄 것을 예상하지 못했던 바는 아니네만."[20]

  페탱의 의견은 변하지 않았다. 그 저작은 자신의 지시 아래에서 어느 한 장교가 집필한 것이며, 자신의 참모 사무실에서 진행된 작품이었다. 페탱은 그 내용이 자신의 소유물이라고 판단했다.

  "내가 그 저술을 지시하고 실행하도록 명령했기 때문에 … 이 저작은 사적이고 독점적으로 나에게 소유권이 있는 것일세. 따라서 나는 이를 내가 적합하다고 생각하는 곳에 사용할 권리가 있네. 만약 자네가 적합하다고 생각한 곳에 이 작품을 출판하려고 하는 나의 적법한 바람을 무시한다면, 나는 할 수 있는 모든 조치를 취할 것일세. 나는 자네의 태도 때문에 무척 골치가 아프다네."

  페탱 원수의 답신을 받은 지 2주 뒤, 드골은 『프랑스와 프랑스 군대』

> **❝** 그는 자신만의 길을 가기로 결정했다. 그는 편의와 사리 추구를 위해서 묵인하고 단순히 협력하는 것을 거부했다. 그의 불같은 성미와 한없이 높은 자존심에 대해서 뭐라고 하든지, 그가 가진 인내심과 확신은 다가올 어려운 시기 가운데서도 그를 지탱해 주었다. **❞**

의 대부분은 자신이 페탱의 참모를 떠난 뒤에 작성되었으며 나머지 부분도 자기 혼자 해석해서 어구를 충분히 바꾸었다는 내용의 편지를 보냈다. 자신의 주장이 매우 강한 페탱에게 보낸 서신에서 그는 평소 자신의 기준에서 보았을 때도 꽤나 부드러워진 태도를 보였다.

  페탱은 자신이 알기 전에 이미 책의 출판이 상당히 진행되었다는 사실에 실망을 표했다. 그 후 페탱은 자신이 이를 검토하고 이 출판에 대해서 어느 정도의 공헌을 인정받을 것인지 결정할 수 있게 해달라고 제안을 했다. 드골은 페탱 원수의 참여에 대한 적절한 인정이 서문에 포함되어야 한다는 것에 동의했다. 페탱 원수의 집에서 만남이 이루어졌다.

  몇 년 뒤, 드골은 마지막 기간에 두 사람을 만족할 만한 합의에 도달하게 했던 두 사람이 나눈 중요한 대화에 대해서 상충되는 두 가지 버전을 내놓았다. 그 하나로 드골은 일요일에 단둘이 만난 상황에 대해 회상했다. 드골은 페탱이 그 책의 출판에 대해서 어떠한 반대도 없었으며, 책의 저술과정에서 페탱 자신의 역할이 충분히 인정되었는지를 물어보았다고 기억했다. 드골은 페탱의 역할을 인정하여 서문에 반영하기로 합의하고 헤어졌다.

다른 하나는 페탱이 검토를 하기 위한 교정쇄를 요구했는데 드골이 이를 거절하자, 페탱은 드골에게 이 일에서 손을 때라고 말했다는 것이다. 드골은 이렇게 대답했다.

"당신은 저에게 군사적인 문제에 대해서는 명령을 내릴 수 있습니다. 하지만 문학적 관점에서만큼은 그럴 수 없습니다."

어떤 이야기 맞든 간에, 마지막 일격은 페탱이 보낸 헌정사의 초안을 드골이 무시했다는 것이다. 대신에 그는 출판사에 다음과 같은 헌정사를 작성해서 보냈다.

"페탱 원수님께To Monsieur le Maréchal Pétain. 이 책이 쓰이길 바라셨고, 이 책의 첫 다섯 장의 집필에 대해서 조언을 해주셨습니다. 그리고 마지막 두 장은 우리의 승리의 역사이기에 감사드립니다."21

자신이 작성한 헌정사를 드골이 무시했다는 소식을 접한 페탱은 분노했고, 출판사에 연락하여 자신이 작성한 것으로 바꿀 것을 요구했다. 게다가 페탱은 드골의 저술 내용 일부에 오류가 있다고 주장했다. 드골이 책의 두 번째 판에서는 페탱이 요구한 헌정사로 바꾸는데 동의한 것으로 알려졌지만, 새로운 판이 출판되기 전인 1939년 9월에 전쟁이 발발했다.

이러한 쓰라린 불화 이후에 두 사람은 서로를 거의 보지 않았다. 1938년 가을 메스에서의 사건 동안 페탱이 드골에게 말하기를 거부하자, 드골은 다음과 같이 말했다.

"늙은이가 균형 감각을 잃은 듯하다. 무엇이든 또 누구든 원수의 노망난 야망을 막지 않을 것이다. 늙은이는 파멸했다."22

그 둘의 관계가 결렬될 때쯤, 나치는 6년 동안 단단히 전쟁을 준비하고 있었다. 독일과의 또 다른 전쟁이 다가오고 있음을 감지한 드골은 그 어느 때보다 고립되었다. 멘토와의 관계가 깨졌고, 그가 복무하고 있는 군대의 고위 지휘관들은 그를 이단자로 여겼다. 그의 모든 노력에도 불구하고, 프랑스 바로 앞에 가장 암울한 시기가 놓여있다는 것을 중요한 위치를 차지하고 있는 그 누구에게도 설득할 수가 없었다.

하지만 드골은 흔들림 없이 의연했다. 그는 가까스로 불확실한 미래와 자신의 조국, 자신의 가족, 그리고 자기 자신을 향해 나아갈 수 있도록 용케 일을 잘해냈다. 제2차 세계대전이 발발하기 전날, 그는 알자스 지방에서 마지노선의 고정 요새를 지원하기 위한 제5군의 전차들을 지휘하고 있었다.

Chapter5 프랑스의 정신

적에게 투항하기를 거부하고 잘못된 정책을 비판한 명예로운 리더십

"드골은 프랑스 정부의 일원이라는 사실에 양심의 가책을 느껴서 더 이상 있을 수 없었다. 오만한 적에게 굴욕적인 평화를 구걸하는 대가로 프랑스는 자신의 명예까지 희생할 준비를 하고 있던 탓이었다."

E GAULLE LESSONS IN LEADERSHIP FROM THE DEFIANT GENERAL

✝ 피할 수 없는 전쟁

이미 그 징후를 보았던 사람들에게 제2차 세계대전은 놀랄만한 일이 아니었다. 1933년 권력을 장악한 아돌프 히틀러는 베르사유 조약Treaty of Versailles을 무시하고 독일을 거대한 전쟁 기계로 만들어 버렸다. 그리고 마치 암세포처럼 영토에 대한 야욕을 라인란트, 주데텐란트Sudetenland, 오스트리아 그 다음엔 체코슬로바키아 전 지역으로 확대했다. 나치 독재자에게는 다른 길이 없었으며, 그는 만족할 줄 모르고 계속해서 정복 전쟁을 벌였다.

 나치가 부각하기 전부터 샤를 드골은 독일과의 또 다른 전쟁은 피할 수 없으며, 프랑스는 전쟁 준비에 모든 역량을 집중해야 한다고 경고했다. 1938년 가을에 영국과 프랑스 정부가 악명 높은 뮌헨 협정에 서명하자 유화정책이 만연하게 되었다. 그는 놀라지는 않았지만 몹시 애석해하며 "프랑스는 위대한 국가가 되기를 포기했다"라고 말했다.

사실 에두아르 달라디에Edouard Daladier 수상 정부는 주도적으로 움직이기에는 무력했다. 영국의 승인과 지원이 없었다면 프랑스 주도하에 진행한 유럽 대륙에서의 결정적인 행동은 불가능했다. 유럽의 작은 국가들은 나치 독일의 군화 앞에서 위축될 수밖에 없었다. 프랑스에게는 그 국가들의 방어막이 되어 줄 방안이 없다는 것만을 확인했다.

드골은 어머니에게 편지를 썼다.

> 우리는 어떠한 전투도 없이 오만한 독일인의 요구에 굴복했고, 우리의 동맹국 체코를 적에게 넘겨주고 말았습니다. 독일과 이탈리아의 자금은 최근 며칠간 프랑스 신문으로 흘러 들어오고 있습니다. 특히 '민족주의자nationalist'라고 불리는 자들은 … 프랑스가 포기해야만 한다고 빈민들을 설득하고 있습니다. 독일 군대가 우리의 힘으로 이룩한 영토로 의기양양하게 행진하고 있는 와중에도 바보 같은 프랑스인들은 기쁨의 눈물을 흘리고 있습니다. 우리는 조금씩 철수와 치욕에 익숙해지고 있으며, 결국 이것은 우리의 제2의 천성이 되어가고 있습니다. 우리는 쓰디쓴 고통을 맛보게 될 것입니다.[1]

1939년 9월 1일, 독일은 엄청난 군사력으로 폴란드 국경을 침공했다. 드골은 나치의 기계화 부대들이 몇 주일 사이에 전선을 휩쓸고 폴란드를 굴복시키는 것을 공포와 경외심으로 바라보았다. 독소불가침조약에 따라 다음 달 붉은 군대Red Army가 폴란드 동쪽을 침공한 것은 놀랄만한 사건도 아니었다.

독소불가침조약

1939년 8월 23일 모스크바에서 독일과 소련이 조인한 상호 불가침 조약.

스탈린은 독일과 협정을 체결하여 소련이 독일과 평화를 유지하고, 1937년의 숙청으로 심하게 약화된 소련 군대를 재정비할 시간을 얻으려고 했다. 서방 민주주의 국가들이 히틀러에 대한 대항을 주저한 것이 스탈린의 최후결정에 영향을 미쳤다. 소련과 불가침조약을 체결함으로써 독일군은 소련이라는 강대국의 실질적인 저항 없이 폴란드를 침공할 수 있었으며, 그런 뒤에 동부에서 소련과 제2전선을 형성하는 동시교전을 피함으로써 서부전선에서 프랑스와 영국군과의 전쟁에 전념할 수 있었다.

조약의 내용은 다음과 같다. ① 두 나라가 독립적으로 또는 다른 국가들과 연합해서 서로를 공격하지 않는다. ② 조약 당사국이 제3국으로부터 공격을 받았을 경우 그 제3국을 원조하지 않는다. ③ 공동관심사에 대한 문제점은 서로 접촉하여 협의한다. ④ 양 국가 중 하나를 직접 또는 간접적으로 위협하고 있는 국가집단에 동참하지 않는다. ⑤ 상호간의 분쟁은 협상이나 중재로 해결한다. 조약은 10년간 유효하고 어느 한쪽이 만기 1년 전에 조약 폐기를 통고하지 않을 경우 다시 5년간 자동으로 연장된다.

이 조약에는 폴란드를 분배하고 동유럽 전체를 독일과 소련의 세력권으로 분할하는 내용의 비밀 의정서가 덧붙여 있었으나, 1941년 6월 독일군의 소련 침공으로 무효화되었다.

1939년 8월 23일 모스크바에서 소련 외무장관 뱌체슬라프 몰로토프 Vyacheslav Molotov가 독소불가침조약에 서명하고 있다. 뒤에 서 있는 사람들은 왼쪽부터 리하르트 슐체 Richard Schulze, 붉은 군대 총참모장 보리스 샤포시니코프 Boris Shaposhnikov, 독일 외무장관 요아힘 폰 리벤트로프 Joachim von Ribbentrop, 이오시프 스탈린 Iosif Stalin.

"폴란드군은 전차사단과 루프트바페에게 2주 만에 박살이 났다. 폴란드의 궤멸은 소련의 개입으로 가속화할 것이 틀림없다. 스탈린은 독일의 폴란드 침공에도 프랑스는 반응하지 않을 것이며, 독일이 동쪽으로 진격하기 원활한 상황에서 러시아가 히틀러의 희생양이 되느니 차라리 히틀러와 같이 싸워 전리품을 나누는 것이 더 이득이라고 확신한 것이다."[2]

비록 1938년 12월에 프랑스 정부가 기갑사단의 편성을 승인하는 작은 진전은 있었지만 실제 편성 속도는 형편없이 느렸다. 추가 연구가 계속되었고, 실제 편성은 끝없이 연기되었다. 드골은 독일 전차가 폴란드를 관통하여 빠르게 진격하는 것을 목격했다. 그는 프랑스군이 다양한 기동력과 기계화 부대의 공세에 대항하여 국토를 수호해야 할 때 겪을 문제를 분석한 보고서를 작성하여 다시 한 번 경종을 울리고자 결심했다.

드골은 보고서를 뒤피외 장군에게 보냈다. 장군은 드골의 뛰어난 졸업성적에 논란이 있을 당시 육군대학의 학교장이었다. 하지만 현재 보병 및 전차 담당 군사 감찰관인 뒤피외는 보고서의 조사 결과와 평가들을 "현재 상태의 문제점에 대한 이 결론은 받아들일 수가 없다"라고 무시했다.

과거 상태 그대로의 상황에서, 드골은 독일의 폴란드 침공에 대한 프랑스와 영국의 전쟁이 선포되기 바로 전날 제5군 소속 기갑부대 지휘관으로 보직되었다. 드골 자신은 상당한 진급을 하게 된 것이었지만 그가 지휘하게 된 기갑부대는 아직 신속한 기동이 불가능한 편성이었다. 또한 5개 대대는 응집력 있는 하나의 부대가 되기엔 역부족이었다. 게다가 부대의 화력, 기동력, 충격력 또한 형편없었다. 전쟁에 직면한 상황

> 독일 군대가 우리의 힘으로 이룩한 영토로 의기양양하게 행진하고 있는 와중에도 바보 같은 프랑스인들은 기쁨의 눈물을 흘리고 있습니다. 우리는 조금씩 철수와 치욕에 익숙해지고 있으며, 결국 이것은 우리의 제2의 천성이 되어가고 있습니다. 우리는 쓰디쓴 고통을 맛보게 될 것입니다.

에서도 기갑사단들은 서류상으로만 존재하고 있었다. 1938년 12월 하달된 명령이 1940년 초반까지도 시행되지 않고 있었던 것이다.

최소한 드골의 기갑부대 중 제24대대는 슈바익스Schweix 근처의 독일군 진지 습격에 참여했다. 그러나 가을에서 겨울로 접어들 때까지도 서부전선에는 군사작전이라고 할 만한 것이 거의 없었다. 이른바 '가짜 전쟁'은 충격은 최소한으로 줄이고, 침착함을 유지하는 쪽이 우세할 것이라는 헛된 희망을 주었다. 양측 병사들은 서로 감시하고 대형 스피커를 통해 정치선전을 울리며 군사훈련을 했지만, 무기 발포는 거의 하지 않았다. 사실, 이것은 폭풍 전의 고요였다.

드골은 프랑스군의 정책 결함이 국가를 패망으로 이끌 수 있다는 것을 깨달았다. 비록 샤르Char B1 bis 중重전차가 독일군의 어떤 전차보다 강력했지만 결과는 이미 정해져 있었다. 왜냐하면 중重전차는 충분한 수가 배치될 수 없었으며, 보병 및 포병과 효과적으로 협력할 수 없었기 때문이었다. 전차들 간의 의사소통 역시 매우 열악했다. 무전기를 장착한 전차가 거의 없었고, 가장 기본적인 기동에도 수신호와 전령이 필요했다.

3월 21일, 드골의 몇 안 되는 정치 동지인 폴 레노는 달라디에 정부의 몰락으로 단 한 차례 투표만으로 후임 수상에 임명되었다.* 그는 드골을 파리로 불러 국회에서 할 연설의 초안을 작성하는데 도움을 요청했다. 드골이 준비한 연설은 간결했고, 국회의원들에게 프랑스가 전개할 전면전을 지원하기 위해서 단합해 줄 것을 간단명료하게 촉구했다.

레노는 모든 것이 총력전에 관련되어 있다고 촉구했다. 더 나아가서 프랑스 정부와 프랑스인들이 노력을 배가하고 프랑스의 모든 자원을 독일군과 싸우는데 보내야 할 의무가 있다고 주장했다.

드골은 11시간에 걸친 정부 내에서의 변화가 전쟁의 추이에 있어서 긍정적인 전환을 불러왔다고 믿었다. 그러나 레노는 불안정한 정치적 입지로 인해 연립정부를 구성하도록 강요받았다. 그 결과 레노는 달라디에를 국방장관으로 앉히고, 다른 정적들도 중요한 직위에 임명했다. 아마 드골은 자신이 기회를 잃었다고 생각해 실망스러웠을 것이다. 게다가 레노가 드골을 프랑스 전쟁 위원회France's war committee 의장으로 임명하려고 하자 달라디에가 그 임명을 막았다.

전쟁 발발 직후, 가믈랭 장군은 파리 인근 뱅센 성Château de Vincennes에 사령부를 설치했다. 가믈랭은 이 호화로운 지역에서 거의 떠나지 않고 전선 후방에만 머무르고 있었다. 예하 지휘관들과 의사소통도 전혀 없었다. 오토바이 파발이 가장 효율적으로 쓸 수 있는 의사소통 수단이었다.

드골은 얼마 후 뱅센 성의 점심식사에 초대받았다. 가믈랭은 폴란드에서 독일군 기갑사단의 성공을 분명히 알고 있었다. 그리고 최근 전황

---

* 프랑스 수상은 하원에서 선출하며, 1차 투표에서 과반 득표자가 나오지 않을 경우 1·2위 득표자만을 대상으로 결선 투표를 진행한다.

은 분명하게 자극이 되어 프랑스군이 기갑사단을 2개 추가하여 총 4개 기갑사단을 보유할 것을 승인했다. 드골은 5월 중순에 이 사단들 중 한 부대의 지휘관으로 임명되었다. 하지만 때는 늦었고, 서부전선의 고상한 전쟁도 얼마 남지 않았다. 드골도 그 사실을 알고 있었다.

"기계화 전투력의 돌이킬 수 없는 지연에 대한 나의 일반적인 견해가 무엇이든 간에 나는 대령으로 사단을 지휘하게 된 것이 매우 자랑스러웠다. 나는 가믈랭 장군에게도 그렇게 말했다. 이에 장군의 대답은 간단했다. '나는 자네의 만족을 이해하네. 하지만 자네의 걱정에 대해서는 그럴 만한 이유가 있다고는 믿지 않는다네.'"[3]

✟ 드골의 비판

이 무렵 드골은 대담하지만 강한 신념을 지닌 그의 성격에는 맞지 않는 이례적인 일을 벌였다. 1940년 1월 24일, 그는 80명의 군 고위 장교들과 민간 정치인들에게 폴란드 전쟁을 분석하고 비판한 문서를 작성하여 발송했다.

"현재의 충돌을 수동적으로 대응하는 것은 패배를 인정하는 것입니다. 프랑스인들은 지금의 군사적 정지상태가 현 전쟁의 본질과 일치할 거라는 오해에 사로잡혀 어떠한 노력도 하고 있지 않습니다. 하지만 그 반대가 진실입니다. 내연 엔진은 힘과 속도, 작전범위 측면에서 근대의 파괴 수단으로 자리 잡았습니다. 그로 인해 오늘날의 충돌은 조만간 또는 훗날에 기동, 기습, 침공, 그리고 추격으로 특징지어질 것입니다. 그

양과 속도는 과거에 벌어진 가장 놀라운 사건들의 수준을 훨씬 뛰어넘을 것입니다."

드골은 제5군 사령부에서 많은 손님들을 맞이했다. 이들 중에는 영국 하원 의원들도 포함되어 있었다. 드골은 그들을 반갑게 맞이하면서 말했다.

"여러분, 이 전쟁은 패배할 것입니다. … 우리는 반드시 기계로 승리할 수 있는 다른 대안을 준비해야만 합니다."4

또한 레노와 지속적인 연락을 유지했다. 독일군이 프랑스와 저지대 국가를 공격하기 일주일 전인 5월 3일, 드골은 가까운 미래에 닥칠 재앙에 대비하여 프랑스 국민과 정부가 단단히 마음을 먹고 프랑스군이 필요한 변화에 영향을 줄 수 있도록 마지막으로 한 번만 더 생각하라고 수상에게 권고했다.

"폴란드 전역에 뒤이은 노르웨이의 상황은 오늘날 군수산업에서 기계화 부대의 규모와 기능을 도외시할 수 없다는 것을 입증합니다."

프랑스의 군사 시스템은 근대 전쟁 법칙과는 반대 원리로 창설 및 조직되었고, 무장되고 지휘되었습니다. 이러한 시스템을 급진적으로 개혁하는 일보다 더 시급하고 절대적인 일은 없습니다. 군대는 그 자체가 가진 고유의 복종적 사고로 인해, 스스로 개혁을 할 수 없습니다.

이 일은 국가의 어떠한 일보다 우선되는 것입니다. 정치인이 필요합니다. … 당신 혼자 … 당신이 처한 상황, 당신의 성격, 이 문제에 대한 당신의 입장, 지난 6년간 홀로 이 문제를 제기한 당신만이 이 과업을 끝까지 해낼 수 있고 해내야만 합니다. 나는 실례를 무릅쓰고 이 문제를 당신 정부의 가장 중요한 쟁점이 되도록 만들고 국가가 지금까지는 사용하지 않았던 카드를 이용하도록 할 것입니다. 지금부터 하루하루가 지나갈수록 모든 상황이 우리의 원칙을 도울 것입니다. 하지만 아 애석하게도, 벌써 이것들을 실행하고 있는 적들에게도 도움이 될 것입니다.

나는 당신이 그러한 시점이 도래했다는 판단만 한다면 내가 이러한 중요한 일에서 당신을 도울 수 있는 영광을 얻는 것보다 더 큰 욕심은 없다는 것은 굳이 말할 필요도 없을 것입니다.[5]

1940년 5월 10일 마침내 폭풍이 들이닥쳤을 때, 독일군의 창끝은 네덜란드, 벨기에, 룩셈부르크, 그리고 프랑스를 향했다. 페탱을 수장으로 하는 프랑스의 전쟁 기획자들은 좋은 상태의 도로가 거의 없고 경사가 가파른 프랑스 북동쪽의 울창한 아르덴 숲은 적이 공격하기 불가능한 지역이라고 강력히 주장했다. 그러나 독일군은 다르게 생각했다.

✝ 시작부터 잘못된 전쟁

독일의 최초 공격은 저지대 국가로 향했고, 가믈랭은 공격에 맞서기 위해서 프랑스 사단들과 영국해외원정군(BEF)을 벨기에로 진군시켰다. 그 다음으로 독일군은 10개 기갑사단과 6개 보병사단으로 아르덴을 관통하여 진격했다. 프랑스군 제2군과 제9군은 사실상 전멸했다. 일주일이 채 안 되어서 독일군은 마지노선을 우회 공격했으며, 뫼즈 강을 건넜고, 스당^{Sedan}을 함락했다. 독일군 전차와 병력은 프랑스 해안과 영국 해협 쪽으로 돌진하면서 영국군과 프랑스군 수천 명을 북쪽으로 몰아넣었고, 결국에는 항구 도시 됭케르크Dunkerque 주변으로 작은 방어선을 치도록 압박했다.

프랑스를 방어하기 위한 가믈랭의 계획이 며칠 만에 흐트러지기 시작하자, 그는 막심 베강 장군으로 교체되었다. 반면 5월 11일, 드골 대령은 제4기갑사단을 지휘하기 위하여 르베지네Le Vésinet에 도착했다. 사단은 아직도 프랑스 전역에 흩어진 예하부대들을 집결시키는 중이었다.

독일군의 공세가 시작된 지 몇 시간 뒤에 드골은 아내에게 짧은 편지를 썼다.

"전쟁, 진정한 전쟁이 시작되었소. 그럼에도 불구하고 나는 지금 네덜란드와 벨기에서 벌어지고 있는 작전들이 거대한 프랑스-독일 전쟁의 본모습이라면 상당히 놀랄 것 같소. 내 생각에 전투는 얼마 후 시작할 것 같소. 어떠한 경우라도 나는 제4기갑사단이 가능한 빨리 준비가 되도록 해야 할 것이오."⁶

다시 한 번 드골이 옳았음이 판명되었다. 독일군이 돌파구를 확보하자 프랑스 장군들은 독일군의 목표가 파리라고 짐작했다. 거의 존재하지 않는 것이나 다름없는 제4기갑사단과 드골은 진격하는 독일군의 측면을 공격하라는 명령을 받았다. 독일군의 프랑스 파리 진격을 저지하기 위해, 제6군이 마지노선에서 철수하여 엔Aisne 강을 연해 방어선을 구축할 수 있도록 시간을 벌어주기 위한 것이었다.

5월 16일, 드골은 규정 전투력의 절반도 못 미치는 3개 기갑여단을 이끌고 랑Laon 근처 브뤼예르Bruyères에 도착했다. 오는 길에 그는 무기도 없이 후방으로 가고 있는 프랑스 병사들의 긴 줄을 보고 경악했다. 그 모습은 마치 패잔병 같았다. 이러한 혼돈의 순간 한복판에서 드골은 개인적으로 중대한 결정을 내렸다. 상황이 어떻게 되든 절대로 항복하지 않기로, 끝까지 싸우기로 결심했다.

그는 회고록에 "피난민들의 비참한 행렬이 북쪽에서부터 도로를 가득 메우고 있었다"라고 적었다.

또한 나는 자신의 무기도 지키지 못한 수많은 부대들을 보았다. 전날 독일군 전차의 진격로 상에 있던 부대들이었다. 그들은 적군 기갑정찰대로부터 도망치다가 붙잡혔고, 적군은 그들이 도로를 어지럽히지 않도록 무기를 버리고 남쪽으로 도망가도록 명령한 것이었다.

독일군은 "우리는 너희들을 포로로 잡고 있을 시간이 없다"라고 말했다.

그 당시 나는 이러한 혼란에 빠진 사람들과 패주 중인 병사들을 목격하면서, 오만한 적군의 모욕적인 이야기를 전해 듣고 스스로 억누를 수 없는 커다란 분노가 북받쳤다. "아, 얼마나 바보 같은가. 이 전쟁은 시작부터 잘못되었다. 그러므로 이를 바로잡아야 한다. 세상은 넓다. 살아있는 한 나는 싸울 것이다. 나는 어디에 있든 적이 패배하고 국가적인 치욕을 씻을 때까지 반드시 싸울 것이다." 그날 이후 내가 한 모든 일은 그날의 치욕을 씻어 내려간 것이었다.

제4기갑사단이 미숙했다고 표현하는 것은 절제된 표현이다. 일부 부대는 기동훈련에 참가해 본 적도 없었다. 장교들은 부대 지휘권을 받은 지 몇 시간도 안 되어 독일군을 향해 진격하고 있었다. 그럼에도 불구하고 드골은 상황을 평가했고, 자신의 명령을 어떻게 하달할 것인지 결정했다. 정찰 보고서들은 독일군이 파리가 아니라, 솜 강을 가로질러 생캉탱Saint-Quentin과 영국 해협 쪽으로 향하고 있다고 지휘관들에게 알려주고 있었다.

그는 작전준비에 박차를 가하면서 수마일 떨어져 있는 몽코르네 마을을 적합한 목표로 정했다. 교차로 상에 위치한 마을을 확보하는 것은 독일군의 진격을 어느 정도 지연시킬 수 있다고 보았다. 예하 전차들에게 랑에서부터 오는 도로 양측으로 산개할 것을 명했고, 5월 17일 오전 4시 30분경 전방으로 전진했다. 정오쯤 프랑스군 전차 100여 대가 몽코르네에 도착해서 독일군 제1전차사단과 교전했다.

독일군은 불의의 기습을 받자 혼란에 빠졌으며, 몇몇 보병 선발대는 퇴로가 차단되어 포로로 붙잡혔다. 날이 저물 무렵 약 120명의 독일군이 포로가 되었다. 드골이 전진 명령을 내리는 사이, 1927년 독일에서 그의 지휘하에 있었던 보병 대대가 도착했다. 그리고 프랑스 전차가 빠르게 전진하면서 그냥 지나쳤던 적군의 소부대들에 대한 작전을 펼쳤다.

독일군은 자신의 측면을 공격하고 교신과 보급선을 위협했던 병력의 규모와 전투력에 대해 잠시 동안 파악조차 못했다. 예상치 못했던 프랑스군의 공격으로 독일군은 얼마간 혼란에 빠졌다.

제4기갑사단 전사자는 단 25명이었다. 하지만 전차 23대가 파괴되거나 전투불능이 되었다. 후속 작전이나 확보 지역을 고수하기 위한 추가 병력지원은 없었다. 독일 포병들이 몽코르네를 확보한 프랑스군을 향해 포격을 시작했다. 그리고 융커스 Ju-87 슈투카Junkers Ju-87 Stuka 급강하폭격기도 공습을 했다. 드골은 지연전술을 사용하여 전투하라는 명확한 명령을 받았고, 이를 달성하기 위해 최선을 다했다. 그날 저녁 프랑스군

> **세상은 넓다. 살아있는 한 나는 싸울 것이다. 나는 어디에 있든 적이 패배하고 국가적인 치욕을 씻을 때까지 반드시 싸울 것이다.**

은 원래 시작지점으로 후퇴했다.

드골을 지지하는 몇몇 역사가들은 몽코르네 작전에 실제보다 더 중요한 의의를 부여한다. 그들은 제4기갑사단이 실제로 하인츠 구데리안 장군이 이끄는 독일군의 선봉을 저지했다고 이야기를 과장한다. 구데리안 장군은 기동력 있는 보병과 기갑부대, 그리고 공군의 협동을 통한 전격작전을 지지하는 가장 대표적인 사람 중 한명이었다. 언급했던 대로 독일군은 파리로 진격하지 않았다. 그들은 전차의 빠른 진격으로 오히려 적에게 노출될 것을 두려워한 히틀러의 명령을 받고 진격을 멈추었다. 그럼에도 불구하고 드골의 지휘는 가장 어려운 상황에서도 꽤 선전했다.

다음 날, 2개 연대가 추가로 랑에 있는 제4기갑사단에 도착했다. 가용 전차는 150대로 늘어났다. 5월 19일, 프랑스군은 랑의 북쪽에 위치한 유서 깊은 마을인 크레시Crécy와 푸이Pouilly 인근을 연결하는 세르Serre 강 위의 다리를 공격했다. 독일군은 이번에는 작전을 예상하고 있었고, 슈투카는 프랑스군 전차와 보병에게 폭탄을 비처럼 쏟아부었다.

드골은 몽팡뒤Mont Fendu 언덕에서부터 시작된 이번 공격의 진행 상황을 지켜보았다. 독일군 지휘소에서 1마일 이내로 진격해 들어가는 것이 최고조 상황이었다. 훗날 구데리안은 그날 자신이 몇 시간 동안 불안했다고 언급했다. 그러나 결국 프랑스의 공격은 무용지물로 돌아갔다. 늦

Chapter 5 프랑스의 정신 171

은 오후 드골은 개인적으로 제6군 본부로 가서 병력 증원을 요구했지만 묵살당했다. 다음 날, 그는 군대를 철수시키고 남쪽으로 퇴각하기 시작했다. 구데리안의 군대가 진격함에 따라 독일 전차는 솜 강을 도하했고, 5월 20일 아브빌과 아미앵Amiens을 점령했다.

드골은 5월 21일 임시 준장으로 진급했다. 그리고 22일 다시 작전에 투입되었다. 제4기갑사단은 아브빌을 지나 진격해 오는 독일군과의 교전을 위해 서쪽 약 240킬로미터 부근에 배치되었다. 전시 상황에서 이러한 기동은 숙련된 부대들도 임무 완수가 어려웠을 것이다. 하지만 대공무기와 포병의 증원으로 부대 전투력 또한 향상되었다.

5월 27일 드골은 아브빌에 도착했고, 솜 강을 건너 독일군 교두보를 공격하는 것이 적절한 방책이라고 확신했다. 전투는 5월 28일에 본격적으로 시작되어 사흘 동안 지속되었다. 프랑스군은 증원군을 요청할 수 없었다. 독일군은 제공권을 유지했고, 전투에서 지친 부대들은 신병을 보충 받았다. 그리하여 독일군은 가까스로 도하에 성공했다.

프랑스군의 아브빌 공격으로 약 8~23킬로미터 정도의 지역을 확보했고, 독일군 교두보의 규모를 사실상 축소시켰으며, 250명에서 400여 명의 독일군 포로들을 획득한 것으로 짐작된다. 첫날 작전 이후 프랑스군의 사기는 고양되었다. 드골 본부의 식탁보는 혐오스러운 슈바슈티카 Swastika가 장식된 나치 깃발을 노획한 것으로 전해진다.

드골 부대의 용맹에도 불구하고, 아브빌을 확보하고 독일군 거점을 없애려는 프랑스군의 시도는 영국군의 공격이 그랬던 것처럼 결국 실패했다. 공격 초기 가용한 프랑스군 전차는 약 140대에서 160대 사이였고, 이 중 약 3분의 1은 강력한 75mm 주포를 장착한 샤르 B1 bis 전차였다.

프랑스군 전차 손실은 최소 70대에서 최대 130대를 넘었을 것으로 추정된다. 이로써 전체 사단에서 가용한 기계화 차량은 30대에도 미치지 못하게 되었다.

독일군이 충분한 증원 병력을 보유했던 것으로 알려졌지만 전투의 예봉은 2개 보병대대가 담당했다. 교두보 내에서 88mm 대공포를 대전차포로 적절하게 운용한 것이 프랑스 공격의 운명을 결정지었고 프랑스군 전차에게 심각한 타격을 주었다.

제4기갑사단 공식 기록에 서술되어 있다. 아브빌 전투 당시 사단장은 "항상 최전선에 있었고, 종종 정찰대와 함께 있었다. 또한 사령부는 적군의 포화에 노출되었다. 사단장은 공격과 관련해서는 비록 타당한 근거가 있을지라도 그 어떤 반대의견도 듣지 않았다. 가죽 재킷에 헬멧을 쓰고 담배를 피우고 있는 그는 어디에서든 볼 수 있었다. 밤과 낮은 중요하지 않았다. 그는 다가가기 쉽거나 함께 생활하기 편한 사람은 아니었지만 자신만만했고 진지했으며 말이 없었다. 그에게 문제를 제기하는 사람은 질책을 받곤 했다. 제1차 세계대전에서 그는 최소한의 예방책을 무시했다. 비록 공중지원도 없고 슈투카의 공격에 시달렸지만 드골은 항상 자신의 전차 해치를 열어두었다. 서 있을 때도 폭탄에 신경 쓰지 않았고, 군인들이 땅바닥에 바짝 엎드릴 때면 불호령을 내렸다."[7]

아브빌 전투 동안 드골을 가까이서 수행했던 한 부하 장교가 전쟁이 끝난 뒤 작성한 전투 기록은 전장에서 리더로서 드골의 모습을 보여주고 있다.

"우리는 5월 28일까지 엿새 만에 200킬로미터를 행군했다."

그 장교는 회상했다.

> 나는 내가 그토록 오랫동안 꿈꿔왔던 기계화 부대로 무엇을 할 수 있는지만 생각했다. 만약 이 부대가 더 넓은 곳을 기습했다면 전차사단의 진격은 즉각 중지되었을 것이고, 후방지역의 심각한 혼란을 일으켰을 것이다.

드골 장군은 오후 5시 몽드코베르 Mont-de-Caubert를 향한 공격을 결심했다. 전차들은 함께 이동하기엔 느렸다. 그리고 내 생각에는 전차들이 서로 너무 근접해 있었다. 적군은 대전차 화기를 잘 배치했고 그 보유량도 많았다. 그리고 우리 군에 커다란 타격을 입혔다. 그러나 우리는 저녁때 쯤 혼란에 빠진 독일군들이 야전 취사장에 저녁을 남겨둔 채 도주한 위피 Huppy와 몽드코베르를 점령했다. 우리는 400명의 포로를 잡아들였다!

새벽 4시, 장군은 두 번째 공격을 명령했다. 하늘은 흐렸고, 적군 항공기들의 활동은 효율적이지 못했으며, 우리 포병은 증강되었다. 우리는 위셴빌 Huchenneville 로 진격했다. 우리 전차들 중 일부는 몽드코베르까지 도달하기도 했다. 그러나 적군은 빌레르 Villers 숲에서 반격을 가했다. 예를 들면 우리가 점령했던 비앵팡 Bienfant 이 집중포화를 받았다. 드골 장군은 최일선으로 이동하여 연대장들을 소집했다. "드햄 de Ham 대령, 당신은 비앵팡으로 이동하여 내일까지 마을을 고수하시오. 프랑수아 Francois 대령, 당신은 메닐트루아포에투스 Mesnil-trois-Foetus 로 이동하여 내일 아침까지 그곳을 지켜내시오."

우리는 위피 성에서 짧은 밤을 보냈다. 거기서 부상자들은 치료를 받았다. 적군의 포격은 계속 되었다. 그 새벽, 전령은 프랑수아 대령이 전사했다는 소식을 드골에게 전했다. 장군의 반응은 단지 "누가 그를 대신하고 있나?"라고 말한 것뿐이었다. 그리고 같은 날 몽드코베르에 대한 공격이 재개되었다. 그러나 사단은 아브빌을 확보하지 못했다. 전투력이 한계에 도달했던 것이다.[8]

드골은 속에서 들끓는 고뇌와 열정을 밖으로 드러내지 않았기에 무심하고 감정이 없어 보였다. 전사자들을 애도하는 시간도 가지지 않았다. 프랑스는 치명적인 위험에 처해 있었다. 그해 운명의 봄을 맞이한 프랑스 지상군 전체를 통솔했던 알퐁스 조르주 장군은 1946년에 열린 공식적인 심리에서 독일군의 학살과 프랑스군이 붕괴된 이유에 대해 증언하고 진술했다.

"제4기갑사단은 전장에서 즉흥적으로 조직되었다. 하지만 그 사단만이 유일하게 독일군의 측면을 공격하여 독일군 전열을 상당히 흩트려 놓았다. 그래서 사단은 반드시 전장에서 이러한 특별한 부대들이 가진 잠재력을 끌어낼 수 있는 용감하고 역동적인 지휘관이 지휘해야 한다는 것이 사실이다. 그러한 예가 바로 드골 대령이었다."[9]

드골은 자신이 지휘했던 병사들에게 사랑 받지는 못했을지 모르지만, 그들의 존경을 받은 것은 확실하다. 그는 실제로 강한 리더십을 발휘했다. 심지어 3주 동안 완전히 편성되지 않은 전투 사단을 지휘하여 고도로 기계화된 독일군과 전투를 벌였으며, 일부 소규모의 승리를 달성했다. 또한 최소한의 프랑스군 명예를 지켜냈다. 전장에서 높은 지위의 장성이 보고서에서 그의 이름을 언급했다.

이러한 모든 것은 한 사람의 리더십과 추진력, 결단력에 의해서 대부분 달성되었다. 드골은 좌절하지 않았고 끝까지 싸우겠다는 굳은 결의를 가지고 있었다.

"그 당시 어려운 시간 동안 나는 내가 그토록 오랫동안 꿈꿔왔던 기계화 부대로 무엇을 할 수 있는지만 생각했다. 만약 이 부대가 더 넓은 곳을 기습했다면 전차사단의 진격은 즉각 중지되었을 것이고, 후방에 심각한 혼란을 일으켰을 것이다. 그리고 우리의 북쪽 군대들은 다시 한 번 중앙과 동쪽에 있는 군대들과 연합했을 것이다." 10

5월 31일 영국 제51하일랜드사단의 퇴각에 뒤이어, 남아 있던 드골의 병력도 마르세유앙보베지Marseille-en-Beauvaisis 로 철수했다. 북쪽에 갇혀 있던 영국과 프랑스 병사들은 영국 해협 해안 쪽으로 이동했다. 그리고 군함, 낚싯배, 유람선들이 뒤섞여 독일 공군의 포격을 용감하게 뚫고, 35만 명이 넘는 사람들을 영국으로 안전하게 구출했다. 이는 제2차 세계대전의 전설적인 해상 수송작전으로 '됭케르크의 기적'으로 알려졌다.

✟ 무너지는 정부의 각료

드골은 6월 1일 파리로 출장을 가서 베강 장군을 방문했다. 이전에 베강은 됭케르크 철수 시 프랑스 병력이 포함될 것이라고 알려주었다. 베강은 어떻게 하면 아직 가용한 수백 대의 전차들을 효율적으로 배치할 수 있는지에 대해 물었다. 드골은 남은 전차들은 3개 사단을 묶어 1개 군단으로 편성하고, 독일군 전차사단 선봉이 남쪽으로 기동하여 과도하게 신장될 때 그 측면을 공격하는데 활용해야 한다고 답했다. 드골은 염치

없게도 자신이 이 군단의 지휘관이 되어야 한다고 제안했다. 하지만 베강은 어떠한 조치도 취하지 않았다.

그 사이 레노는 비극적 패배를 당한 사람들의 사기를 북돋우기 위해 에스파냐España 주재 대사로 근무하던 페탱을 부수상으로 임명할 것을 강요받았다. 베강 장군과 마찬가지로 페탱 원수도 가능한 최단 시간 내에 독일군과 휴전협정을 맺는 것을 지지하고 있었다. 드골은 한때 나치를 강하게 반대했던 레노에게 편지를 보내 프랑스를 옹호할 것을 촉구했고, 그러한 위기의 순간에 패배주의자들이 중책을 차지하도록 승인한 점을 지적했다.

6월 6일, 이 뻔뻔한 준장은 자신이 레노 정부에서 자리를 맡게 되었다는 소식을 듣고 깜짝 놀랐다. 30분도 안 되어서 마르세유앙보베지의 전화벨이 울렸다. 수상은 가능한 빨리 파리로 와서 국방차관 직책을 맡아 달라고 부탁했다. 그 하루 전날, 독일군은 한 주 동안 숨고르기를 끝내고, 프랑스에 대한 공세를 재개했다. 드골은 아내 이본에게 실질적으로 전쟁터에서 가장 멀리 떨어진 브르타뉴 지역의 해안가 카랑테크Carantec에 거주할 곳을 찾아보라고 이야기했다.

페탱과 베강은 드골에게 어떤 작은 정부 직책도 주어서는 안 된다며 강하게 반대 입장을 드러냈다. 베강은 "드골은 풋내기"라고 항의했다. 짐작하건대 장군들의 견해로 50세라는 나이는 그 중책을 맡기에는 충분하지 않았을 것이다.[11]

페탱은 한층 더 비판적이었다.

"그는 자신이 전장의 모든 메커니즘을 알고 있다고 생각한다. 자만심으로 가득 차 전술에 있어 비밀 따위는 없다고 생각하고 있다. 그가 그러한 것을 만들었을 수도 있다. 나는 그의 모든 것을 알고 있다. 그는 한때 나의 참모였으며 책도 썼다. 적어도 나는 그에게 그렇게 하라고 말했다. 나는 윤곽을 잡아주었고 교정까지 해주었다. … 책을 출판했을 때 그는 나의 도움을 전혀 인정하지 않았다. 그는 자만심이 강할 뿐만 아니라 배은망덕하기까지 하다. 그는 군 내부에 친구가 거의 없다. 그도 그럴 것이 모든 이를 무시하는 것 같은 인상을 주기 때문이다."12

샤를 드골은 군에서 경력을 쌓아 왔지만, 사실 정치판에 입문할 준비를 하고 있었다. 국방차관에 임명된 다음 날, 그는 전쟁성에 있는 레노를 방문했다. 궁지에 몰린 수상이 정부에 있는 패배주의자들의 여론을 가라앉히기 위해서 노력하고 있었다는 것은 분명한 사실이다. 달라디에는 외교부로 전근되었다. 레노는 전쟁 영웅 페탱이 정부에 남아 있는 것이 외부에 있는 것보다 덜 위협적이라고 여겼기 때문에 여전히 중요한 직책에 남겨 두었다.

드골은 현재 남아 있는 프랑스군이 브르타뉴로 집결한 뒤 방어선을 구축하고, 조국에서 독일군과의 전투를 지속해야만 한다고 건의할 생각이었다. 그러나 이 설득력 없는 계획을 단번에 떨쳐 냈다. 프랑스에게 남은 대안들을 고려하면서, 정부를 북아프리카로 이전하고 그곳에서 전쟁을 지속해야 한다고 건의했다. 레노 역시 이 계획을 고려하고 있었다. 이동 가능한 병력은 약 50만 명 정도로 추산되었다. 강력한 프랑스 해군은 여전히 독일과의 전쟁 결과에 영향력을 미칠 수 있었다. 그리고 수천 명의 식민지 병력도 동원할 수 있었다. 영국, 특히 영국 해군과의 연합은 북아프리카로 이전하는데 있어 꼭 필요한 일이었다.

드골은 영국으로 가서 윈스턴 처칠Winston Churchill 수상을 방문하기로 합의했다. 그리고 필요하다면 영국 정부에게 프랑스가 북아프리카에서 전쟁을 지속하리라는 것을 보증해야 했다. 그리하여 두 국가가 독일에 대항하여 개별적으로 평화협상을 추진하지 않도록 한 맹세를 기리고자 했다. 그동안 드골은 보다 많은 영국 공군을 프랑스 쪽으로 이동시켜줄 것을 요청하려고 했다.

드골은 런던으로 가는 자신의 첫 번째 임무를 준비하는 중에 몽트리 성 Chateau de Montry에 있는 베강의 사령부를 방문했다. 그곳에서의 논의는 드골에게 정신이 번쩍 들도록 만들었다. 베강은 프랑스는 패배했고, 독일군이 마른 Marne 강과 센 Seine 강을 도하할 것이며, 종전이 가까워졌다는 의견을 표명했다. 그렇게 되면 영국은 프랑스군이 패배한 지 일주일 이내에 나치와 휴전협정을 체결하려 할 것이라고 말했다. 레노는 베강을 해임해야 한다는 드골의 의견에 동의는 했지만, 자신의 불안정한 정부가 불협화음으로 붕괴하는 것을 두려워한 나머지 아무런 행동도 취하지 못했다.

6월 9일, 드골 차관은 새로 임명된 롤랑 드 마르주리 Roland de Margerie 보좌관과 함께 런던으로 갔다. 마르주리는 레노와 조프루아 드 쿠르셀 Geoffroy de Courcel의 개인 비서를 역임했던 직업 외교관으로 시리아 Syria에서 막 복귀한 차였다. 이들 프랑스 외교단이 도착할 때, 처칠은 힘든 나날을 보내고 있었다. 처칠은 예상보다 일찍 인사참모로부터 파시스트 이탈리아가 참전을 준비 중이며 섣불리 달려들 것이라는 정보를 들었다.

드골은 몇 년 후에 다음과 같이 회고했다.

"처칠은 나를 수상 관저에서 맞이했다. 그것이 그와의 첫 만남이었다. 그와 같은 투사가 이끄는 영국은 주춤하지 않을 것이라는 나의 확신

Chapter 5 프랑스의 정신   179

을 다시 한 번 확인시켜 주었다. 처칠은 예상치 못한 상황에도 항상 같은 모습을 보여 주었으며, 또한 이것은 위엄을 보여주었다. 자신의 판단에 대한 자신감과 사고방식, 대부분의 사안들과 국가와 인류에 대한 지식, 그리고 마지막으로 일에 대한 열정은 전쟁에 맞아 떨어졌고 전쟁 속에서 그 꽃을 피웠다. 이 중에서도 행동하고 위험을 무릅쓰며 거리낌 없으면서도 철저하게 임무를 수행하는 성격은 딱 맞아떨어졌다. 간단히 이야기하면, 나는 그가 지도자이자 수장으로 올바른 자리에 있다고 느꼈다. 이것이 나의 첫 인상이었다."[13]

더 많은 전투기에 대한 드골의 요구는 공감을 얻었지만 단호히 거절 당했다. 그러나 처칠과의 첫 번째 만남에서 한 가지 긍정적인 점은 키가 큰 이 준장이 영국 정부의 수장에게 남긴 인상이었다. 처칠은 나치 독일에 대항한 전투에서 전쟁이 끝날 때까지 영국의 파트너가 될 수 있는 인물은 단호한 결단력의 소유자 드골임을 알게 되었다. 지금까지 처칠이 알고 있던 풀이 죽고 패배주의적인 프랑스 외교관들과는 전혀 다른 모습을 드골이 보여주었다.

드골은 자신의 귀국일인 6월 10일을 고뇌의 날로 기억했다. 레노와 베강의 회의에서 수상은 독일군이 파리에 도달하는데 시간을 어느 정도 소요할 것 같은지를 물었다. 독일군은 솜 강을 따르는 새로운 공격을 신속하게 진행 중이었고, 프랑스군의 저항은 산산이 붕괴되고 있었다. 베강은 독일군이 24시간 내에 도착할 것이라고 예상했다. 베강이 휴전을 선호한 것은 명백했다.

레노는 결코 항복하지 않겠다고 했다. 드골은 다른 선택이 있다고 덧붙였다. 드골의 정부 참여를 여전히 강하게 반대하고 있던 베강은 빈정

거리면서 "혹시 제안할 거라도 있소?"라고 대꾸했다. 드골은 차갑게 대답했다. "정부가 실행할 것은 없지만 내릴 명령은 있습니다. 저는 정부가 명령을 내리리라고 확신합니다."¹⁴

레노는 파리를 지키는 것이 몽상에 불과하다고 생각했다. 드골은 동의하지 않았다. 하지만 결국 수상은 프랑스의 수도를 '무방비 도시'*로 선포했다. 그리고 정부는 남쪽으로 긴급히 대피했다. 공식 문서들은 파기했고, 서둘러서 짐을 꾸렸다. 6월 10일 늦은 밤, 레노와 드골은 파리를 떠나 남쪽 오를레앙Orléans의 임시 피난처로 향했고, 그 뒤 브리아르Briare로 갔다. 한밤중 이탈리아가 독일 편에서 전쟁에 참전한다는 소식이 전해지자 어려움은 더욱 악화되었다. 벨기에는 며칠 전에 항복했다.

반면 베강은 월권행위로 런던과 접촉하여 처칠이 프랑스로 와서 브리아르에서 급격하게 무너지고 있는 상황에 대해 회의를 해야 한다고 했다. 드골은 베강을 보직 해임하고, 그 보직을 원하고 있는 샤를 윙치제르Charles Huntziger 장군으로 교체해야 한다고 건의했다. 그러나 레노는 다른 정치인들과 휴전을 지지하는 군 수뇌부의 반발이 두려워 결국 골칫거리인 베강을 보직 해임하지 못했다.

프랑스가 영국 대표단을 접견하기 위한 준비를 하는 가운데, 드골과 페탱은 2년 만에 다시 만났다. 1938년 프랑스 육군 원수 페탱이 메스 방문 시 연설을 거부했던 때가 그들의 마지막 다툼이었다.

"그래, 결국 자네는 장군이 되었군." 페탱은 혐오감을 숨기고 말했다. "축하할 수는 없네. 패전 상황에서 계급이 무슨 소용인가?"¹⁵

---

* 군사상 방비가 없는 도시. 국제법상 전쟁 시에도 공격이 금지되어 있다.

드골은 페탱이 처음 장군으로 진급한 것도 제1차 세계대전 중이었던 1914년 후퇴하고 있던 때라는 것을 상기시켰다. 그러자 연로한 원수는 그때의 상황과 지금은 비교할 수 없다고 말했다. 훗날 드골은 최소한 그 순간만큼은 그 늙은이의 말이 옳았다고 인정했다.

6월 11일 저녁에 브리아르에서 열린 처칠과의 회의는 어떠한 실질적인 결과도 가져오지 못했다. 드골은 프랑스군이 패배한 것에 대한 길고 지루한 논의에서 어떠한 언급도 하지 않았다. 다른 대화는 강력한 프랑스 해군의 운명과 브리아르가 아닌 다른 지역에서 계속 전투를 이어가는 것이 가능한지에 대해 집중되었다. 이것은 드골이 이전에 구상했지만 무시되었던 것들이었다. 비록 드골은 거의 말을 하지 않았지만 영국 대표단 사이에서 그에 대한 평판은 높아졌다.

에드워드 스피어스Edward Spears 소장은 훗날 다음과 같이 이야기했다. "그는 침착하고 말이 없었으며 절대로 초초해하지 않았다. 영국 국민과 군은 이렇게 활기찬 인물의 지원을 받고 있는 레노를 보는 것이 아주 기뻤다. 프랑스인들의 얼굴은 창백했고, 그들의 눈은 테이블에 고정되어 있었다. 정말이지 그들은 피할 수 없는 판결을 받기 위해 감옥에서 끌려나온 죄수들처럼 보였다. 조금이라도 덜 낙담한 사람을 찾기 위해서 주위를 둘러보고 있던 나의 시선은 드골에게로 향했다. 그는 프랑스인 중에서 유일하게 영국인과 비견할 만한 침착함을 보이고 있었다."[16]

흥미롭게도 드골은 저녁식사 중에 처칠과 가까이 앉았고, 영국 수상과 함께 최근의 사태들에 대한 일반적인 대화를 이어 나갔다. 다음 날, 두 번째 토의가 이어졌다. 하지만 프랑스는 영국에게 전투를 오래도록 지속할 것이라는 확신을 거의 주지 못했다. 그래도 처칠과 드골 사이의 대화에서 영국의 지도자는 드골에게 매우 깊은 인상을 받은 것은 틀림없었다.

처칠은 런던으로 돌아와 자신이 브리아르 회의에서 받은 인상에 대해 미국 대통령 프랭클린 D. 루스벨트Franklin D. Roosevelt에게 전보를 보냈다.

"내가 두려워하듯 노장 페탱 원수는 프랑스의 평화 조약을 위해서 자신의 명성과 위신을 넘겨줄 준비가 되어 있습니다. 다른 한편으로 레노는 싸울 준비가 되어 있습니다. 그리고 그에게는 젊고 더 많은 것들을 할 수 있다고 믿는 드골 장군이 있었습니다."17

드골이 프랑스 정부를 북아프리카 알제리Algérie로 이전하려는 계획을 작성하고 있을 때, 레노는 각료들의 압박으로 드골이 희망했던 캉페르Quimper 지역이 아닌 보르도로 정부를 이전하는 것에 동의했다. 휴전을 요구하는 사람들은 보르도에서도 주장을 계속했다. 그리고 레노는 만약 이 최후의 노력이 실패한다면 정부가 바다를 통해 대피하는 동안 베강에게 독일에 대한 항전을 계속하라는 공식성명을 발표하고자 했다. 레노는 대피가 불가피할 경우에 대한 구체적인 목적지를 찾지 못했다. 반면 드골은 정부가 캉페르에서 북아프리카로 이전하는 것이 좀 더 쉬울 것이라고 판단했다.

독일과의 휴전을 요구하는 외침은 점점 더 거세졌다. 그것은 물론 프랑스의 명예 문제였다. 그러나 영국과 프랑스 양쪽 모두 독립적인 평화를 추구하지 않겠다는 합의는 이러한 지독한 순간에도 문제가 없는 것처럼 보였다. 레노는 처칠과 또 다른 회담을 요청했다. 두 사람은 6월 13일 오후 투르Tours에서 만났다. 비록 레노가 이틀 전보다 좀 더 단호한 모습을 보이기는 했지만, 이번 회담은 독일과의 협정조건에 대한 영국의

> 드골은 프랑스 정부의 일원이라는 사실에 양심의 가책을 느껴서 더 이상 있을 수 없었다. 오만한 적에게 굴욕적인 평화를 구걸하는 대가로 프랑스는 자신의 명예까지 희생할 준비를 하고 있던 탓이었다.

반응을 살피는 것이 목적이었다.

당연히 레노는 드골이 나타나는 것을 원치 않았고, 회담에 대해서도 알려주지 않았다. 레노의 참모들 중 한 사람이 드골에게 처칠이 투르에 있다고 알려주었다. 드골은 시내로 달려갔고, 회담을 잠시 멈추고 휴식 중일 때 회담 장소에 도착했다. 드골이 불참한 가운데 레노는 영국에게 베강이 독일에게 휴전을 제안해야 한다고 확신하고 있음을 알렸다. 그렇다면 영국은 어떻게 반응했을까?

처칠은 다소 서툰 프랑스어로 답했다.

"나는 당신들이 휴전을 요청할 것이라는 점은 이해합니다. 우리는 비난하는 것에 시간을 낭비하지 않을 것입니다. 프랑스의 대의명분은 우리에게도 항상 소중합니다. 그리고 만약 우리가 전쟁에서 이긴다면, 우리는 프랑스의 힘과 영광을 재건할 수 있도록 할 것입니다. 그러나 대영제국에게 두 국가를 묶고 있는 숭고한 결의를 포기하도록 요구할 수는 없습니다."[18]

드골은 이 회의의 일부를 놓쳤다. 하지만 프랑스는 자신들의 강력한 함대가 독일군 수중으로 떨어지게 내버려두지 않을 것이며, 프랑스군이 포로로 잡은 독일 조종사들을 영국군에게 인도하여 다시는 그들이 섬나라를 비행하지 못하게 하겠다며 영국을 안심시켰다.

놀란 드골은 회의가 끝난 뒤 레노에게 정면으로 맞서서, 프랑스가 독일과의 휴전을 추진할 것이라는 사실을 영국에게 알렸는지 물었다. 수상은 그렇게 하지 않았다고 주장했지만, 드골은 그 말의 진심을 의심할 수밖에 없었다.

영국은 충분한 이야기를 들었다. 그리고 신속하게 출발하기 시작했다. 그러나 처칠은 드골이 방에서 손을 떨며 왔다 갔다 했다는 것을 알게 되었다. 그리고 조용히 말했다.

"운명을 지배하는 사람이군 L'homme du destin." [19]

아마도 이 말이 드골에게 반향을 불러일으켜 이후의 행동을 취하도록 했을지도 모른다. 처칠의 이 언급은 분명하게 드골의 성격과 태도, 그리고 이끌고자 하는 의지를 인정해 주는 최고의 표시였다.

드골은 자신이 다시 한 번 갈림길, 또는 자신이 젊은 시절에 썼던 글에도 있듯이 천하가 다 아는 칼날 위에 있다는 사실을 알게 되었다. 잠시 동안이었지만 정계에 입문하려던 시도는 비참한 실패로 돌아갔다. 레노는 북아프리카 알제리나 다른 어디든지 정부를 이전하는 것에 대해서 단호하게 반대했다. 베강을 보직 해임하는 것도 부정적인 영향에 대한 우려 때문에 실패하고 말았다. 따라서 결국 가장 주목할 점은 레노가 전쟁을 지속하는 것에 대해 흔들리는 모습을 보였다는 점이다. 드골은 프랑스 정부의 일원이라는 사실에 양심의 가책을 느껴서 더 이상 있을 수 없었다. 오만한 적에게 굴욕적인 평화를 구걸하는 대가로 프랑스는 자신의 명예까지 희생할 준비를 하고 있던 탓이었다. 드골은 사임하기로 결심했다.

내무장관 조르주 망델Georges Mandel은 레노에게 보낼 서한을 작성하고 있던 드골을 말렸다. 드골의 참모로부터 드골이 사임할 의사를 가지고 있다는 것을 전해 들었던 것이다. 망델은 유대인이었으며 휴전에 강력하게 반대했다. 그는 후에 비시 정부에 체포되었다가 다시 독일군에게 넘겨져 포로수용소에 수용되었다. 그리고 2년 뒤인 1944년에 다시 비시 정부로 보내졌다가 비밀경찰에 의해 살해당했다.

그날 밤, 망델은 프랑스의 운명에 대해서 고심했다. 그는 드골이 반드시 정부에 남아있도록 설득해야 한다고 결론을 내렸다. 아마도 그는 이 운명의 사나이가 앞으로 다가올 날들 가운데 중요한 역할을 수행하리라는 것을 드골 자신보다 더 잘 내다보고 있었던 것 같다.

"어떠한 경우에든 우리는 단지 세계전쟁의 시작점에 서 있을 뿐이다."

드골은 후에 엄숙함과 결단력을 가지고 망델이 했던 말을 회상했다.

"장군. 당신은 수행해야 할 중대한 의무가 있소. 그러나 당신은 그러한 의무들을 잘해낼 것이오. 당신은 우리 모두들 중에서 흠 없는 평판을 가진 유일한 사람이라는 장점을 가지고 있소. 당신의 현재 직위가 당신의 일을 더욱 쉽게 만들 것이라는 점이 드러날 것이오."[20]

✝ 프랑스의 명예를 싣고 영국으로

1940년 6월 14일 이른 아침, 독일군은 제1차 세계대전 중 두 번이나 화를 모면했던 빛의 도시 파리로 의기양양하게 행군해 들어갔다. 도시 방어를 위한 총성은 한발도 울리지 않았다. 또한 그날 드골은 다시 한 번 레노에게 정부를 알제리로 이전하는 결정을 내리도록 강요했다. 마침내 레노는 그것이 옳은 일이라는데 동의했다. 그는 드골에게 런던으로 가서 할 수 있는 최대한의 협력을 영국에 요청하라고 지시했다.

그날 저녁 드골은 결코 오지 않을 런던 행 비행기를 기다리고 있었다. 비행기를 기다리는 동안 스플랑디드 호텔Hotel Splendide 에서 저녁식사를 했다. 근처 테이블에 페탱이 혼자 앉아 있었다. 드골은 육군 원수의 테이블로 다가갔다. 둘은 악수를 했지만 어떠한 이야기도 나누지 않았다. 이때가 두 사람이 마지막으로 만난 순간이었다.

결국 비행기는 오지 않았다. 드골과 보좌관 쿠르셀은 어둠을 뚫고 달려 파리의 서쪽 렌Rennes 에 도착했다. 북아프리카 상륙을 위해 가능한 많은 병력이 밀집되어 있던 항구인 브르타뉴의 방어에 대해서 논의를 하기 위해서였다. 드골은 펭퐁Paimpont 에 잠시 들러 임종 직전인 모친을 방문했다. 그 뒤 아내와 딸들이 있는 카랑테크에도 들러 아내 이본에게 말했다.

"매우 나쁜 상황이오. 나는 지금 런던으로 가는 길이오. 아마도 우리는 아프리카에서 전투를 계속하게 될 것 같소. 하지만 어쩌면 모든 것이 붕괴하고 말 것이오. 그러니 당신은 즉시 떠날 준비를 하구려."[21]

마침내 6월 15일 오후에 드골은 브레스트Brest 항구에 도착했다. 그리고 프랑스 구축함 밀라노Milan 호에 탑승하여 플리머스Plymouth 로 향했다. 영국에 도착하자마자 런던으로 날아간 그는 전쟁 물자를 싣고 프랑스로 가고 있던 프랑스 화물선 파스퇴르Pasteur 호에 무선연락을 취해 영국 항구에 정박하도록 지시했다. 그 배의 보급품이 독일군의 수중에 들어가는 것을 막기 위해서였다. 이러한 행위는 그의 권한을 크게 벗어

나는 것이었다. 그리고 이 일이 보르도에 있는 몇 명의 각료에게 전해지자, 그들은 레노에게 드골을 해임하거나 그를 상대로 손해배상을 청구하도록 요구했다.

런던으로 가는 도중, 드골은 프랑스의 미래와 앞으로 다가올 고난의 날 가운데서 자신의 역할을 심사숙고했다. 그는 프랑스 구축함 밀라노 호의 선장으로부터 영국 깃발 아래에서 싸울 의향이 있는지 질문을 받은 것으로 알려지고 있다. 파스퇴르 호에서 내린 결정은 그의 독립적인 사고의 성장과 행동력을 보여주었다.

6월 16일 아침, 드골은 런던의 하이드파크 호텔Hotel Hyde Park 객실에서 면도를 하고 있었다. 전쟁 수행 기간 경제적 협력을 위해 프랑스-영국 공동 위원회 의장 장 모네Jean Monnet와 영국 주재 프랑스 대사 샤를 코르뱅Charles Corbin이 드골을 방문했다. 그들은 자신들이 영국-프랑스 국가연합Anglo-French Union의 제안을 추진하기 위해서 영국 장교들과 일을 해 왔다고 설명했다. 이 국가연합은 레노가 패배주의자들을 막아내는데 도움을 줄 수 있을 것이라고 생각되었다. 그들이 비록 돌려서 말하기는 했지만 어떠한 문서도 즉시 프랑스와 영국을 단일 국가로 묶어줄 수 없다는 것은 자명한 사실이었다. 하지만 드골은 이런 생각을 처칠에게 전했다.

기품 있는 칼턴 클럽Carlton Club (영국 보수당 본부)에서 코르뱅과 영국 수상이 점심식사를 하는 동안, 드골은 국가연합에 대한 구상을 내놓았다. 처칠은 그 계획을 알고 있었다. 계획을 만들 때 참여했던 조언자들로부터 이미 보고를 받았던 것이다. 처칠은 또한 프랑스 군함이 독일군 손에 넘어가지 않고 영국의 항구로 항해하는 한, 영국은 프랑스의 휴전

알베르 르브룅

1871~1950. 프랑스 제3공화국의 마지막 대통령. 제2차 세계대전이 일어나던 해 정치적 분열과 독일의 군사위협에 직면하여 프랑스의 통합을 추구했으나 실질적인 지도력은 행사하지 못했다. 1900년 하원의원으로 당선된 이후 1920년 상원의원, 1931년 상원의장에 선출되었으며 식민장관·육군장관·봉쇄장관·해방지역장관 등을 지냈다. 온건보수주의자였던 르브룅은 1932년 5월 10일 여러 정당의 타협에 의하여 제3공화국 14대 대통령으로 취임했다. 중재자 혹은 통합의 상징으로서 좌파나 우파 내각 모두에 잘 적응했지만 조각이나 정책결정에 영향력을 행사할 수는 없었다.

제2차 세계대전 중 프랑스의 지위가 악화되자 1940년 6월의 내각결의에 동의하여 독일과 휴전조약을 맺었고, 비시의 헌법 개정을 묵인하여 필리프 페탱 원수에게 정권을 이양하고 은퇴했다. 르브룅은 해방 직후 샤를 드골 장군을 임시정부의 수반으로 인정하면서 자신의 정치생활을 마감했다.

추구를 묵인한다는 사전 의사합의에 대해 이야기했다. 그리고 6월 16일 오후에 내각 회의를 소집했다.

처칠 내각은 이 문제에 대해 두 시간 넘게 심사숙고하고 토론했다. 그런 뒤 회의장에서 나온 수상은 드골이 있는 옆방으로 건너가 레노에게 국가연합을 제안하는 전화를 하라고 말했다. 이 소식을 들은 레노는 거의 할 말을 잃었다. 그는 이 기회에 대해 논의하기 위해서 각료들을 차례로 소집했다. 나중 알려진 바에 의하면, 그때 소집된 24명의 각료들은 그 제안에 대해 결론을 내리는 것은 불가능하다고 생각해 투표조차 하지 않았다고 한다. 두 정부의 대표들이 보르도로 드골을 불러들이고 자세한 사항을 논의하기 위해 일정을 잡고 있던 중, 페탱 원수는 이 제안이 "송장과 결혼하는 것과 같다"라고 불평했다. 휴전을 요구하는 외침은 더욱 커졌다.

처칠은 런던의 워털루 역 Waterloo Station 에서 모네와 함께 기차에 올랐다. 그는 프랑스 대표단을 만나기 위해 포츠머스 Portsmouth 에서 배를 탈 계획이었다. 기차가 역에서 출발하기도 전에 처칠은 새로운 소식을 전해 들었다. 레노가 사임했으며, 페탱은 알베르 르브룅 Albert Lebrun 대통령으로부터 새로운 정부를 구성해줄 것을 요청받았다는 것이었다. 처칠은 이날 무거운 마음으로 수상 관저로 돌아갔다고 훗날 기록하고 있다.

오후 6시 30분경 드골은 영국 공군기를 타고 프랑스로 귀국했다. 드골과 모네는 출발하기 전에 한 번 더 처칠과 짧은 토의를 가졌다. 모네는 프랑스로 더 많은 영국 전투기를 보내줄 것을 다시 한 번 간청했다. 하지만 처칠은 딱 잘라 거절했다. 놀랍게도 그 순간 몇 발자국 뒤에서 드골은 "나도 당신이 옳다고 생각합니다"라고 말했다.

드골을 지켜본 처칠은 훗날 이 순간에 대해 언급했다.

"그가 고통을 느끼면서도 무표정하고 차분한 태도를 보일 수 있는 놀라운 능력을 가졌다는 사실을 알게 되었다. 이렇게 나는 무척 키가 크고 침착한 남자와 만나면서 강한 인상을 받았다. '이 남자가 프랑스 원수元帥 같군.'"

페탱이 신임 수상이 되었다는 소식을 접한 드골은 자신의 체포가 임

박했다는 것을 알았다. 프랑스를 떠나야 했다. 아니면 감옥에 갇혀 사형 선고를 받게 될지도 몰랐다.[22]

아내와 아이들이 영국에서 합류할 수 있도록 여권을 부탁하는 것은 프랑스에서 떠날 준비를 하는 것만큼이나 시급한 일이었다. 하지만 연락하는 일이 문제였다. 이본은 남편이 실제로 어디에 있는지 알지 못했지만, 프랑스가 붕괴할 경우 영국 해협을 건너려는 남편의 의도를 알고 있었다. 이본과 딸들은 길을 떠나기 위한 돈을 빌리려고 친척이 있는 브레스트로 갔다. 마침내 그녀는 넉넉한 액수의 프랑과 100파운드의 영국 화폐를 확보할 수 있었다. 배 2척이 항구에 정박한 채 영국으로 가는 승객들을 태우고 있었다. 운이 좋게도 그 가족은 첫 번째로 출발하는 배를 놓쳤다. 그 배는 침몰했다. 이본 일행은 다른 배를 탔고, 안전하게 플리머스에 도착했다.

드골은 보르도에 상륙한 후 재빨리 전 수상인 레노의 집무실로 가서 런던으로 돌아가겠다고 말했다. 레노는 드골에게 정부 예비비에서 10만 프랑을 내주었다. 이 돈은 남아있던 돈 전부로 약 500달러 정도였다. 드골은 한밤중에 몽트레 호텔 Hotel Montré에서 프랑스에 파견된 영국군 연락장교 에드워드 스피어스 장군과 프랑스 주재 영국 대사 로널드 캠벨 Ronald Campbell을 만났고, 그들에게 프랑스를 떠나겠다는 자신의 의지를 전했다.

드골에게 남은 시간은 얼마 되지 않았다. 독일군이 보르도로 들이닥치는 것은 시간문제였다. 그는 더 이상 정부 각료가 아닌 단지 프랑스 육군 장교였기 때문에, 베강이 복수심으로 그를 체포할지도 모르는 상황이었다. 십중팔구 이미 페탱의 비시 정부가 그를 찾고 있을 것이었다.

> **드골은 작은 비행기에 자신과 프랑스의 명예를 싣고 왔다.**

스피어스는 처칠에게 전화를 걸어서 런던으로 가는 자신의 비행기 편에 드골이 동행하는 것을 허락해 달라고 건의했다. 이 요청은 스피어스가 영국군과 붕괴하고 있는 프랑스 정부 간의 마지막 공식 연락 수단이었기 때문에 마지못해 승인되었다. 다음 날 아침에 메리냐크Mérignac 공항으로 이동한다고 결정되었다. 겉으로는 드골과 보좌관 쿠르셀이 스피어스를 배웅하기 위해 공항으로 이동하는 것처럼 보일 것이다. 그리고 두 사람은 마지막 순간에 영국행 비행기에 올라타기로 했다.

6월 17일 아침의 계획은 드골과 쿠르셀, 스피어스가 7시 30분쯤 노르망디 호텔 로비에서 만나서 함께 공항으로 이동하기로 했다. 차량이 2대 필요했다. 두 번째 차량은 5개의 짐을 수송했다. 영군 공군의 상징인 원형마크가 그려진 그 짐은 4인승 복엽기의 프레임에 고정되었다.

어수선한 공항에서 작은 비행기는 거의 눈에 띄지 않았다. 그리고 은밀한 출발을 둘러싼 흥분의 공기는 아마도 역사에 의해서 부풀려질 것이다. 쿠르셀은 드골이 무심해 보였고, 출발을 둘러싼 눈에 보이는 위험보다 해협 건너편에서 그를 기다리고 있을 것들을 더 걱정하는 것처럼 보였다고 기억했다. 그들은 서로 작별인사를 나누는 것처럼 행동하면서 먼저 스피어스가 탑승했다. 비행기의 엔진이 작동하기 시작했다. 기장이 이륙을 위해 천천히 이동하기 시작하자 드골과 쿠르셀이 탑승했다.

드골은 다음과 같이 기억했다.

"우리는 라로셸La Rochelle과 로슈포르Rochefort를 지나 비행했다. 이들 항구에는 독일군 항공기들에 의해 파괴된 선박들이 불타고 있었다. 우리는 내 어머니가 병상에 누워 계셨던 펭퐁을 지났다. 파괴된 군수품 창고들에서 나오는 연기가 숲을 가득 메웠다. 저지Jersey 섬을 잠시 경유한 뒤, 이른 오후 런던에 도착했다. 내가 방을 잡고 쿠르셀이 대사관과 사절단에 전화를 했다. 그들이 벌써 우리와 말하기를 꺼려 한다는 것을 알게 되었다. 그러는 동안 나는 대양을 헤엄쳐서 건너려고 작정한 듯 해안가에 서 있는 한 남자인 양 모든 것을 빼앗긴 채 홀로 남은 것처럼 느꼈다."[23]

처칠은 드골이 가진 것을 한 마디로 요약해서 기록했다.

"드골은 작은 비행기에 자신과 프랑스의 명예를 싣고 왔다."[24]

Chapter6 잿더미에서

곤경 속에서도 결코 타협하지 않고 목표를 향해 전진하는 리더십

"오직 내가 민족과 국가를 위해 싸우는 투사일 때에 프랑스인의 지지를 얻을 수 있고, 외국으로부터 존경을 받을 수 있었다. 나의 비타협적인 태도를 계속해서 비판하고 있던 비평가들은 내가 무수히 많은 마찰의 압력을 통제하고 총체적인 붕괴를 최소화 하는 것을 보는 것조차 거부했다. 확실히 나는 혼자였고 아무런 힘도 없었기 때문에 정상에 올라야만 했고, 그 뒤로는 절대로 내려와서는 안 되었다."

DE GAULLE LESSONS IN LEADERSHIP FROM THE DEFIANT GENERAL

✝ 프랑스는 혼자가 아닙니다

런던으로 떠나면서 드골은 다시는 돌아올 수 없는 루비콘 강을 건넜다. 84세의 페탱이 권력을 차지하자 드골은 사실상 프랑스 정부에 등을 돌렸다. 나치와 휴전협상을 하려는 무리에 반대한 그는 이제 프랑스군 장교의 의무에서 벗어났으며, 자신이 성스럽게 여기던 것들로부터 한발 물러나게 되었다. 그는 망명을 선택했다. 그렇기에 자신의 조국을 대표할 수도, 어떠한 권한을 요구할 수도 없었다. 그는 전적으로 후원자의 선의에만 의존하여 영국으로 왔으며, 며칠 전까지만 해도 이름이 알려지지 않은 준장일 뿐이었다.

드골은 훗날 회고록을 쓰면서 당시 처지를 고려하면서 자신의 의도를 드러냈다.

처음에 나는 보잘것없었다. 그러나 이러한 곤경이 내가 가야 할 길을 알려주었다. 어떠한 문제도 일으키지 않고 내가 권한을 얻을 수 있는 방법은 '조국의 구원'이라는 명분을 이용하는 것이었다. 내가 프랑스 국민의 열렬한 동의와 지지를 얻고 다른 나라 사람들로부터 존경과 존중을 받을 수 있는 방법은, 굽히지 않고 끝까지 조국을 옹호하는 것처럼 행동하는 것이다. 간단히 말하면 나는 비록 혼자였고 제약을 받았지만, 정말로 나는 제약을 받고 혼자였지만, 나는 최고의 경지에 도달해야 했고 다시는 밑으로 내려와서는 안 되었다.[1]

상황을 파악한 뒤, 드골은 오후에 처칠이 자신을 만날 것이라는 소식을 들었다. 다우닝 가 10번지 수상 관저 안, 나무 그늘 아래에서 일하고 있던 수상은 프랑스 망명자를 따뜻하게 맞아주었다. 두 사람은 잠시 이야기를 나누었다. 프랑스가 가능한 오랫동안 싸우기를 두 사람 모두 원했다. 그리고 처칠은 나치에 저항하는 레지스탕스 활동을 지원하기 위해서는 프랑스인이 한 사람 런던에 있는 것이 분명 도움이 될 거라고 생각했다.

드골은 프랑스인에게 영향을 미치고 이들을 규합할 수 있는 가장 효과적인 방법은 BBC 라디오 방송이라고 주장했다. 처칠도 동의했다. 하지만 처칠은 드골이 활동할 수 있는 공고한 기반이 없다고 믿고 있는 전시 내각의 각료들을 설득해야만 했다. 영국이 여전히 페탱 정부와 관계를 유지하고 있었기 때문에, 각료들은 드골이 BBC와 접촉하는 것을 허락하기 전에 먼저 프랑스 정부와 나치 사이의 협상이 어떻게 진행되고 있는지를 살펴보는 것이 더 적절한 방법이라고 생각하고 있었다.

처칠은 이에 동의하지 않았다. 따라서 처칠은 페탱이 독일 편에 붙으려는 의도를 공표하게끔 하여 드골의 방송에 정당성을 부여할 생각이었다. 만약 페탱이 그런 내용을 발표한다면, 이는 영국과 맺은 합의를 위반하는 것처럼 보일 것이다. 또한 연로한 원수의 패배주의적 정서를 같이 하지 않으려는 프랑스인들을 규합하게 만들 수도 있을 것이라고 생각했다. 다행히 6월 17일 오후에 페탱은 보르도에서 방송을 통해 말했다.

"나는 우리의 불행을 누그러뜨리기 위해서 프랑스 국민에게 전합니다. 오늘 여러분에게 전투를 중지하는 것이 불가피하다고 알리게 되어 가슴이 멥니다."[2]

프랑스에 있던 드골의 동료 중 한 사람이 런던에 있는 작은 아파트 열쇠를 주었다. 드골은 그 아파트에서 다음 날 저녁 예정되어 있는 연설 원고를 작성했다. 쿠르셀은 프랑스 대사관 경제사절로 있는 오랜 친구인 엘리자베트 드 미리벨Élisabeth de Miribel과 접촉해서, 그녀에게 아파트로 와서 아주 중요한 문서를 타이핑해 달라고 부탁했다.

드골은 연설 원고를 여러 번 고쳐 썼다. 이것은 '6월 18일 호소문'으로 알려졌다. 오후 6시 직전, 드골과 쿠르셀은 BBC 방송국 본부에 도착했다. BBC 뉴스의 대표인 스티븐 탤런츠Stephen Tallents가 그들을 맞이했.

BBC의 엘리자베스 바커Elizabeth Barker는 드골에 대해서 "반들반들 윤이 나는 부츠를 신은 거대한 남자로, 성큼성큼 걷고, 무척 낮은 목소리로 말했다. … 그리고 무엇보다 사람들이 프랑스인에 대해 상상하는 것과는 정반대로 매우 냉담했다. 그에게는 다른 남자들과 다른 무언가가 있었다. 누구라도 바로 그것을 느낄 수 있었다. 나는 그 '운명의 사나이'라는 말을 알지 못한다. 하지만 그는 놀라울 정도로 매우 침착했다"라고 기억했다.[3]

Chapter 6 잿더미에서   199

> **❝ 프랑스는 혼자가 아닙니다! 우리는 혼자가 아닙니다! 우리 뒤에는 거대한 제국이 있습니다. 우리는 바다를 주름잡는 대영제국과 함께 전투를 계속하고 있습니다. 영국처럼 우리도 미국의 엄청난 산업 자원을 무한히 사용할 수 있습니다. ❞**

건물 4층에 있는 스튜디오 4B에 도착했다. 모리스 티에리 Maurice Thierry 와 깁슨 파커 Gibson Parker 라는 두 아나운서가 있었으며 티에리가 뉴스를 진행하고 있었다. 방송이 시작되자 드골은 오직 두 단어만을 말했다.

"라 프랑스 La France."

목소리의 크기는 적당했다. 드골은 널리 알려진 깨끗하고 깊게 울리는 목소리로 조국 프랑스를 향해 자신의 첫 번째 연설을 했다. 연설은 약 4분에 지나지 않았다. 일반적으로 프랑스에 송출되는 뉴스 시간대에 전해졌다. BBC 직원들은 드골의 방문 사실을 한 시간 전에 겨우 알았고, 녹음 준비도 하지 못했다. 실제로 방송을 통해서 호소문을 들은 사람은 거의 없었던 것으로 알려졌다. 그러나 호소문은 인쇄물로 다시 제작되었다.

드골은 마이크를 바라보며 연설을 시작했다.

지난 수년간 프랑스군의 수장을 지냈던 지도자가 정부를 구성했습니다.

  이 정부는 우리 군대가 패배했다는 구실로 전투를 중단하기 위해서 적과 접촉했습니다.

  우리는 명백히 땅과 하늘에서 적군의 강한 기계력에 압도당했습니다.

엄청난 독일군 병력, 그들의 전차와 비행기와 전술은 우리 지도자들을 당황하게 했고 결국 지금의 상황으로 이끌었습니다.

하지만 우리가 마지막 유언을 했습니까? 우리 희망을 포기해야 합니까? 우리의 패배가 확실합니까? 아닙니다!

프랑스는 아무것도 잃지 않았다고 여러분께 말하는 저를 믿어주십시오. 저는 사실에 근거해서 말하고 있습니다. 우리에게 패배를 안겨준 방법이 언젠가는 우리에게 승리를 가져다 줄 것입니다.

프랑스는 혼자가 아닙니다! 우리는 혼자가 아닙니다! 우리 뒤에는 거대한 제국이 있습니다. 우리는 바다를 주름잡는 대영제국과 함께 전투를 계속하고 있습니다. 영국처럼 우리도 미국의 엄청난 산업 자원을 무한히 사용할 수 있습니다.

이 전쟁은 우리의 불행한 영토에 한정된 싸움이 아닙니다. 이 전쟁은 프랑스 전투로만 결정되는 것이 아닙니다. 이 전쟁은 세계 전쟁입니다. 우리의 모든 실수, 우리의 망설임, 우리가 받은 고통은 언젠가는 이 세계가 적군을 압도하는 데 필요한 모든 자원을 가지고 있다는 사실을 바꾸지는 못합니다. 오늘은 기계화된 힘 앞에 무너졌지만, 우리는 미래의 언젠가 우월한 기계력으로 적을 정복할 수 있습니다. 세계의 운명은 뒤바뀔 것입니다.

나, 드골 장군은 지금 런던에 있습니다. 무기를 가지고 있든 그렇지 않든 간에, 영국에 있거나 장차 이곳에 오게 될 프랑스 장교들과 병사들에게 저와 함께할 것을 호소합니다. 그리고 지금 영국 영토에 있거나 앞으로 이곳으로 올 군수산업에 종사하는 기술자들 및 전문가들에게도 저와 함께할 것을 촉구합니다.

어떠한 일이 생기더라도 프랑스군의 저항의 불꽃은 절대 꺼지지 않을 것입니다. 저는 오늘과 마찬가지로 내일도 런던에서 라디오 연설을 할 것입니다.

들은 사람도 거의 없고 대규모 선전도 없이 전파된 이 4분짜리 연설은 결코 자유 프랑스 운동의 시작으로 볼 수 없다. 하지만 프랑스에는 저항적인 민족주의가 존재했다. 또한 적과 협력하는 정부를 따르려 하는 마지막 자취도 남아 있었다. 비시 정부의 지도자들은 나치와의 휴전협정을 준비하면서 군대에 저항을 그만둘 것을 명령했다. 고집 센 하급 장교인 드골은 이 명령을 거부했고, 다른 국가의 보호를 받아 도망쳤다. 그리고 다른 이들도 똑같이 할 것을 부추겼다. 정부의 눈으로 볼 때 이들은 모두 반역죄를 저지른 것이었다.

✟ 프랑스 저항운동의 지도자를 찾다

영국의 입장에서 보면 6월 18일은 샤를 드골이 전투를 지속하기 위해 프랑스를 규합할 수 있는 마지막, 혹은 최고의 희망을 확인한 순간이 아니었다. 사실 모네는 처칠을 설득하여 또 다른 파견단을 조직하여 프랑스로 보냈다. 영국으로 건너와 프랑스를 이끌 의지가 있는 다른 프랑스 고위 장교나 외교관의 도움을 얻으려는 목적이었다. 영국이 생각하는 사람 중에는 레노, 베강, 르브룅, 그리고 전 수상 레옹 블룸Léon Blum이 포함되어 있었다. 이들은 도전을 받아들이고 앞으로 나설만한 정치적 지위를 가진 사람들이었다. 그러나 실제로는 여러 가지 이유로 그 누구도 그렇게 하지 않았다.

처칠은 프랑스 지도자들을 영국으로 데려오기 위해서 승객이 30명 이상 탑승할 수 있는 널찍한 비행정을 제공했지만, 실제 비행정은 텅 빈 채로 돌아왔다. 일부 프랑스인은 저항 정부가 북아프리카에 자리를 잡아야 한다는 얄팍한 견해를 여전히 들먹이고 있었다. 6월 21일 금요일, 사실상 전 프랑스 해군의 지휘관이나 다름없는 프랑수아 다를랑François Darlan 해군 원수가 여객선 마실리아Massilia 호를 풀어주고 카사블랑카Casablanca로 항해하도록 하는 일이 발생했다. 승객 중 최고위 인사는 달라디에 전 수상이었다. 그리고 배에 탑승한 승객들은 자신들이 전투를 계속하기 위해서 북아프리카로 향하고 있다고 믿었다.

반면에 조건부 항복의 드라마는 콩피에뉴Compiègn 숲에서 이루어졌다. 히틀러와 나치는 제1차 세계대전을 끝냈던 1918년 11월 휴전협정에 대한 응징을 하는 것이 좋다고 생각했다. 그래서 페탱의 대표들과 프랑스 전 국민에게 모욕을 주는 구경거리를 만들었다. 독일군이 휴전협정을 서명할 때 탔던 낡은 객차를 파리의 박물관에서 가져왔다. 프랑스 사절단은 약 25년 전 서명을 했던 동일한 장소로 안내되었다.

무솔리니가 항구도시인 툴롱Toulon과 마르세유Marseilles, 그리고 론Rhone 강 계곡을 이탈리아 영토로 편입하게 해달라고 요구했지만, 히틀러는 이를 거부했다. 또한 코르시카, 튀니지Tunisia, 그리고 이탈리아 점령지 에티오피아Ethiopia 근처 '아프리카의 뿔'에 위치한 도시 지부티Djibouti에 대한 지배권 행사 요구도 거부했다. 대신 총통은 적대관계를 끝내기 위한 23개 조건을 프랑스에게 제시하는 것을 택했다. 히틀러는 어떠한 조항도 프랑스가 무장 저항을 계속하도록 하는 실마리가 되지

프랑수아 다를랑

1881~1942. 프랑스의 해군 제독으로 제2차 세계대전 때 필리프 페탱의 비시 정부에서 주도적 역할을 담당했다. 936년 해군 참모장, 1939년 8월 해군 사령관이 되었고, 해군력 강화에 진력했다. 1940년 6월 프랑스가 독일에 패한 후 들어선 비시 정부에 합류해서 해군장관, 부수상 겸 외무장관 등을 지냈다. 1942년 11월 연합군이 북아프리카에 있는 프랑스 영토에 상륙했을 때 휴전을 체결하고 영미 측에 협력하여 아프리카 군정장관으로 취임했으나, 다음 달 반反비시 정부 암살범에게 살해되었다.

않기를 바랐다.

프랑스를 영국과 떨어뜨려 놓으려는 의도로 히틀러는 "가능하면 프랑스 영토에서 프랑스 정부가 기능하도록 보장하고자 했다. 프랑스인들이 독일의 제안을 거절하고 런던으로 건너가 전쟁을 계속하고 있는 상황으로 볼 때 이 편이 독일에게 더 유리하다"고 생각한 것이다.[4]

영국은 당연히 프랑스 함대 배치에 대해 걱정을 했고, 처칠은 함대 배치가 독일군에 대한 항복이 아니라고 여러 차례 확인했다. 반대로 히틀러는 프랑스 함대가 영국 손에 들어가면 안 된다고 결정했다. 이 시점에

> **❝** 어떠한 일이 생기더라도 프랑스군의 저항의 불꽃은 절대 꺼지지 않을 것입니다. **❞**

서 히틀러는 프랑스인들의 염려를 누그러뜨리기 위해서 대표단에게 항복 조항으로 의심스러운 확약을 제시했다.

"독일 정부는 엄숙하게 프랑스 정부에게 선언한다. 독일은 전쟁에서 독일만을 위해 독일 감시하에 항구에 정박해 있는 프랑스 함대를 사용할 의도가 없으며 … 더욱이 평화 체결의 이 시기에 프랑스 함대에 대한 어떠한 요구도 할 의도가 없다는 것을 엄숙하고 분명하게 선언한다."5

6월 22일 오후 7시에 페탱 정부를 대표하여 욍치제르 장군이 휴전협정에 서명했다. 카사블랑카로 향하는 마실리아 호에 탑승하고 있던 프랑스 장교들은 휴전이 결정되었다는 사실을 듣자 선장을 설득해서 영국으로 진로를 변경하려고 시도했다. 그러나 요구는 거절당했다. 배가 북아프리카에 도착하자 승객들은 구금되고 배는 항구에 갇혔다.

드골은 런던에서 정치적으로 기민하게 움직이고 있었다. 스스로 프랑스 저항 정부의 적법한 지도자가 되거나, 아니면 더 높은 고위 장교나 외교관 휘하에 들어가려고 움직이고 있었다. 그의 진짜 동기에 대해서는 아직도 논란이 계속되고 있다. 그는 모로코Morocco 라바트Rabat에 있는 오귀스트 노그Auguste Nogues 장군 사령부로 6월 19일에 전보를 보냈다.

"저를 장군의 마음대로 활용하십시오. 장군의 명령 아래에서 싸우게 하고, 또한 장군이 보기에 쓸 만한 어떠한 일에라도 활용하십시오."

북아프리카에서 프랑스군을 지휘한 노그는 반나치 감정을 드러냈지만, 휴전협정이 체결되자 갑작스럽게 노선을 변경했다. 이는 마실리아호에 탑승한 외교관들에 대한 명령에서 잘 드러나고 있다. 이상하게도 노그는 비시 정부에서 어느 정도 독립성을 유지했다. 또한 무장한 모로코인 부대를 자신의 지휘 아래 두었다. 결국 이 부대들은 연합군에 의해 해방되어 이탈리아 전쟁에서 수훈을 세웠다. 그러나 이 당시 드골은 어떠한 실질적인 대답도 받지 못했다.

그 이전인 6월 20일, 드골은 자신의 기본적인 행동 지침을 바꾼 것으로 보였다. 그는 자존심을 억누르고 혐오하던 베강에게 개인적으로 서찰을 보냈다.

"저는 장군에게 이 말을 전하는 것이 저의 의무라고 느꼈습니다. 저는 장군이 프랑스와 장군을 위해서도 스스로 재앙에서 벗어나 프랑스의 식민지로 건너가 전쟁을 계속했으면 합니다. 이러한 시기에는 명예로운 휴전이라는 것은 없습니다. 저는 장군이나 혹은 계속되고 있는 프랑스 저항운동을 이끌 의지가 있는 어떠한 중요한 프랑스인에게도 쓸모가 있을 것입니다."

베강에게 보낸 편지는 3개월이 지난 뒤, 영국에 있는 프랑스군 무관武官을 통해 돌아왔다. 그 편지에는 송신자에게 적합한 정부나 군사 채널을 통해서 베강에게 연락하도록 충고하는 메모가 함께 있었다.

겉으로는 누군가가 이끌어주기를 바라는 듯이 보이는 샤를 드골은 다른 사람을 초청하고자 했다. 초청될 사람은 더 잘 알려진 사람이었고, 영국이나 미국 정부가 더 잘 수용할 만한 사람이어야 했다. 그리고 더욱 중요한 것은 멀리 떨어진 제국의 무장 병력을 규합하고 앞장서서 저항군 지도자의 역할을 맡을 수 있어야 한다는 점이었다. 그러나 한 가지 애를 태우는 의문이 남아 있었다. 만약 저명한 프랑스인이 그러한 역할을 한다면 드골은 어떻게 반응했겠느냐 하는 점이다.

✝ 자유 프랑스 운동의 지도자, 드골

전에도 그랬듯이 충격과 마비가 프랑스의 외교적·군사적 지도력을 사로잡았다. 페탱이 항복하고 비시 정권이 탄생했던 것처럼, 그 어떤 사람도 드골에게 이의를 제기하기 위해 앞으로 나서지 않았다. 드골은 항상 자신이 그러한 역할을 하게끔 운명 지어진 거라고 믿었다.

약속한 대로 드골은 6월 19일 수요일에 BBC 마이크를 다시 한 번 잡았다. 이번에는 훨씬 더 단호한 어조였다. "고국민의 당혹을 마주하며" 그는 말하기 시작했다.

적의 노예가 되는 정부의 붕괴를 맞닥뜨리며, 그리고 내 조국의 사회 제도들이 무력화되는 사실을 바라보며, 이 순간 저, 장군 드골은 프랑스 군인이자 군의 지도자로 프랑스를 위해서 연설하고 있다는 것을 깨달았습니다.

프랑스의 이름으로 저는 다음과 같이 엄숙하게 선언합니다. 아직 무기를 소지한 모든 프랑스 사람은 투쟁을 계속해 나가야 할 필연적인 의무가 있습니다. 어떠한 군사적 중요성의 지위를 피하기 위해서 자신의 무기를 내려놓거나 프랑스 영토의 어떤 일부라도 넘겨주는데 동의하는 사람들은 우리의 조국에 대해 범죄를 저지르는 것입니다. … 프랑스의 병사들이여, 당신들이 어디에 있건 일어나십시오![6]

두 번째 호소가 전달되던 날, 모네는 보르도에서 영국의 지원을 받아 명망 있는 프랑스인들을 런던으로 데려가는 임무를 필사적으로 수행하고 있었다. 확실하게 드골은 모네가 부재중일 때가 자신이 움직일 수 있는 좋은 기회라는 것을 예리하게 판단하고 있었다. 비록 두 사람이 다정한 관계를 유지해 오긴 했지만, 그들은 나치에 대항한 응집력 있는 프랑스 저항운동을 조직하는 방법과 수단에 있어서는 일치하지 않았다.

모네는 사건들이 너무 급작스럽게 일어나고 있다고 보았다. 또한 프랑스를 대표한다는 드골의 선언이 프랑스 제국의 리더십을 전 세계에서 고립시킬 수도 있다고 염려했다. 이러한 상황들은 단지 저항활동을 더욱 어렵게 만들 뿐이라고 생각했다. 또한 런던을 중심으로 조직된 어떠한 저항운동도 전 세계적으로 볼 때는 영국 정부의 꼭두각시로 비칠 것이라고 믿었다.

드골은 저항운동의 실행이 얼마 남지 않았다고 보았다. 그의 강렬한 민족주의는 페탱 정부의 직접적인 영향력 밖에 있던 프랑스인들이 서로 간의 의견일치의 필요성을 알아차리는 것을 으뜸으로 여겼다. 그 뒤 모네는 나중에 드골과 함께하는 자유 프랑스에 합류하지 않는 것을 선택했다. 그러나 워싱턴 DC^{Washington, DC}에서 구매 임무를 맡기로 한 영국 정부와의 약속은 받아들였다.

휴전 소식이 런던에 도착하자 저항운동으로 프랑스인들이 싸움을 계속하도록 하는 것이 최선의 희망이라는 것을 모두 인정했다. 6월 23일에 영국 정부는 두 차례 중요한 성명을 발표했다. 첫 번째 성명에서는 프랑스의 단독 강화를 비난했고, 두 번째에는 드골을 구체적으로 언급하지는 않았지만 망명한 프랑스 지도자와의 협력 의사를 표명했다. 공식

> **❝** 아직 무기를 소지한 모든 프랑스 사람은 투쟁을 계속해 나가야 할 필연적인 의무가 있습니다. … 프랑스의 병사들이여, 당신들이 어디에 있건 일어나십시오! **❞**

성명은 다음과 같이 시작했다.

"방금 막 체결한 휴전협정은 연합국 정부 사이에 엄숙하게 체결한 협정을 위반하는 것이며, 보르도 정부를 적의 완전한 복종 아래 두는 것입니다. 이로써 그들은 모든 자유와 프랑스 시민들을 대표할 권리를 빼앗겼습니다. 결론적으로 우리 영국 정부는 더 이상 보르도 정부를 독립국가로 인정하지 않겠습니다."

이 성명에 이어 영국은 '임시 프랑스 국가 위원회French National Committee 설립 계획'을 발표했다. 이 위원회는 "프랑스가 체결한 국제적인 의무를 충족시키기 위한 독립적인 프랑스 사람들을 대표하며, 전쟁의 수행과 관련된 모든 문제에 대해서 토론하기로 했다."7

물론 프랑스 국가 위원회의 위원장은 샤를 드골이었다. 그는 템스Thames 강변 하원 의사당 근처에 있는 성 스티븐 하우스St. Stephen's House 3층에 사무실을 가지게 되었다. 거의 자기 자신의 의지로 위원장 자리를 맡게 된 새로운 지도자 드골은 명예와 충성심, 의지를 가지고 일을 추진하기로 맹세했다. 물론 코르뱅을 포함한 많은 수의 프랑스 정부 관료들이 위원회를 피했다. 코르뱅은 자유 프랑스의 파트너가 되어 위원회에 가담하기를 거부하고, 대신 남아메리카에서 은퇴를 택했다. 하지만 이 전부터 드골에게 협조하기로 했던 사람들은 타국에다가 조금은 우중충

1944년 1월 13일, 모로코 마라케시Marrakech에서 프랑스 병사들을 사열하는 샤를 드골과 영국 수상 윈스턴 처칠.

> **❝ 프랑스는 전투에서 패배했습니다. 그러나 프랑스가 전쟁에서 패배한 것은 아닙니다. ❞**

한 건물이었지만 자기들의 지도자 주위로 몰려들었다.

6월 26일이 되자 자유 프랑스와 그 단체의 실질적인 지도자에 대한 영국인의 모호함은 사라졌다. 모로코로 향하는 영국의 외교 사절단은 퇴짜를 맞았다. 처칠은 수상 관저로 드골을 초청했다.

"당신은 혼자입니다." 수상이 말했다. "그리고 나는 당신 하나뿐이라는 것을 알게 되었습니다." 이어서 이렇게 선언했다. "어디에 있든 드골 장군을 연합군의 명분을 지키기 위해 가담한 자유 프랑스의 지도자로 인정합니다."

비록 이 선언은 영국 정부 내에서도 일부 반발을 일으켰지만 마침내 드골의 희망이 현실로 이루어진 것이었다. 저녁 라디오 연설에서 드골은 대담하게 말했다.

"저는 현재 영국 영토에 있거나 또는 나중에 도착할 모든 프랑스인에 대한 권한을 가지게 되었습니다."

✞ 임시정부 수립 노력

정부 혹은 정부와 유사한 조직을 설립하는 일은 신출내기 자유 프랑스에게는 커다란 도전이었다. 레노로부터 받은 10만 프랑은 영국 화폐로

로렌 십자가 박힌 자유 프랑스 깃발

환전하면 100파운드 밖에 되지 않는 쥐꼬리만 한 금액이었다. 튀니지에서 개인적으로 불려온 가스통 팔레브스키 Gaston Palewski가 영국과의 외교 업무를 전담했다. 됭케르크 대참사 이후 안전지대로 옮겨진 프랑스군 잔존부대들은 런던과 남부 잉글랜드에 흩어져 있었다.

전부 합해서 약 2만 명의 프랑스 병사들이 영국에 있었다. 이는 제13외인연대와 산악경보병사단, 그리고 겨우 수십 명의 조종사들 및 특이한 자원자들을 포함하는 것이었다. 단지 소수의 사람들이 올림피아 홀 Olympia Hall에 있는 자유 프랑스군 징병소로 왔다. 프랑스 삼색기에 망명 지도자의 메시지가 적힌 포스터가 붙어 있었다.

"모든 프랑스인에게. 프랑스는 전투에서 패배했습니다. 그러나 프랑스가 전쟁에서 패배한 것은 아닙니다. 몇몇 기회주의적인 당국자가 공포에 질려 명예를 잊고 항복했으며, 조국을 구속 상태로 만들었습니다. 그러나 아무것도 잃지 않았습니다! 그래서 저는 모든 프랑스인에게 지금 현재 어디에 있든지 희생정신과 희망을 품고 저와 행동을 같이할 것을 촉구합니다."

곧 이어 자유 프랑스는 로렌 십자(✝)Cross of Lorraine를 상징으로 채택했다. 이 상징은 로렌 지방을 상기시켰다. 로렌은 오랜 기간 동안 분쟁 지역이었으며 지금은 다시 독일의 지배하에 있었다. 아마도 더 강력하게는 약 100년 전 잔 다르크Jeanne d'Arc가 점령군과 싸운 것을 프랑스인들이 떠올리게 하는 곳이었다.

성공하지 못한 노르웨이 군사작전에 참여했던 사단도 도착했다. 사단장 에밀 앙투안 베투아르Émile Antoine Béthouart 장군은 잠시 동안 영국에 있는 프랑스 육군 최고위 장교였다. 하지만 그는 드골 편에 참여하고 스스로 부하가 되기로 선언했다. 그 대신에 그는 북아프리카로 가서 훌륭하게 군인으로 복무하며 싸우고 싶어 했다. 아프리카로 출발하기 전 베투아르는 드골이 여러 부대에서 연설을 하게 주선했다. 드골은 자유 프랑스의 명분을 위해서 그들의 지원을 요청했다. 첫 연설 이후 드골은 1,000명의 군인들이 동참하도록 설득하는데 성공했다고 알려졌다. 그럼에도 징병 참여 속도는 고통스러울 만큼 느리기만 했다.

자유 프랑스 본부는 길거리 표지판이 지워져 있었고 위장되었기 때문에 찾기가 복잡했다. 하지만 베투아르의 휘하 지휘관이었던 앙드레 드 와브랭André Dewavrin 대위는 스스로 본부를 찾아내어 성 스티븐 하우스에 도착했다. 쿠르셀이 젊은 장교를 맞이하고 드골에게 소개했다.

몇 년이 지난 뒤, 드와브랭은 당시의 만남을 회상했다.

나는 불을 환하게 킨 널찍한 방으로 들어갔다. 두 개의 커다란 창문이 템스 강 쪽으로 열려 있었다. 거구의 인물이 몸을 일으켜 나를 맞이했다. 장군은 나에게 관등성명을 반복해서 말하도록 했다. 그리고 나에게 명확하고 예리하며 격한 어조로 일련의 짧은 질문을 했다.

"자네는 현역인가 예비역인가?"

"현역입니다."

"참모 대학을 수료했나?"

"아닙니다."

"어디 출신인가?"

"에콜 폴리테크니크입니다."

"동원되기 전에는 무엇을 하고 있었나?"

"생시르 육군사관학교의 방어시설 과목 교수였습니다."

"자네는 다른 능력이 있는가? 영어를 할 줄 아나?"

"저는 법학 학위가 있고 영어에도 능숙합니다."

"전쟁 중에는 어디에서 근무했나?"

"노르웨이 원정 부대에 있었습니다."

"그렇다면 자네는 티시에Tissier(신임 참모장)를 알겠군. 자네는 그의 상급자였나?"

"아닙니다."

"아주 좋아. 자네는 나의 참모들 중 두 번째나 세 번째 부서의 부서장이 될 걸세. 좋은 하루 보내게. 조만간 자네를 다시 보겠네."

대화는 끝이 났다. 나는 경례를 한 뒤 밖으로 나왔다. 얼음장 같이 차가

운 만남이었다.[8]

비시 정부의 눈에 거슬릴 정도로 자유 프랑스가 극적으로 발전하는 동안 비시 정부도 가만히 손을 놓고 있지만은 않았다. 그달 말쯤, 드골의 임시 장군 계급은 철회되었고, 강제로 퇴역 조치되었으며, 즉결로 프랑스 시민권을 박탈당했다. 그리고 런던에 있는 프랑스 대사관을 통해서 명령 불복종에 대한 재판 준비를 위해 닷새 안으로 툴루즈Toulouse에 위치한 감옥으로 출두하라는 명령을 전달받았다. 이 재판에서는 드골에게 유죄 판결과 함께 4년 징역형을 선고하고, 벌금 100프랑을 부과했다.

7월 초에 열린 두 번째 결석재판에서는 탈영 및 외국을 위해 복무한 혐의로 드골에게 유죄 판결을 내리고 사형을 선고했다. 비록 페탱이 이 판결과 선고에 대해서 동의했지만, 몇몇 사람은 사형이 절대 실행되지 않을 것이라고 단언했다.

드골은 비시 정부의 이런 일 처리에 대해서 경멸스러운 반응을 보였다. 그러한 행동들이 아무런 가치와 법적 효력이 없다고 생각했고, 전쟁이 끝나면 자신에게 유죄 판결을 내린 사람들과 논쟁을 벌일 것이라고 말했다. 오직 드골만이 자신이 택한 길에 따른 보이지 않는 개인적인 결과들을 이해하고 있었다. 그러나 지금은 앞일을 어림짐작할 때가 아니었다. 처리할 업무가 산적해 있었다.

한편 런던에 도착한 이본은 도시 외곽의 수수한 집으로 옮기기로 했다. 드골은 가족을 만나기 위해 빅토리아 역을 경유해서 통근했다.

자유 프랑스 조직을 설립하기 위한 노력들이 일부 성과를 거두고 있었지만, 그러한 진행과정을 거의 멈추게 할 만한 사건이 발생했다. 이미 비시 정부는 포로로 붙잡은 독일 조종사들을 장차 영국과의 전투에 참전하지 못하도록 영국으로 인도하겠다는 약속을 어겼다. 독일 조종사와 승무원들은 루프트바페에서 다시 복무하고 있었다. 프랑스 함대의 배치는 의문으로 남았다. 또한 비시 정부의 군대 지휘관인 다를랑은 믿음직스럽지 못했다.

✞ 메르스엘케비르의 비극

처칠은 특히 지중해에서 영국 해군의 우위를 유지하기 위한 조치를 취하도록 결정했다. 이미 플리머스 항과 포츠머스 항에 정박하고 있는 프랑스 함대 함정들을 7월 3일 오전에 나포했다. 영국 해군과 해병대 병력이 이들 함정에 탑승하여 주도권을 잡고 프랑스 승무원들을 억류했다. 영국 병사 4명이 부상을 당했고, 프랑스 수병 1명이 사망했다. 총 130척의 프랑스 함정이 영국의 통제 아래 들어갔다.

다른 프랑스 군함들은 독일이나 비시 정부가 통제하고 있는 셰르부르Cherbourg, 툴롱, 브레스트에 있거나 또는 북아프리카 여러 항구에 흩어져 있었다. 프랑스 해군의 가장 중요한 자산들은 알제리의 메르스엘케비르Mers el-Kébir 항에 있었다. 여기에는 스트라스부르Strasbourg, 됭케르크Dunkerque, 브르타뉴Bretagne, 프로방스Provence 등의 전함과 구축함 6척, 그리고 보조함과 잠수함들이 포함되어 있었다.

프랑스 지휘관인 마르셀 장술Marcel Gensoul 제독에게 최후통첩을 하라는 처칠의 명령을 받은 제임스 서머빌James Somerville 제독은 지브롤터

(왼쪽) 영국군의 메르스엘케비르 항 공격 도중 포화를 받는 프랑스 전함.
(오른쪽) 폭발하는 브르타뉴 호.

Gibraltar 해협을 출발했다. 프랑스 함대는 셋 중 하나를 선택해야 했다. 먼저 프랑스 해군은 영국 해군 군함들과 함께 독일군에게 계속 저항할 수 있었다. 그렇지 않으면 필수 인원으로만 영국 항구로 항해한 후 영국에게 선박을 내어주고 프랑스에 송환되는 것이었다. 마지막으로 서인도제도의 마르티니크 Martinique 섬으로 항해하여 독일군의 손이 미치지 않는 곳에서 무장해제를 당하는 방법이었다.

서머빌의 'H 기동부대 Force H'는 전함 밸리언트 Valiant 와 리솔루션 Resolution, 순양전함 후드 Hood, 항공모함 아크 로열 Ark Royal 및 여러 척의 순양함과 구축함으로 구성되었다. 7월 3일, 서머빌은 그날 하루 내에 어려운 임무를 종결지으라는 처칠로부터 확고한 지시를 받고 프랑스 함대 정박지에 도착했다. 영국 구축함이 항구에 진입해서 장술에게 메시지를 전달했다. 만약 프랑스 함대가 영국군이 제시한 세 가지 선택사항 중 하나에도 응하지 않는다면 불길한 결론을 내려야만 했다.

"여섯 시간 내로 당신들의 배를 침몰시킬 것을 요청하게 되어 유감입니다. 만약 그렇게 하지 않는다면 대영제국 정부의 명령하에 우리는, 당신의 선박들이 독일이나 이탈리아의 수중에 들어가는 것을 막기 위해 무력 사용도 불사해야 합니다."

다를랑의 명령을 받은 장술은 최후통첩을 거절했다. 그리고 오후 6시가 되기 직전에 영국군은 정박한 프랑스 선박에 대해 포격을 시작했다. 겨우 스트라스부르 호와 호위 구축함만이 기관 출력을 높여 간신히 대학살에서 벗어났다. 거의 1,300명에 달하는 프랑스 해군 병사가 전사했고 350명 이상이 부상당했다. 이것은 가장 비극적인 아이러니였다. 자유의 수호자들끼리 서로 싸움을 벌였고, 이는 압제자들의 선전 기계에 먹잇감을 안겨준 꼴이 되었다.

처칠은 프랑스 선박에 포격을 가한 것은 불가피한 결정이라고 여겼다.

"이곳은 영국이다. 영국은 수많은 빈털터리들을 돌봐주었다. 그러나 그 낯선 사람들은 자신들을 향한 강력한 힘에 굴복하기 직전에는 흔들릴 수밖에 없다. 그들은 과거 가장 친한 친구들을 무자비하게 폭행하고 바다에서의 우월한 지배를 바탕으로 잠시 동안 스스로를 지켜냈다. 영국 전시 내각은 아무 것도 두려워하지 않았고, 명백하게 어떠한 것에도 멈추지 않았다."

7월 3일 저녁 드골은 메르스엘케비르의 비극적인 소식을 접하고는 분노와 비통함을 터뜨렸다. 영국의 지원을 받는 자유 프랑스 운동의 지도자로서 최악의 경우 어쩌면 그 끔찍한 사건에 관계되었을 수도 있었

> ❝ 처음에 나는 보잘것없었다. 그러나 이러한 곤경이 내가 가야 할 길을 알려주었다. 어떠한 문제도 일으키지 않고 내가 권한을 얻을 수 있는 방법은 '조국의 구원'이라는 명분을 이용하는 것이었다. ❞

다. 그는 위험한 상황 중에도 자신의 모든 노력을 기울이는 것 밖에는 할 수가 없었다. 명분 있는 징병은 힘들어졌고 더욱더 문제가 되었다. 그는 이 상황에 대해 BBC 연설을 하라는 요구를 받았다. 장기간의 침묵은 용납되지 않았다. 그는 스스로를 추스르고 할 일을 했다.

가끔은 정치적으로 가혹했던 처칠이지만 이러한 메르스엘케비르 작전 때문에 위태롭고 불안정할 드골의 처지를 이해했다. 처칠은 드골을 수상 관저에 마련한 점심식사에 초대했다. 처칠 부인도 함께 이야기를 나누었다. 대화는 불가피하게 그 불행한 상황에 대한 논의로 이어졌다. 프랑스어에 유창한 처칠 부인은 두 국가의 해군이 협력하기를 바란다는 희망을 나타냈다. 드골은 프랑스 함대가 실제로 영국군을 향해 포문을 돌림으로써 아주 큰 만족을 얻었을 것이라고 대답했다.

처칠 부인은 완벽한 프랑스어로 그러한 태도는 영국의 동맹이자 손님으로서 온당치 않다고 응답했고, 수상은 과열된 대화를 진정시키고자 개입했다. 그러나 처칠 부인은 계속해서 말했다.

"그러지 마세요, 윈스턴. 내가 이러는 건 남자는 못하지만 여자이기 때문에 할 수 있는 말이 있어서예요. 그리고 나는 그러한 것들을 드골 장군, 당신에게 말하고 있는 것이고요."

당황한 드골은 처칠 부인에게 사과했다. 평생 몇 번밖에 하지 않은 사과였다. 드골은 다음 날 그녀에게 커다란 꽃바구니를 보냈고, 그때 이후로 두 사람은 친하게 지냈다. 그리고 그녀는 가능할 때마다 남편 앞에서 드골을 옹호했다.[9]

7월 8일, 굳은 결심을 한 드골은 다시 한 번 라디오 방송을 했다. 그는 한층 더 목소리를 높여 촉구했지만 메르스엘케비르의 슬픔과 좌절을 감소시키지는 못했다. 어쨌든 그는 그런 일이 일어날 것을 알고 있었다. 그날 저녁, 그는 전체 전쟁 기간 중에서 가장 훌륭한 외교적 역량을 보여 주었다.

"비록 지금의 비극을 바라보면서 저는 통탄하고 노여움을 느끼지만, 그 이름에 어울리는 프랑스인은 영국에게 패배하는 것이 두 나라의 오랜 관계를 확인하는 것이라는 걸 모르지 않을 것입니다. 우리의 두 고대 국가, 우리의 두 위대한 국가는 의기투합해서 하나로 뭉쳐야 합니다. 우리는 함께 패배하거나 아니면 함께 승리를 달성할 것입니다."

메르스엘케비르 사건이 끔찍했던 만큼 자유 프랑스 운동과 영국 간의 연대는 강화되었다. 또한 처칠과 드골 사이의 개인적인 유대관계도 확실히 강화되었다. 비시 정부가 메르스엘케비르 사건을 선전 무기로 사용하기 시작했고, 결국 이 사건으로 인해 더욱더 영국과의 정치적 연대는 단절되었다. 게다가 드골의 권위를 합법화하고 강화시켜 주었다. 그는 모든 것을 포기하고 캐나다에서 조용한 삶을 살려고도 생각했지만 이런 생각은 잠깐뿐이었다. 드골은 자신의 앞에 놓인 숭고한 목적을 이해했고, 비겁함보다 리더십과 비전을 선택했다. 바로 그 자신 안에 위대해지는 토대가 놓여 있었다.

다카르로 향하는 정기선 웨스턴랜드 Westernland 호 선상의 드골과 스피어스

✚ 영국 정부의 협력

드골은 몇 주 사이에 자유 프랑스군 참모 장교들을 임명했고, 프랑스 내부에서 점령자에게 저항하기로 맹세한 사람들과 접촉하기 위해서 비밀 요원들을 프랑스로 보냈다. 비록 태동단계이기는 했지만 협조적인 저항 세력이 윤곽을 갖추기 시작했다. 1940년 7월 14일, 프랑스 혁명 기념일에 자유 프랑스는 그로브너 가든 Grosvenor Garden 에 모였다. 그곳에는 프랑스인보다 영국인이 더 많았다. 하지만 모두 프랑스 국가 〈라 마르세예즈 La Marseillaise〉 연주를 듣고 모여들었다. 그 순간 드골은 영국 사람들의 감탄을 얻고 있다는 자신감을 느꼈다. 그 많은 사람들 중, 드골은 나치

Chapter 6 잿더미에서 221

에 대항하여 무장 저항운동을 계속할 의지가 있는 유일한 프랑스인으로 두드러졌다. 그는 조국의 명예를 회복하기 위해 일하는 유일한 사람이었다. 그리고 프랑스가 영국의 편에 서서 끝까지 싸우리라는 엄숙한 맹세를 이해하고 있는 유일한 사람이었다.

비시 정부의 가식적인 행동과 입장 표명은 그 영향력이 미미했다. 이제 곧 적과의 협력자라고 비난 받게 될 수상 피에르 라발 Pierre Laval 은 나치와의 협력을 더 강화했다. 하지만 날이 갈수록 영국군이 항복할 기미는 보이지 않았다. 그것은 영국본토항공전 Battle of Britain 으로 인해 완전히 사라졌다. 게다가 프랑스 식민 제국 Empire colonial français 에서는 저항의지가 다시 살아났다. 본토에서 멀리 떨어진 뉴헤브리디스 New Hebrides 제도는 6월 말 자유 프랑스에 가세한다고 선언했다. 차드 Chad 의 총독 펠릭스 에부에 Félix Éboué 역시 적극적인 지원을 맹세했다. 프랑스령 콩고 Congo français 에서도 소요가 있었다. 이 식민지들을 안정시키기 위해서 특사가 파견되었다.

8월이 되자 자유 프랑스와 영국 정부는 지속적인 협력을 합의했다. 이는 영국 재무부가 자유 프랑스 운동에 4,000만 달러에 달하는 자금을 지원하는 것을 포함하고 있었다.

또한 드골은 프랑스의 재건과 활발하게 모집하고 있는 자유 프랑스군에 대한 통제, 그리고 영국 장교의 지휘하에서 싸우고 있는 프랑스 군인들이 다른 프랑스인들과 싸우지 않도록 해줄 것을 영국으로부터 보장 받기를 원했다. 처칠은 이 조건들을 완전히 보장할 수는 없었다. 어쨌든 전쟁 결과는 확실하지 않았다. 영국의 식민 제국도 위험에 빠진 상태이기에 프랑스 식민지에 대한 보장은 꽤나 부담스러운 일이었다. 프랑스인이 다른

차드 총독 펠릭스 에부에게 환영을 받는 샤를 드골. 최초의 흑인 식민지 총독인 에부에는 또한 자유 프랑스 측을 지지한 첫 번째 아프리카 지도자였다. (사진 출처 : 미 의회도서관)

프랑스인과 싸우는 것에 대한 문제는 전장에서 자유 프랑스의 병사들이 비시 정부의 병사들과 대치할 때 스스로 해결해야 하는 문제였다.

드골이 자신의 요구를 완전히 성취하지 못했지만, 망명중인 프랑스인의 지도자로서 그 위치를 공고히 다지는데 성공했다. 영국인들은 드골만

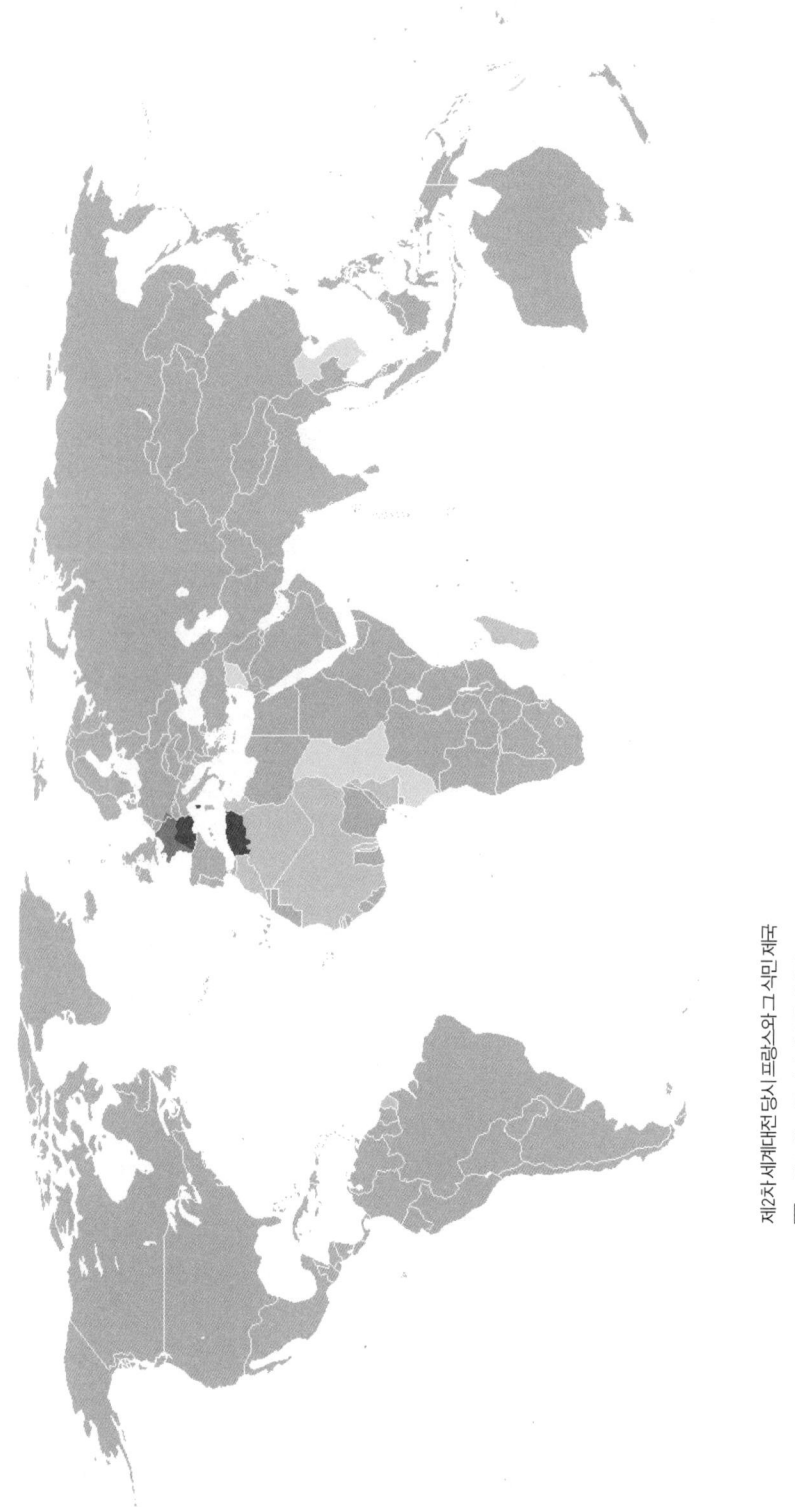

상대하려고 했다. 그는 프랑스 저항운동의 미래를 그려 가고 있었다.

영국 상공에서 계속되는 영웅적인 방어와 함께 처칠은 공격태세로 돌입했다. 어떻게든 독일을 공격한다는 것은 매력적이었다. 또한 자유 프랑스군을 공격에 포함시키는 것은 전 세계적으로 자유 프랑스 운동의 위신을 살릴 수 있었다. 아프리카 대륙의 서쪽 끝에 있는 항구도시 다카르Dakar는 1857년 이후부터 프랑스 소유였다. 비록 단호한 비시 정부 지지자 피에르 부아송Pierre Boisson이 이곳을 확고히 통제하고 있었지만, 영국군과 자유 프랑스군의 합동 군사작전으로 피 한 방울 흘리지 않고 항구를 성공적으로 점령하길 바랐다. 그러면 프랑스령 서아프리카 전역을 연합군 측으로 끌어들일 수 있다고 보았다. 드골은 시작부터 이 작전에 대해 불안감을 가지고 있었다. 그는 다카르의 방어가 강력하리라는 것을 알았다. 그러나 만약 영국이 하려는 대로 하지 않는다면, 미래에 다카르가 대서양에서 활동하는 독일 유보트U-boat의 피난처가 되는 것을 그들 스스로 막아야 한다는 것을 알기에, 앞으로 나아가기로 결정했다.

9월 말 해군 기동부대가 다카르에 도착했다. 드골은 기동부대 함정 중 한 척에 탑승했고, 자유 프랑스군 2,500명과 영국 해병대 2개 대대가 상륙 준비를 하고 있었다. 그러나 부아송은 단호했다. 평화로운 협력 요구는 결국 거절당했다. 다카르에 있는 자유 프랑스 동조자들은 이미 체포되어 투옥된 상태였다. 휴전 깃발 아래에서 해안으로 접근한 드골은 자신에 대한 체포 명령이 떨어졌다는 사실을 알게 되었다. 논쟁이 뒤따랐지만 어떠한 진전도 없었다. 자유 프랑스 대표단이 항구에서 물러나자 기관총 사격이 개시되었고, 적어도 한 사람이 부상당했다.

안개가 영국 군함의 작전을 방해했다. 영국 해군은 항구에 정박해 있던 프랑스 전함 리슐리외Richelieu 호와 포격을 주고받았다. 호위하던 자유 프랑스군 군함이 해안포의 포격을 맞자 상륙 시도는 무산되었다. 비시 잠수함이 항구를 빠져나와 영국 전함 리솔루션 호에 어뢰를 가격한 것이 상황을 악화시켰다. 할 수 없이 침공군은 영국 식민지인 시에라리온Sierra Leone의 프리타운Freetown으로 퇴각해야 했다. 모든 모험은 실패로 끝났고, 처칠은 크게 당혹했다. 하지만 대부분의 비난은 부당하게도 드골에게로 향했다.

전후에 알려진 독일 해군 기록에 의하면 비시 정부나 독일 당국은 다카르 작전을 사전에 알지 못했다. 하지만 당시에는 자유 프랑스 내부의 보안에 결함이 생겼다는 소문이 만연했다. 이후 드골과 동료들을 신뢰할 수 없다거나, 심지어 앞으로 있을 군사작전에 협력할 수 없을 것이라는 의견이 뒤따랐다. 이는 자유 프랑스 운동에 있어서 최악이었다.

처칠은 능력이 닿는 한 최선을 다해 드골을 옹호했고, 하원 의원들에게는 다카르에서 실수가 있었다고 말했다. 드골은 실패에 낙담하여 자살까지 고려했다. 그럼에도 불구하고 프랑스령 적도 아프리카Afrique-Équatoriale française*의 국가들은 연합군 측에 합류하는 데에 더욱 열정적이었다. 그 후 몇 주 동안 드골은 그 지역의 프랑스 식민지를 둘러보았다. 영국과 비시 정부가 서로 외교 채널을 통해 접촉하고 있었기에, 드골의 행동은 영국 정부의 이해 범위를 넘어서는 대담한 시도였다. 이는 또한 영국 외교부를 당황하게 만들었다. 영국 외교부는 비시가 완전히

---

* 적도 부근 아프리카의 프랑스령 식민지들이 이루었던 연방. 지금의 콩고, 가봉, 중앙아프리카 공화국, 차드를 이른다.

편을 바꾸어 추축국의 하수인으로 참전하는 것을 막을 수 있을 거라는 희망을 가지고 있었다.

✚ 프랑스 식민지의 향방

드골은 프랑스 식민지에서 자유 프랑스 운동의 지지를 규합하고자 계속 노력했다. 하지만 안 그래도 미약했던 영국 정부와 드골의 관계는 더욱 위태로워졌다. 그는 통제를 받긴 했지만 어느 정도 자유로운 권한을 주장했다. 드골은 힘의 공백을 결단력과 신속함, 그리고 독립적인 행동으로 채웠다.

1940년 10월 27일, 드골은 프랑스령 콩고의 브라자빌Brazzaville 에서 '제국 수호 평의회Conseil de défense de l'Empire'의 창립을 선언했다. 이는 프랑스 식민지들 위에 군림하는 정부를 수립하는 것과 마찬가지였다.

"만약 문제가 생기다면 수호 평의회와 상의를 거친 후 자유 프랑스의 지도자가 결정을 내릴 것이다."

며칠 뒤, 페탱의 정부는 두 번째 공식성명에서 이런 행동이 불법이라고 주장했다. 드골의 이 선언은 영국 정부와 아무런 상의 없이 벌인 일이었다. 또한 그는 서반구에 있는 프랑스 식민지들을 관리하는 문제를 논의하기 위해 벨기에령 콩고Belgian Congo 의 레오폴드빌Léopoldville 에 있는 미국 영사관과 접촉하는 복잡한 문제에 대해서도 영국과 상의하지 않았다.

더 많은 프랑스 식민지와 프랑스군의 유명한 장교들이 자유 프랑스 진영으로 몰려들고 있는 것은 사실이었다. 반면에 드골이 단순히 영국의 지원을 받는 국가 위원회의 수장 노릇에 빠르게 지쳐가고 있는 것 또한 명백했다. 그가 원했던 것은 완전한 외교권을 가지고 다른 국가들의 인정을 받는 정부였다. 미국은 1940년 가을까지 전쟁에 참여하지 않았고, 드골이나 자유 프랑스에 대한 관심도 전혀 없는 것처럼 보였다. 미국의 판단으로는 비시 정부가 프랑스의 정부였다. 다카르 사건은 미국인들의 의견을 바꾸지 못했다. 그리고 지금은 뻔뻔하고도 건방진 드골이 국가수반으로서 의사소통을 하려고 했다. 미국 정부는 어떠한 공식적인 대답도 하지 않았다.

11월 12일 런던으로 돌아온 드골은 처칠로부터 다소 퉁명스러운 잔소리를 들어야 했다.

"나는 당신과 상의하는 것이 가장 염려가 됩니다. 프랑스와 영국 사이의 상황은 당신이 떠난 이후로 변했습니다. … 우리는 아프리카의 베강에게 희망을 가지고 있고, 그가 합류할 때 가져올 이점에 대해서 그 어떤 누구도 과소평가하지 않고 있습니다. 우리는 사건들의 위험을 최소화하고 프랑스에 있는 호의적인 군사들이 일으킬 수 있는 타협을 비시 정부와 하기 위해 노력도 하고 있습니다. … 당신은 자신이 이곳에 있는 것이 얼마나 중요한지 알아야 합니다."[10]

9월의 다카르 대참사 이후 샤를 드골은 당연히 지금 존재하고 있는 위험에 대해서 예리하게 파악하고 있었다. 자유 프랑스는 영국을 필요로 했다. 비시 정부의 접근, 또는 페탱이 프랑스령 북아프리카 식민지로 파견한 베강 같은 지명도 높은 인물의 등장은 드골의 실패를 초래할 수 있었다.

게다가 브라자빌에서의 드골의 행동은 이해할 수 없었다. 태평양, 인도 반도, 적도 아프리카 식민지의 충성 서약으로 자유 프랑스 운동이 성장했고, 이로 인해 중요한 협상 테이블에서 드골을 배제하는 것은 더욱 어려워졌다. 드골 또한 영국이 자신을 필요로 한다는 것을 알고 있었지만, 전쟁이 지속되는 동안 그는 처칠 정부와 미국을 경계하는 태도를 유지했다.

1950년대 중반 드골은 자신의 회고록에 다음과 같이 썼다.

> 처음에 … 나는 아무것도 아니었다. 내 뒤에는 단체나 조직 같은 것조차 없었다. … 그러나 나의 곤궁함은 내가 가야 할 길을 보여주었다. … 오직 내가 민족과 국가를 위해 싸우는 투사일 때에 프랑스인의 지지를 얻을 수 있고, 외국으로부터 존경을 받을 수 있었다. 나의 비타협적인 태도를 계속해서 비판하고 있던 비평가들은 내가 무수히 많은 마찰의 압력을 통제하고 총체적인 붕괴를 최소화하는 것을 보는 것조차 거부했다. 확실히 나는 혼자였고 아무런 힘도 없었기 때문에 정상에 올라야만 했고, 그 뒤로는 절대로 내려와서는 안 되었다.[11]

드골은 계속해서 자신이 영국의 꼭두각시가 아니라는 것을 증명하려고 했다. 그는 중동에서의 군사적·외교적 문제로 영국과 충돌했다. 또한 자신의 행동에 반대하는 의견과 프랑스 국가 위원회의 멤버들 중에서 경쟁자를 제압했다. 그리고 영국 정부에 있는 가장 친한 친구의 분노마저 움직이도록 애를 썼다. 그는 연락장교 스피어스 장군이 갑자기 교체되자 비난을 쏟아냈다.

"나는 내가 영국과 친하게 지내려고 했다는 게 믿기지 않습니다. 당신도 마찬가지입니다. 오직 자신의 이해와 업무에만 몰두하고 있고, 다른 사람의 요구에는 너무나도 무신경합니다. 당신은 내가 영국이 전쟁에서 이기는 것에 관심이 있다고 생각합니까? 나는 그렇지 않습니다! 나는 오직 프랑스의 승리에만 관심이 있을 뿐입니다."¹²

✞ 분열의 조짐

1941년부터 자유 프랑스와 영국 및 미국 정부 사이에는 경계심과 의심이 생겨났다. 이렇게 불편한 관계는 미국이 그해 12월 전쟁에 참여할 무렵 최고조에 달했다.

1941년 여름 동안, 영국군과 자유 프랑스군은 독일의 점령 가능성에 맞서 시리아와 레바논을 비시 정권으로부터 손에 넣기 위해 함께 싸웠다. 그동안 레반트에서는 영국과 자유 프랑스 사이의 미묘한 관계를 충분히 이해하지 못한 영국군 지휘관이 비시군과 협정을 체결했다. 자유 프랑스의 이해는 사실상 묵살했다. 시리아 독립에 대한 합의를 이루면서 위기는 피하게 되었지만, 드골은 또 다시 완강한 태도를 보였다. 그의 이런 비타협적 정책은 대가를 지불하게 되었다.

처칠과 드골 사이에는 다른 분열의 조짐도 있었다. 그것은 자유 프랑스의 지도자가 《시카고 데일리 뉴스Chicago Daily News》의 리포터 조지 웰러George Weller와 한 인터뷰와 적지 않은 관련이 있었다. 발행된 기사에서 드골은 영국을 비판했다.

"영국은 프랑스 함대를 두려워하고 있다."

웰러는 드골의 말을 인용했다.

사실 영국은 히틀러와 전시 협상에서 비시가 중개자 역할을 계속하도록 하고 있다. 비시는 히틀러가 프랑스 국민들을 정복하도록 도와주었고, 프랑스 제국을 독일에게 조금씩 팔아넘기고 있다. 그러나 또한 비시가 히틀러의 손에 프랑스 함대가 들어가는 것을 막음으로써 사실상 영국을 도왔다는 것을 잊어서는 안 된다. 영국은 비시를 독일이 이용하는 것과 같은 방법으로 이용하고 있다. 오직 목적이 다를 뿐이다. 사실 일어나고 있는 것은 적대적 세력 사이의 이익 교환이다. 비시 정부는 영국과 독일이 그 존재를 용납하는 한 계속 살아남을 것이다.[13]

자유 프랑스군의 점령 후인 1941년 6월 14일, 조르주 카트루 장군이 시리아의 독립을 선언했다.

처칠은 노발대발했고, 화가 많이 누그러질 때까지 드골을 만나지 않았다. 뒤이은 회담 중에 처칠은 드골에게 반영주의자로 보이지 않도록 주의해야 한다고 경고했다. 그것이 두 나라 관계의 본질이었다.

진주만Pearl Harbor 공격이 있고 3주 뒤, 드골은 뉴펀들랜드Newfoundland 앞바다에 있는 생피에르에미클롱Saint-Pierre-et-Miquelon 군도를 놓고 또 다시 미국 정부와 언쟁을 벌였다. 그들은 정보를 송신하는 기후 장비를 독일군이 유용할 가능성을 우려했다. 그 군도는 원래 프랑스 영토였지만 미국은 자유 프랑스군이 노바스코샤Nova Scotia 핼리팩스Halifax에서 출발하여 섬을 점령하는 것을 반대했다. 대신 미국은 캐나다군이 작전을 수행하는 데 동의했다. 드골은 그 사실을 알게 되자 곧바로 소규모 부대를 캐나다군보다 먼저 그곳으로 보냈다. 처칠은 적대적인 미국의 반응을 진정시키고, 어느 쪽도 체면을 잃지 않고 받아들이도록 절충해 나갔다. 하지만 드골은 여전히 미국과 잘 지내려는 노력을 하지 않았다.

미국은 영국 정부와의 초기 접촉에서 북아프리카에 있는 베강을 지속적으로 지원하는 것이 비시를 전쟁에서 몰아내는 최선이라고 보았다. 미국 정부는 어떤 특정한 사안에 대해서 드골에게 구체적으로 승인을 내리기를 꺼려했다. 1941년 가을, 자유 프랑스의 대표로 르네 플레벤René Pleven이 워싱턴을 방문했다. 그는 루스벨트 대통령 또는 국무장관 코델 헐Cordell Hull과의 면담을 요청했으나 아무도 만나주지 않았다. 국무차관 섬너 웰스Sumner Welles의 응대는 매우 차갑기만 했다.

미국의 참전 이후, 루스벨트 정부는 드골에 대해서 좀 더 실용적인 입장을 취했다. 그리고 1942년 7월 9일에 자유 프랑스 운동의 공헌을 인정하는 성명을 발표했고, 군사적이고 인도적인 지원을 약속했다. 미국은 프랑스인이 전쟁 후에 자유롭게 자신들의 통치자를 선출해야 한다는 입장을 고수했다. 이제 드골이 전쟁 뒤 정부에서 역할을 맡을지 그렇지 않을지는 프랑스 국민의 투표로 결정하게 되었다.

전쟁이 계속되면서 자유 프랑스군은 비르 하케임 Bir Hacheim 과 다른 사막 지역에서 뛰어난 공훈을 세웠고, 무산되기는 했지만 프랑스 항구도시 디에프 Dieppe 를 기습하는 코만도 Commando 의 작전에도 참가했다. 또한 프랑스의 비시 통제지역 내부에서 은밀한 레지스탕스 작전을 지원했다. 이 지역은 1942년 11월 11일 독일군이 점령한 곳이었다. 그로부터 사흘 전인 11월 8일에 연합군이 북아프리카 해안에 상륙했다.

토치 작전 Operation Torch 이라고 명명된 이 상륙작전은 나치 독일에 대한 전쟁 중 미군 부대가 지상전에서 최초로 공세를 취한 작전이었다. 미군과 영국군은 북아프리카 해안의 주요 도시인 카사블랑카, 오랑 Oran, 알제 Alger 에 상륙했다. 연합군은 이 지역을 장악하고 있는 비시 프랑스군이 빠르게 항복하고 잠재적으로 연합군의 대의 아래 규합할 것을 기대했다. 장기적인 목표로 영국의 제8군과 서쪽에 있는 미군 중간에서 에르빈 롬멜 Erwin Rommel 의 독일군 부대를 격파하고자 했다. 버나드 로 몽고메리 Bernard Law Montgomery 장군이 지휘하는 영국 제8군은 엘 알라메인 El Alamein 에서 승리를 거둔 후 이집트 전선에서 서쪽으로 진격하고 있었다.

처음에 미국은 유럽 대륙을 먼저 공격하자고 주장했지만 결국 영국군 기획자들의 주장을 받아들였다. 1942년 7월에 연합 공격의 최적 장소인 프랑스령 북아프리카를 공격하기로 결정했다. 한편 미국의 참전으로 연합군의 중심이 런던에서 워싱턴으로 이동했음을 처칠도 인정했다는 것

Chapter 6 잿더미에서   233

앙리 지로

1879~1949. 제2차 세계대전 때 프랑스 해방 위원회의 지도자 가운데 한 사람이었다. 1900년 생시르 육군사관학교를 졸업한 지로는 모로코에서 첫 근무를 했고, 제1차 세계대전 때 독일군에게 붙잡혔다. 1922년 북아프리카로 돌아와서 리프 전투에 참전했다. 제2차 세계대전 초기 1940년 5월 다시 포로가 되었다. 1942년 4월 탈출에 성공한 그는 연합군과 협의를 거쳐 같은 해 11월 영국과 미국이 상륙한 뒤를 좇아 북아프리카로 파견되었다. 이곳에서 프랑스군의 사령관이 되었다. 샤를 드골과 함께 1943년 6월부터 10월까지 프랑스 해방 위원회의 공동의장으로 있다가 드골과의 의견 차이로 1944년 4월에 은퇴했다. 전쟁이 끝난 뒤 제헌의원으로 뽑혔고, 최고 군사 평의회 부의장으로 일했다.

1940~1941년 독일군에 붙잡혀 포로로 지내던 시절의 앙리 지로.

에는 의심의 여지가 없었다. 루스벨트 행정부는 드골에 대한 계속되는 불신으로 자유 프랑스(7월에 '싸우는 프랑스Forces Françaises Combattantes: FFC'로 다시 명명했다)를 하찮게 만들려는 노력에 많은 공을 들였다.

히틀러는 1941년 6월 22일 소련을 침공했다. 드골은 소련 관료들과의 논의에서 제2유럽전선을 가능한 빨리 구축하도록 촉구하겠다고 약속했다. 그러나 루스벨트와 처칠은 북아프리카로 결정을 내렸다. 이렇게 되자 소련 역시 자유 프랑스와 상의할 필요가 없다고 결정하고 더 이상 자유 프랑스의 도움을 구하지 않았다. 여기서 가장 큰 문제는 드골이 토치 작전에 대해서 아무것도 알지 못했다는 점이다.

1942년 여름이 되자 처칠과 드골의 관계는 또 다른 최악을 맞이했다. 영국군은 2개월 전에 동아프리카 해안에 인접한 마다가스카르Madagascar 섬에 상륙했다. 드골은 1941년 12월에 이미 그 섬을 점령하려는 합동작전을 제안한 적이 있음에도 불구하고, 실제로 이 작전에 대해서는 아무것도 알지 못했다. 아마도 10월 영국 수상 관저에서의 만남이 가장 적대적이었을 것이다. 둘 다 그러한 쓰라린 결론에 대해서 속상해했지만, 처칠은 납득할 만한 또 다른 프랑스 지도자가 나타난다면 그 호의를 위해서 드골을 저버리겠다고 위협했다.

동시에 루스벨트 행정부는 처칠의 암묵적인 동의를 얻어, 드골을 대체하여 자유 프랑스의 지도자가 될 유망한 프랑스인을 물색하기 시작했다. 이에 앞서 베강에 대한 접근은 베강이 페탱과의 마지막 연합에 대해 언급하면서 어긋났고, 토치 상륙작전 이후 독일인들이 베강을 프랑스로 소환할 것을 요구하면서 사라져버렸다.

미국은 다음 인물로 앙리 지로Henri Giraud 장군을 선택했다. 드골은 1938년 메스에 있을 때 지로의 휘하에서 근무한 적이 있었다. 독일군 수용소에서 탈출한 지로는 비시 정부에 가담하여 열성적인 말투로 페탱을 돕겠다고 선언했다. 지로에게 연합군 요원이 접촉했고, 열띤 협상이 뒤따랐다. 마침내 지로는 자신이 북아프리카에 상륙한 모든 연합군의 지휘권을 가져야 한다는 요구를 철회했다. 그는 오직 프랑스 군대만을 통솔할 것과 토치 상륙작전에 따른 비시의 저항을 무마하기 위해서 노력할 것에 동의했다. 대가로 그는 북아프리카 총독이라는 지위를 얻었다.

지로를 다루는 것은 모든 면에서 드골을 다루는 것만큼이나 어렵다는 것이 드러났다. 문제를 복잡하게 만든 것은 비시 프랑스군 총사령관인 다를랑 제독이 토치 상륙작전 당일 알제에 있었다는 것이다. 다를랑은 소아마비로 고통 받고 있는 아들을 방문한 참이었다. 다를랑의 존재는 지로가 비시군에게 행사하려고 한 모든 시도를 능가하는 최고의 카드였다.

반면 드골은 8월쯤 이미 북아프리카에서 무언가가 진행되고 있다는 것을 알고 있었다. 아마도 소련 측에서 그에게 알려주었을 것이다. 소련은 공식적으로 프랑스 국가 위원회를 자유 프랑스의 '행정부'로 인정했고, 전쟁에서 프랑스인의 참전을 조직할 수 있는 권위 또한 인정했다.

11월 8일 아침, 드골은 런던에서 토치 상륙작전 소식을 들으며 일어났다. "나는 비시 사람들이 그들을 바다로 내던지길 바란다! 당신네들은 프랑스로 쳐들어 갈 수도, 그곳에서 도망칠 수도 없을 것이다!"라고 고함쳤다.[14]

처칠은 자유 프랑스의 지도자에게 무슨 일이 일어나고 있는지 간략하게 설명하려고 했다. 다행히도 드골은 체커스^{Chequers}(영국 수상의 공식 별장)에서 점심 약속 즈음에 어느 정도 안정된 상태였다. 그는 처칠의 설명을 회고했다.

"우리는 그것을 수용하도록 강요받았습니다. 우리가 당신과의 약속을 저버리지 않았다는 것을 확신해도 좋습니다. 전선이 점점 더 확대되었기 때문에 우리 영국은 작전에 참가해야 합니다. 한 가지는 말할 수 있습니다. 이것은 당신을 돕기 위한 것입니다. 당신은 전쟁의 최악의 순간 우리와 함께했습니다. 모든 상황이 해결된다고 해도 우리는 당신을 버리지 않을 것입니다."[15]

드골은 국가 위원회 회의에서 처칠이 자신에게 지로는 단지 군사적인 역할만 할 뿐이라고 확언했음을 설명했다. 그러나 정치적으로 예리한 드골이 처칠의 말을 단순하게 모두 받아들였을 리는 없다. 미국인들이 이 쇼를 주도하고 있었고, 그들이 선택한 사람은 지로였다. 앞으로 자신에게는 큰 지위를 주지 않으리라는 것을 드골도 알고 있었다.

✚ 지로와 드골

1942년 11월 8일 저녁, 드골은 다시 BBC의 마이크를 잡았다. 드골은 분노했던 아침과는 달리 완전히 어조가 바뀌었다. 이번 북아프리카 공격과 함께 프랑스의 자유가 시작되었다는 것은 분명했다. 그의 연설은 자유 프랑스와 프랑스 국민 모두에게 확고하게 버틸 수 있는 지도자가 필요하다는 사실과 미래에도 여전히 자신이 중요한 역할을 할 것이라는 확신을 반영하고 있었다.

"프랑스의 연합군은 프랑스령 북아프리카를 해방 전쟁으로 이끌고 있습니다."

연합군은 대규모 군대를 그곳에 배치하기 시작했습니다. 우리가 알제리,

모로코, 튀니지 중 어느 곳을 프랑스 자유를 위한 시작점으로 잡아야 하는지가 문제입니다. 우리의 동맹 미국이 이러한 여정의 선두에 서 있습니다.

시기는 아주 좋습니다. 프랑스군을 지원하는 우리의 동맹 영국군은 독일과 이탈리아를 이집트에서 몰아내고 지금 키레나이카Cyrenaica로 진격하고 있습니다. 소련군은 적군의 강력한 공세를 확실하게 박살냈습니다. 프랑스 레지스탕스들은 전체적으로 봉기할 순간만을 기다리고 있습니다. 그러므로 프랑스의 지도자들, 육해공군 병사들, 관리들, 식민지 주민들이여 지금 일어나십시오! 우리 동맹을 도우십시오!

왔습니다! 위대한 순간이 도래했습니다. 판단과 용기가 필요한 순간이 왔습니다. 적군은 모든 곳에서 비틀거리고 지쳐 가고 있습니다. 지중해 끝에서부터 반대쪽 끝까지 북아프리카의 프랑스인이여, 전장으로 돌아오십시오. 그리하면 전쟁에서 승리할 것이고, 프랑스 덕분에 전쟁에서 승리하게 될 것입니다.[16]

연합군의 북아프리카 상륙은 여러 단계의 저항에 부딪혔다. 거의 사흘에 걸친 전투 끝에 비시 프랑스의 다를랑 제독과 휴전협정을 체결했다. 그러나 연합군 총사령관 드와이트 D. 아이젠하워Dwight D. Eisenhower 장군의 참모장 마크 클라크Mark Clark 장군이 중개한 이 협상은 주변에서 큰 분노를 불러일으켰다. 협상 결과 다를랑이 북부와 서부 아프리카의 고등판무관이 되고, 그의 휘하에서 지로가 군 지휘관을 맡게 되었기 때문이다.

아이젠하워는 어떠한 일이 일어나고 있는지 알고 있었다. 그는 휘하의 고위 지휘관들에게 이어 닥칠 정치적 여파는 자신이 책임지겠다고 말했다. 다를랑은 신뢰를 받지 못했고, 비시군에게 연합군에 대한 발포 명령을 내렸다. 이 과정에서 드골이 다시 한 번 정치적으로 배제되었다는 것은 말할 것도 없었다. 다를랑을 선택한 것은 대실패였고, 이는 연합군 정부에 먹구름을 드리웠다. 날카로운 비판이 사방에서 터져 나왔다. 한편 그 의도는 명확하지 않지만 페르낭 보니에 드 라 샤펠Fernand Bonnier de La Chapelle이라는 젊은 암살자가 12월 24일, 다를랑이 집무실로 들어올 때 두 번의 총격으로 그를 사살했다. 커다란 골칫거리가 사라졌다.

다를랑의 시신이 식기도 전에 지로가 북아프리카의 군정장관으로 임명되었다. 드골은 즉시 앞날을 논의하기 위해서 지로와의 회담을 추진했다. 그러나 지로가 지체하는 동안, 처칠과 루스벨트는 카사블랑카에서 만나기로 결정했다. 두 프랑스인도 초청했다. 드골이 이를 거절하자 처칠은 만약 이 제안을 거절한다면 프랑스 국가 위원회에 대한 재정 지원을 중단하겠다고 협박했다. 드골이 카사블랑카에 도착하기 닷새 전에 지로는 이미 그곳에 도착해서 기다리고 있었다. 루스벨트는 자신이 신랑인 지로를 소개할 준비를 끝냈는데도 처칠은 신부인 드골을 구슬려서 식장으로 데려오는데 어려움을 겪고 있다며 핀잔을 주었다. 회의가 끝났을 때, 그곳에는 급히 치러야 할 결혼식은 없었다.

드골은 1월 22일 도착했다. 지로, 드골, 알퐁스 조르주 장군을 공동의장으로 하는 위원회 설립이 제안되었다. 조르주 장군은 북아프리카의 유명한 장군으로 비시와 연합하는 맹세를 거부했다. 이 위원회는 다카르와 토치 상륙작전 동안 저항했던 노그와 부아송을 포함하여 드골의 오래된 비시 적들까지 포함시키는 것이었다. 드골은 제안을 거절했다. 그 제안이 실질적으로 영국과 미국의 꼭두각시인 지로에게 자유 프랑스

카사블랑카에서 만난 드골과 지로가 악수하는 모습. 실상 억지에 불과했다.

를 넘기는 것을 의미했기 때문이다.

무엇이라도 끌어내야 했던 루스벨트는 드골에게 최소한 지로와 악수하는 사진 정도는 찍을 수 있지 않느냐고 물었다. 사진사가 셔터를 누르자 '찰각'하는 소리와 함께 제2차 세계대전에서 유명한 사진 중 하나가 찍혔다. 사진에는 경멸에 찬 드골의 표정이 적나라하게 드러났다. 그 뒤 두 프랑스인은 연락장교를 교환하는데 동의했다.

카사블랑카 회담으로 드골은 더욱 굳게 마음을 다졌다. 그는 루스벨트와 처칠의 압력에 굴복하는 것을 거부하고, 대신 북아프리카에서 발판을 마련하게 되었다. 드골은 지로에 관해서는 신중했다. 몇 달이 지나

> **나는 드골이 지긋지긋합니다. … 우리가 그와의 관계를 끝내야 할 시간이 다가왔습니다. 이는 더 이상 용인할 수 없는 상황입니다. 우리에게는 우리가 전적으로 신뢰할 수 있는 사람이 필요합니다.**

는 동안 지로의 정치적 지식은 드골의 적수가 되지 못함이 드러났다.

3월이 되자 북아프리카 주민과 프랑스 국가 위원회 내부에서 지로에 대한 지지가 크게 약화되었다. 지로는 드골에게 전보를 보내 프랑스 지도력의 통합을 논의하기 위한 회담을 요구했다. 드골은 카사블랑카에서의 공동의장 제안은 다를랑 만큼이나 끔찍한 것이라고 충고했다. 1943년 초 샤를 드골은 상승세를 보이고 있었다. 프랑스 내 레지스탕스 운동은 장 물랭 Jean Moulin 의 리더십 아래에서 점진적으로 증가했다. 그리고 드골과 물랭은 2월 런던에서 자유 프랑스를 지원하기로 맹세했던 레지스탕스 국가 위원회를 회합하려는 행동 계획에 대해서 상의했다.

5월이 되자 독일군과 이탈리아군이 북아프리카 대륙에서 쫓겨났다는 희망적인 소식이 들려왔다. 무장한 프랑스 군인의 수는 45만여 명에 달했다. 북아프리카의 자유 프랑스 부대들은 활발하게 전투에 참여했고, 승리에 대한 공헌으로 존경을 받고 있었다. 그 결과 자유 프랑스 지도자 드골은 자기 방식대로 북아프리카에서 입지를 다질 수 있었다. 그것은 다른 방식으로 공식적으로 높은 지위를 얻은 사람들에게는 주어질 수 없는 것이었다.

✝ 처칠과 루스벨트의 골칫거리

처칠은 여전히 워싱턴으로부터 드골을 버리라는 압박을 받고 있었다. 수상은 카사블랑카에서 비타협적인 태도를 보였던 드골로 인한 쓰라린 경험을 여전히 잊지 않고 있었다. 그의 분노는 드골을 런던에 붙잡아 놓았으며, 드골이 BBC로 접근하는 것을 제한했다. 심지어 전시 내각에 드골이 수장으로 있는 한 프랑스 국가 위원회와의 관계 단절이라는 제재를 가하도록 요청했을 정도였다. 그 요청은 기각되었다. 하지만 당시 그 상황을 가까이에서 지켜보던 사람들은 지로에게 유리한 시간들이 끝나가고 있다고 생각했다.

루스벨트 역시 완고한 드골을 골치 아파했다. 5월 중순에 루스벨트는 처칠에게 전보를 보냈다.

"나는 드골이 지긋지긋합니다. 지난 며칠간 그 위원회에서 벌인 비밀스럽고 개인적인 정치 책략은 그와 함께 일할 가능성이 없다는 것을 증명합니다. 나는 그가 우리의 전쟁 수행 노력에 해를 입혔고, 현재도 입히고 있으며, 우리에게 중대한 위협이라는 것을 절대적으로 확신합니다. 우리가 그와의 관계를 끝내야 할 시간이 다가왔습니다. 이는 더 이상 용인할 수 없는 상황입니다. 우리에게는 우리가 전적으로 신뢰할 수 있는 사람이 필요합니다."[17]

루스벨트는 드골이 계속 권위를 주장할 수 있다는 것에 경악했다. 그의 조국은 정복당했다. 그는 다른 사람들의 호의에 의존했다. 프랑스는 그들의 운명을 통제할 능력을 상실했다. 비시 정부는 프랑스에 대한 루스벨트의 생각을 대변했다. 프랑스는 적에게 굴복했으며, 연합군의 힘으로 구조해야 하는 국가라는 것을 의미했다.

　루스벨트는 드골이 자신을 잔 다르크와 클레망소의 환생이라고 비유하는 무례하고 건방진 놈이라고 보았다. 루스벨트의 프랑스 및 프랑스 역사에 대한 피상적인 견해로, 자유 프랑스와 배신자 비시 정부 사이에서 철학적 깊이의 차이를 이해하는 것은 무리였다. 드골에게 있어서 각각의 경미한 모욕들은 개인적인 것일 뿐만 아니라 프랑스 전체에 대한 모욕이기도 했다. 그래서 사과를 하지 않았고 무언가를 위해서 무릎을 꿇거나 구걸하지도 않았다.

　루스벨트는 드골이 생피에르에미클롱 점령을 통해 자신에게 큰 모욕을 주었다고 믿고 있었다. 종종 공개적으로 드골의 동기에 대해서 의문을 표했다. 또한 자유 프랑스의 지도자 드골은 독재자가 되고 싶어 하는 사람, 심지어 파시스트 동조자라고 평가하기도 했다. 루스벨트는 드골을 신뢰하지 않았다. 그러한 감정은 드골도 마찬가지였다. 루스벨트는 드골을 압박하는 최고의 방법은 드골의 후원자인 영국을 통하는 것이라고 믿었다. 그리하여 처칠은 때때로 자신이 완고한 드골과 고집스런 루스벨트 사이에 끼어 버렸다고 생각했다.

　그들 사이에서 이러한 최근의 논쟁에도 불구하고, 드골은 처칠에게 1943년 5월 27일 편지를 썼다.

　"프랑스를 위한 어려운 임무를 수행하기 위해 런던에서 알제리로 떠나면서 저는 자유 프랑스가 영국과 함께 이룩한 거의 3년 동안의 기나긴 과정을 회상해 보았습니다. 저는 우리 두 국가가 다른 연합국과 함께 이룩한 승리에 대해서 그 어느 때보다 자신감을 가지고 있습니다. 그리고 개인적으로 당신이 가장 음울했던 날의 영웅이었던 것처럼 다가올 영광의 날의

제2차 세계대전 중 필리프 드골.

주인공이 될 것이라고 그 어느 때 보다 확신하고 있습니다."18

드골은 영국 외무부 장관 앤서니 이든Anthony Eden을 방문했다. 장관은 웃으며 말했다. "당신이 우리의 다른 유럽 동맹국을 모두 다 합친 것보다도 더 많은 어려움을 안긴 것을 알고 있습니까?" 드골도 웃으며 대답했다. "저도 압니다. 프랑스는 위대하니까요."19

드골은 세력을 공고히 하고, 허를 찔린 지로가 자신의 노선을 따르게 하기 위해서 자유 프랑스 본부를 알제리로 옮겼다. 일주일이 채 안되어서 드골과 지로는 자신들을 공동의장으로 하고, 그 외 5명으로 구성된 프랑스 해방 위원회Comité français de Libération nationale의 발족을 선언했다. 그러나 지로가 3주 동안 미국을 방문하기 위해 떠나자 드골은 가두행진에 참석했고, 프랑스령 북아프리카에서 열렬한 환호를 받았다. 연합군이 시칠리아Sicilia를 침공하자, 그는 지로가 없는 상태에서 병참 지원을 제공했다.

지로가 귀국할 때쯤, 드골은 위원회의 정치적 수장이 되고 지로를 군부 지휘관으로 한다는 자기의 계획이 적절한 수순이라며 위원회를 설득했다. 드골은 위원회의 의장이 되기로 했고, 공동의장직은 단지 이름만 존재하는 것이 되었다. 이 모든 것이 1943년 7월 말에 완료되었다. 가을이 되자 드골은 세력을 굳히고, 나치에 대한 승리 이후 프랑스에서의 권한을 얻기 위해 임시 정부의 기틀을 구성했다.

정쟁이 계속되는 동안, 연합군은 모든 전선에서 진격하고 있었다. 시칠리아 해방에 이어 1943년 9월, 연합군이 이탈리아 본토에 있는 살레르노Salerno에 상륙했다. 무솔리니는 그보다 두 달 전에 자리에서 쫓겨났다. 소련의 붉은 군대는 스탈린그라드Stalingrad 전투에서 승리했고, 베를린으로 향하는 대규모 공세를 시작했다. 서부에서는 영국과 미국이 여러 달 동안 유럽 대륙에 대한 침공 계획을 세우고 있었다.

승리가 계속되던 여름, 이본과 안은 런던에서 알제를 내려다보는 언덕에 위치한 빌라로 이사했다. 딸 엘리자베트는 국가 위원회 사무실에서 근무했고, 아들 필리프는 자유 프랑스 해군에서 복무하고 있었다.

북아프리카 작전의 공식적인 계획과 논의에서 배제되었던 것처럼, 드골은 이탈리아 당국과의 협상에서도 역시 주변인으로 머물렀다. 이 협상에서 이탈리아는 공식적으로 연합군에 가담했다. 영국과 미국은 전쟁 뒤 프랑스의 군사권을 자신들의 통제 아래 두기로 결정했다. 드골이 보기에 그들의 의도는 명백했다. 프랑스는 전후 세계에서 부차적인 역할만을 하게 되는 것이다. 심지어 스탈린도 자신은 자유 프랑스에 대해 중요성을 두고 있지 않다고 명백하게 언급했다. 이는 자유 프랑스가 중요한 세력이 아니며 소련에게 있어서 별로 대수롭지 않은 존재라는 것을 의미했다.

예상대로 루스벨트는 오버로드 작전Operation Overlord 계획의 어떠한 세부사항도 드골에게 노출되지 않도록 막았다. 1944년 6월 4일에 드골은 런던에 도착했다. 그는 프랑스 정부의 미래에 대한 계획을 포함하여 서부 유럽의 해방에 관한 계획은 무엇이든 자신과 공유해야 한다고 처칠과 상의했다.

드골은 해방된 프랑스의 정부와 정권에 대하여 영국 및 미국과 합의하는 것에 전혀 관심이 없었다. 드골의 자유 프랑스가 바로 정부였다. 그 점에서는 절대 양보하지 않았다. 또한 프랑스 군대, 특히 자크 필리프 르클레르Jacques-Philippe Leclerc 장군이 지휘하는 제2기갑사단이 가능한 빠른 시일 내에 장비를 갖추고 프랑스에 상륙하여, 파리 해방에서 중요한 역할을 하기를 원했다.

"왜 당신은 내가 프랑스 정권을 차지하기 위한 후보로 루스벨트에게 지명 받아야 한다고 여기는 것입니까?" 그는 수상에게 말했다. "프랑스 정부는 존재하고 있습니다. 내가 영국에게 요청할 것이 없는 것처럼 미국에게 요청할 필요는 더욱 없습니다."

이에 처칠도 흥분해서 똑같이 대응했다. "그럼 당신은 무엇입니까? 당신은 미국과 분리노선을 취하면서 어떻게 우리 영국을 존중한다는 것입니까? 우리는 유럽을 해방할 것이지만 그것은 미국이 우리와 함께하기 때문에 가능한 것입니다. 유럽과 외양外洋 사이에서 선택해야 하는 때가 온다면 우리는 언제라도 외양을 택할 것입니다. 내가 당신과 루스벨트 중 어느 한쪽을 선택해야 한다면 나는 언제나 루스벨트를 택할 것입니다."[20]

드골은 처칠과 함께 유럽 연합군 총사령관인 드와이트 D. 아이젠하워 장군의 사령부를 방문했다. 그리고 드골은 아이젠하워 장군이 프랑스의 임시 정부에 대해서 전달하려고 하는 라디오 메시지 원고를 보았다. 드골은 즉시 그 선언에 반대했다. 또한 자유 프랑스군 연락장교단이 연합군 침공부대에 참여하는 것을 보류했다. 오버로드 작전을 지원하는 다른 망명 정부 대표들과 함께하는 공동 선언에도 참여하지 않았다. 대

자크 필리프 르클레르

1902~1947. 본명은 필리프 르클레르 드 오트클로크 Philippe Leclerc de Hauteclocque. 제2차 세계대전 시기 자유 프랑스군 사령관으로 활약했던 레지스탕스 운동가이자 군인이다. 당시 프랑스에 남아있는 가족들에게 피해가 갈 것을 염려해 '자크 필리프 르클레르'란 예명을 사용했다. 자유프랑스군 제2기갑사단을 이끌었는데, 그의 부대는 샤를 드골의 지휘 아래 있었던 프랑스 레지스탕스의 핵심 부대였다. 영국군과 힘을 합쳐 독일과 연대했던 이탈리아군을 공격했다. 또한 연합군과 함께 독일에 점령당한 프랑스 도시를 해방시키는데 큰 공을 세웠다. 파리 탈환에 성공한 지 얼마 지나지 않은 1947년 알제리에서 비행기 사고로 사망했다. 세상을 떠난 지 5년 뒤인 1952년 프랑스 군대원수 Maréchal de Franc 로 추대되었고, 샤를 드골, 장 물랭과 함께 프랑스의 레지스탕스 국민 영웅으로 꼽히고 있다.

신 1944년 6월 6일 오후 BBC에서 홀로 프랑스 국민에게 연설하는 것을 선택했다.

"최대의 전투가 시작되었습니다." 그는 신중한 어조로 말했다. "이는 프랑스에서 벌이는 전투입니다. 그리고 프랑스의 전투이기도 합니다. 프랑스는 전투에서 맹렬하게 싸울 것입니다. 우리는 이를 순차적으로 진행해 나갈 것입니다. 프랑스의 아들들이 어디에 있든, 누구이든 간에 그들의 성스러운 임무는 모든 수단을 동원하여 적과 싸우는 것임이 분명합니다.

그러한 목적을 위해 프랑스 정부와 프랑스 지도자들이 내린 명령에 절대 복종해야만 합니다. 적군의 후방에서 행하는 작전은 연합군과 프랑스군의 합동작전과 가능한 밀접하게 작용해야 합니다. 무장, 파괴, 정보제공, 또는 적군에게 비협조함으로써 그들 스스로 포로가 되도록 합시다. 그들이 붙잡히고 추방되기 전에 그들 스스로 사라지도록 만듭시다.

프랑스의 전투가 시작되었습니다. 조국, 식민 제국, 군대와 우리 모두에게 똑같이 오직 하나의 희망만이 남아있습니다. 우리의 피와 눈물로 얼룩진 어두운 구름 뒤에서 이제 다시금 장엄하게 빛나는 태양이 떠오르고 있습니다."[21]

드골은 어떠한 양보도 하지 않았다. 그의 의도는 분명했다. 그리고 1944년 봄이 되자 많은 정부가 드골을 프랑스의 실질적인 지도자로 인정했다. 마지못해 루스벨트와 처칠도 동일한 결론에 이르렀다. 영국과 미국 지도자들은 장차 있을 거래에서 드골이 행할 방해와 혼란들을 생각하며 화를 냈다. 그러나 프랑스 레지스탕스의 통제와 야전에서 프랑스군에게 미치는 영향력, 그리고 프랑스인 사이에서의 인기가 하나로 어우러져 드골의 힘을 구성했다는 것은 명백했다. 그 고집불통 프랑스인은 4년 만에 처음으로 고국으로 돌아갈 계획을 세웠다.

Chapter 7 의기양양한 복귀

위험 속에서도 두려움을 보이지 않는 침착하고 대범한 리더십

"그 순간 붐비는 거리에서 총성이 울려 퍼졌다. 사람들은 숨을 곳을 찾아 흩어졌다. 첫 총성이 울린 방향으로 대응사격을 하는 것은 신중하지 못한 행위였다. 냉정을 유지했지만 군중에게 떠밀려 성당 문 쪽에 순간적으로 갇혔던 드골은 마침내 스스로를 추스르고 성당 안으로 들어갔다. 이어서 성가대석 위에서 두 번째 총성이 났다. 드골은 단념하지 않고, 60미터 정도 떨어진 자신의 좌석을 향해 계속 통로를 걸어갔다."

DE GAULLE LESSONS IN LEADERSHIP FROM THE DEFIANT GENERAL

✝ 프랑스 해방과 드골의 귀환

디데이D-day 상륙으로부터 8일 뒤인 6월 14일 바람이 세차게 불던 아침, 샤를 드골은 프랑스 구축함 콩바탕트Combattante 호에 승선했다. 배는 포츠머스 항구에서 출항하여 쿠르쇨Courseulles 근처 노르망디Normandie 해안으로 향했다. 프랑스를 떠나던 1940년만 해도 그는 사람들에게 알려지지 않았다. 그 뒤로도 프랑스인들은 목소리를 BBC 방송을 통해서만 들었다. 하지만 지금 그들은 레지스탕스 운동에 대한 드골의 영향력에 주목했고, 그를 지도자로 생각했다.

드골의 수행단은 오버로드 작전에 참가한 연합군 지상군 사령관 몽고메리 장군의 야전 사령부를 잠시 방문한 후 바이외Bayeux로 향했다. 바이외는 당시 해방된 프랑스 지역에서 가장 큰 도시였다. 수행단은 여정 중에 프랑스 경찰관 2명을 만났다. 경찰관들에게 그가 누구인지를 말한

> 프랑스인은 드골을 자신들의 명예를 수호하고, 다른 세계 열강으로부터 프랑스의 지위를 보호해줄 사람으로 환영했다. 자신의 노력이 과연 정통성에 부합한 것인가 하는, 드골의 마음속에 남아있던 의구심은 바이외에서 사라졌다.

뒤, 놀란 그들에게 15분 정도 앞서서 도시로 들어가 장군이 온다는 사실을 시민들에게 알려줄 것을 요청했다. 드골은 분명 불안해하고 있었다. 하지만 걱정할 필요가 없었다.

바이외 시장과의 짧은 만남에서 식량 공급과 폭격 피해에 대한 우려를 나타냈다. 드골 일행이 시청을 나설 때 한 보좌관이 벽에 페탱 원수의 초상화가 걸려 있는 것을 발견했다. 초상화는 즉시 철거되었다. 프랑스에 새로운 체제가 들어섰다. 시민들이 광장에 모여들어 환호했고, 꽃다발이 넘쳤으며, 짧은 연설이 뒤를 이었다. 이어서 장군의 주도하에 〈라 마르세예즈〉를 우렁차게 연주했다.

"우리는 거리를 걸었다. 시민들이 '이 사람이 드골 장군'이라는 것을 알아차렸을 때, 그들은 처음에는 충격으로 말을 잃었다. 그 뒤에는 환호와 눈물을 터뜨렸다. 감격에 찬 그들은 집에서 뛰쳐나왔다. 아이들이 나를 둘러쌌고, 여자들은 미소를 지으며 흐느꼈으며, 남자들은 내 손을 잡고 흔들었다. 우리는 기쁨과 긍지로 벅차올라 마치 한 가족처럼 걸었고, 우리 조국이 수렁으로부터 다시 일어나리라는 희망에 차올랐다."[1]

이지니Isigny와 그랑캉Grandcamp을 방문했을 때도 역시 똑같은 환대를 받았다. 그리고 언론 매체는 그 개선을 세계 각지에 보도했다. 비록 처칠은 아직 화가 난 상태였고 루스벨트는 그를 못 미더워 했지만, 프랑스 해안지역 방문은 미국과 드골의 관계 개선을 어느 정도 용이하게 만들었다. 한 가지 분명해진 것은 드골이 자신의 의지를 사람들에게 강요하는 독재자로서 프랑스에 귀환하려는 의도는 없는 것 같아 보였다는 것이다. 프랑스인은 드골을 자신들의 명예를 수호하고, 다른 세계열강으로부터 프랑스의 지위를 보호해줄 사람으로 환영했다. 자신의 노력이 과연 정통성에 부합한 것인가 하는, 드골의 마음속에 남아있던 의구심은 바이외에서 사라졌다.

루스벨트는 드골을 워싱턴으로 초대했다. 여전히 드골에 대한 개인적인 생각은 변하지 않았다. 드골은 몇 달 전에는 같은 초청을 거절했지만 이번에는 받아들였다. 드골은 회고록에 이렇게 썼다.

"프랑스 해방에 대한 증거는 이제 어느 누구도 무시할 수 없을 만큼 너무나도 명백해졌다. 미국 대통령도 결국에는 그 사실을 인정했다. 나는 어떠한 호의도 부탁한 적이 없다. 그리고 어떠한 협상도 받아들이지 않으려고 했다. 대화는 두 국가의 이해관계와 관련된 국제 문제에 대한 것뿐이었다. 만약 그 후에 미국 정부가 프랑스 정부와 연합군과 우리 행정부의 관계에 대해서 협상하기를 원했다면, 영국 정부가 그랬듯이 미국도 일반적인 외교 채널을 통해서 그렇게 했을 것이다."[2]

1944년 7월 12일, 미국 정부는 드골과 그의 국가 위원회가 해방된 프랑스에서 민정을 실시할 자격이 있다는 성명을 발표했다. 드골의 행정관들은 해방된 지역에서 정권을 장악하고 배신자들을 체포했으며, 비시 정부와 유착한 지방 관리들을 교체했다. 또한 영국과 미국 정부에게 제공 받은 화폐를 대체할 자체 화폐를 제조했다.

7월 중순이 되자 해방 속도는 더욱 빨라졌다. 연합군은 노르망디라는 울타리를 넘어서 내륙으로 진격했다. 프랑스를 가로지르는 신속한 진격으로 며칠 내로 파리에 당도할 것 같았다. 수도 파리는 프랑스의 상징이었다. 그렇기 때문에 파리 해방에 있어서 프랑스군의 참여는 필수였다. 그 후 임시 정부를 알맞은 장소에 세울 계획이었다. 남쪽에서는 연합군이 8월 15일 생트로페Saint-Tropez, 카발레르쉬르메르Cavalaire-sur-mer, 생라파엘Saint-Raphaël 인근에 상륙하면서 프랑스 지중해안 침공 작전인 드라군 작전Operation Dragoon 을 개시했다. 프랑스 코만도가 작전에 참여하여 상륙 해안의 서쪽 끝 네르그 곶Cap Nègre 에 있는 독일군의 포대를 파괴했다.

드라군 작전 첫날, 처칠은 해군의 포격 상황을 관찰하기 위해서 군함을 타고 알제로 왔다. 하지만 드골은 몇 주 전 처칠과 있었던 껄끄러운 오찬으로 기분이 상한 탓에, 여전히 수상에게 냉담하게 대했다. 연합군이 파리에 접근함에 따라 영국과 미국에 대한 드골의 불신은 고조되었다. 빛의 도시 파리의 해방을 준비하기 위해서 프랑스로 돌아오는 도중에 드골에게 일련의 불행한 사건이 일어났다. 이는 영국과 미국이 음모를 진행하고 있다는 피해망상을 악화시켰다.

1944년 8월 17일, 드골을 프랑스로 수송하기로 한 미국 비행기가 활주로를 지나쳐 착륙이 불가능해졌다. 두 번째 비행기가 다시 그를 태우러 카사블랑카로 날아올 것이라는 소식을 들었을 때, 드골은 이미 모로코 해안으로 향하는 개인 비행기 록히드 로드스타Lockheed Lodestar 에 탑승해 있었다. 그리고 오고 있던 미국 비행기는 영국의 비행금지 때문에 지브롤터에 착륙해야 했다. 게다가 비행기의 타이어마저 터져서 이를

1944년 8월 20일, 프랑스 해방 위원회 의장인 샤를 드골 장군이 셰르부르 시청 발코니에서 시민들에게 연설하고 있다.

수리하려면 24시간이 걸린다는 소식이 들렸고, 결국 드골은 계속해서 로드스타를 타고 가기로 결정했다. 대신 미국 비행기는 출발 준비가 되는대로 남아있는 드골의 참모들을 태우고 지브롤터로 날아가기로 했다.

드골은 비행을 싫어했기 때문에 긴 여정의 마지막에는 줄담배를 피웠다. 호위하고 있던 영국 공군 전투기는 시간이 갈수록 더욱 악화되는 기상을 견딜 수 없었다. 또한 로드스타의 비행거리가 한계에 달하여 영국에서 연료를 보충해야 하는 복잡한 문제가 발생했다. 드골은 연료 재보급이 필요하다는 이야기를 접했을 때 단호하게 물리쳤다. 자신을 음해하는 영국 당국자들이 출발을 지연시키기 위해서 핑계를 찾는다고 확신했기 때문이다. 어쩔 수 없이 로드스타는 연료 게이지가 거의 바닥을 맴도는 가운데 악천후를 뚫고 비행을 강행했다.

마침내 프랑스 해안이 나타났지만 조종사는 위치를 확신하지 못했다. 드골은 아래에 있는 육지의 윤곽이 셰르부르 항구에서 약간 동쪽으로 떨어진 곳이라고 판단했다. 최초 목적지인 모페르튀이Maupertuis 비행장은 이미 시야에서 사라졌다. 결국 로드스타는 작은 전투기용 임시 활주로에 내렸다. 드골은 사흘 동안 잇따라 작은 사고를 겪긴 했지만, 8월 20일 마침내 프랑스로 다시 돌아왔다.

다음 날 드골은 아이젠하워를 만났다. 아이젠하워는 파리를 우회하여 북부와 남부로 진격할 계획을 세운 상태였다. 드골은 아이젠하워에게 프랑스 수도가 중요한 교통 중심지라는 것과, 봉기는 주로 파리 내부의 레지스탕스 가운데 공산주의자들이 선동했다는 것을 상기시켰다. 물론 드골은 본능적으로 공산주의자의 움직임이 자신의 권위와 자신이 이끌 임시정부에 직접적인 위협이 된다는 것을 알고 있었다. 아이젠하워는 르클레르의 제2기갑사단의 공격 방향을 파리로 전환하는 것을 거부했다. 드골은 다음 날인 8월 21일에 연합군 사령관에게 공식 서한을 보내려고 했다. 이제 프랑스 정부의 지도자가 프랑스 사단을 직접 통제할 것이며, 그의 자의로 파리로 진격하도록 명령할 것임을 알리는 내용이었다.

아이젠하워는 자신의 전쟁 회고록인 『유럽의 십자군Crusade in Europe』에 다음과 같이 적었다.

> ❝ 프랑스 해방에 대한 증거는 이제 어느 누구도 무시할 수 없을 만큼 너무나도 명백해졌다. 미국 대통령도 결국에는 그 사실을 인정했다. 나는 어떠한 호의도 부탁한 적이 없다. 그리고 어떠한 협상도 받아들이지 않으려고 했다. ❞

"이 문제에 대해서 파리 내부의 자유 프랑스 군대의 작전이 나를 움직였다. … 그 어떤 큰 전투도 일어나지 않을 것이라는 정보가 있었다. 연합군 1~2개 사단이 진입하면 파리 해방을 이룰 수 있을 것이라고 믿었다."

드골은 실제로 아이젠하워에게 편지를 보냈다. 연합군 최고사령관은 이렇게 휘갈겨 썼다.

"이제 우리는 파리로 진격해야 할 것 같다. 미 제12집단군 지휘관 오마 브래들리Omar Bradley 장군과 그의 정보장교들은 우리가 그곳으로 진격할 수 있고, 또 그렇게 해야 한다고 생각하고 있다."³

드골은 8월 22일에 르클레르와 다른 자유 프랑스 지휘관들을 랑부예Rambouillet에 있는 17세기 성으로 소집했다. 그리고 모인 사람들에게 파리 재진입 계획에 대해서 설명했다. 그날 저녁, 불편한 잠자리를 준비하고 있던 드골은 스위트룸으로 안내되었다. 지난 150여 년 동안 프랑스 왕과 국가원수들이 잠들던 곳이었다.

깜짝 놀란 드골은 스위트룸에 잠자리를 준비한 부관을 나무랐다. 그는 과거 프랑스 정부를 이끈 사람들과 같은 침대에서 잘 생각이 없었다. 비록 상징적이긴 하나 드골의 이러한 행동은 프랑스 국민이 전후 정부의 지도자를 결정하게 하려는 자신의 의도를 드러내 보인 것이었다.

파리 해방 다음 날인 1944년 8월 26일, 프랑스 군중이 샹젤리제 거리로 몰려 나와 르클레르의 제2기갑사단이 개선문을 지나는 것을 보고 있다.

 1944년 8월 25일 아침, 르클레르 부대와 전차가 파리 도심으로 진입했다. 4년간의 나치 점령이 끝났다. 파리 주둔 독일군 사령관 디트리히 폰 콜티츠 Dietrich von Choltitz 장군은 연합군이 도착하기 전에 도시를 파괴하라는 히틀러의 명령에 불복했고, 항복하여 구금되었다. 독일이 점령한 몇몇 고립지역은 전투가 계속되었다. 하지만 파리 해방 소식은 빠르게 퍼져 나갔고, 시민들이 거리를 장악했다.

 샤를 드골은 현재 상황을 잘 알고 있었다. 또한 나치의 뒤를 이어서 그의 권위에 도전하고 국가를 내전으로 빠뜨릴지도 모를 레지스탕스 파벌에게 어떠한 인상을 남겨야 하는지도 잘 알고 있었다. 그는 랑부예로 향하는 도중에 머릿속에 떠오른 생각을 회고록에 기록했다.

"이미 나는 해방된 수도에서 내가 무엇을 해야 하는지 결심했다. 나는 모든 국민의 뜻을 하나로 모아 국가의 원동력으로 삼고, 또한 국가의 형태와 권위를 한 번에 보여주고 싶었다. 랑부예에서 테라스를 거닐면서 … 과거에 무능하게 조국을 빼앗긴 원인에 대해 생각했다. 그것은 국가 권력이 무너졌기 때문이었다. 나는 다시는 침해하지 못하도록 국가 체계를 더욱 공고히 할 것을 결심했다. 내 임무는 그 어느 때보다 명확해 보였다. 파리로 향하는 차에 탑승할 때, 나는 감격스러운 동시에 평온한 마음이 들었다."**4**

자신의 결정을 실행하기 위해 드골은 가장 먼저 전쟁성으로 가서 수도의 권좌를 확인했다. 이어서 지역 경찰을 통제하는 경찰청으로 향했다. 그는 시청에서 기다리고 있는 지역 레지스탕스 지도자들을 피했다. 그들은 드골이 시청으로 와야 한다고 주장했다.* 임시 정부와 레지스탕스 대표들은 이미 만났다. 이제는 드골이 지도자로서 자신의 권위를 주장할 때였다. 그러나 이는 신중하게 진행하고, 실행 과정에서 분명한 메시지를 전달해야 했다.

마침내 이른 저녁 드골은 시청에 도착했다. 그곳에서 투사들, 드골 지지자들, 공산주의자들, 민족주의자들과 반나치주의자들을 만났다. 그들은 4년간 투쟁해 온 드골을 오직 사진과 라디오 목소리로만 알고 있는 사람들이었다. 드골은 연설에 어떠한 미사여구도 담지 않았고, 고마움

---

* 프랑스 내 레지스탕스 지도자들과 드골의 관계는 그다지 좋지 않았다. 레지스탕스 지도자들은 드골을 자신들의 세력을 대표하는 인물 정도로 생각했고, 그래서 드골이 귀국하자 계획을 세워놓고 시청에서 그를 기다렸다. 하지만 드골은 자신의 권력을 나눌 생각을 하지 않았기 때문에 주도권을 빼앗기지 않으려고 했다.

의 말도 하지 않았다. 대신에 당면 업무의 핵심에 대해서 언급했다. 그는 공화국 형태의 정부를 원하는 사람들의 의지를 확언했다. 레지스탕스가 정부에 가담하기로 했다. 그 정부의 유익한 목적은 독일의 패배를 통해 달성되었다. 수천 명이 시청 밖에서 몇 시간 째 모여서 기다리고 있었다. 마침내 오후 8시가 지나자 드골은 시청 광장 위에 있는 작은 발코니에 기댄 채 파리 시민들에게 자신을 드러냈다.

성대한 규모의 행진이 다음 날로 예정되었다. 르클레르 사단은 드골의 리더십의 안정성을 입증하기 위하여 참석하기로 했다. 그러나 르클레르와 제2기갑사단은 여전히 미군 레너드 게로Leonard Gerow 장군이 지휘하는 연합군 제5군단 직속이었다. 게로는 파리를 넘어 동쪽으로 계속해서 진격할 부대가 필요했고, 르클레르에게 진군을 위해서 다시 합류할 것을 명령했다. 그러나 드골이 그 상황에 대해서 알게 되었을 때 그의 반응은 분명했다. 그는 게로가 상황을 이해하지 못하는 것을 놀라워했다. 그리고 르클레르는 프랑스 정부 지도자의 명령을 따를 것이라고 게로 장군에게 알렸다. 프랑스 군대는 마침내 프랑스의 국가원수가 지휘하게 된 것이다.

거리에 100만 명이 넘는 사람들이 운집했다. 샤를 드골은 샹젤리제Champs-Élysées 거리를 따라 콩코르드 광장Place de la Concorde 으로 향했고, 드골의 뒤를 레지스탕스 지도자들이 따랐다. 그 순간에도 드골의 권위를 세우기 위해서 해방을 위해 싸웠던 사람들의 행진배치도가 연출되기도 했다. 그는 걸어갈 때마다 프랑스 전역으로 자신의 권위를 표출했다. 드골 지지자들이 각 지방의 주요 도시와 소도시와 마을을 장악했고, 권력을 잡으려는 잠재적인 가능성 또한 모두 진압했다. 특히 남부 공산주의자들이 진압 대상이 되었다. 하지만 실리적 필요에 따라 드골은 몇몇 공산주의자에게 정부 내 직책을 주기도 했다.

회고록에서 드골은 개선행진에 대한 감정을 회고했다.

아! 이건 바다다! 거대한 인파가 도로 양쪽에 모여 있었다. 그런데 그들은 내 시야에서 매우 멀리 떨어져 있어서, 내 눈에는 마치 삼색기 아래 빛 속에 살아 꿈틀대는 파도처럼 보였다. 이곳에 있는 모든 사람이 각자 마음속으로 샤를 드골을 고통으로부터 보호해주는 사람이자 희망의 상징으로 여겼다. 내게 그들은 가족이나 형제와 마찬가지고, 이러한 관점에서 국가적 화합은 빛을 발할 것이다. 내가 외모나 호감이 가는 태도와 몸짓으로 군중을 즐겁게 해줄 수 없는 것은 분명했다. 그러나 나는 그들이 그러한 것들을 기대하는 것이 아니라고 확신했다.

그래서 나는 군중이 형언할 수 없는 기쁨 속에서 나의 이름을 환호하는 목소리에 깊이 감동해서 조용히 걸어 나갔다. 그 순간은, 우리의 역사에서 가끔씩 빛을 가져다 준 세기의 흐름으로 볼 때 국민의식으로 이룬 하나의 기적이었으며, 프랑스의 일부에 해당하는 몸짓이었다. 그리고 나는 이러한 열정적인 환호 가운데 있었다. 나는 개인적으로 성취할 수 있는 것들을 훨씬 더 넘어서서 운명의 도구가 움직여서 모든 것을 이루었다고 느꼈다.[5]

드골은 감사 미사에 참석하기 위해 콩코르드 광장에서 노트르담 대성당Cathédrale Notre-Dame de Paris까지 차로 이동했다. 그가 차 밖으로 나오자 두 소녀가 다가와서 꽃다발을 전해주었다. 그 순간 붐비는 거리에서 총성이 울려 퍼졌다. 사람들은 숨을 곳을 찾아 흩어졌다. 첫 총성이 울린 방향으로 대응사격을 하는 것은 신중하지 못한 행위였다. 냉정을 유지했지만 군중에게 떠밀려 성당 문 쪽에 순간적으로 갇혔던 드골은 마침내 스스로를 추스르고 성당 안으로 들어갔다. 이어서 성가대석 위에서 두 번째 총성이 났다. 드골은 단념하지 않고, 60미터 정도 떨어진 자신의 좌석을 향해 계속 통로를 걸어갔다.

총격 속에서 그의 침착함을 본 목격자들은 놀랐다. 한 BBC 기자는 말했다. "내가 보기에 그는 총알이 빗발치는 곳을 향해서 한 치의 망설임도 없이 어깨를 꼿꼿이 한 채 똑바로 걸어갔다. 그것은 내가 지금까지 본 것 중 가장 용기 있는 모습이었다." 또 다른 기자는 드골의 그런 행동이 프랑스가 자신의 손에 들어왔음을 증명한 것이라고 말했다.

이 사건은 무작위적인 폭력행동이었는지 아니면 암살시도였는지는 결론이 나지 않았다. 그러나 저녁이 되기 전 무장한 두 남자가 시청에서 붙잡혔다. 그들 중 하나는 비시의 요원이었고, 그들의 의도가 드골을 살해하는 것이었음이 명백해졌다. 하지만 드골은 노트르담 성당에서의 총격을 대수롭지 않게 생각했고, 이를 세력 과시를 위한 저속한 시도라고 칭했다.

✞ 비시 정부 척결

프랑스 정부를 재편성하면서 드골은 비시 정부의 정통성을 부인했다. 그는 제3공화국이 1940년에 종말을 맞이했다는 것을 알고 있었다. 그래서 그는 자신의 권력에 대한 요구가 직접적으로 대중으로부터 나온다고 주장했다. 1944년 10월, 공식적으로 사임한 적이 없던 제3공화국의 전임 대통령 알베르 르브룅은 드골을 불러 새로운 정부에 대한 지지를 표명했다. 드골을 어떻게 다룰 것인가 하는 워싱턴과 런던의 논의는 이제 새로운 국면을 맞이하게 되었다. 그가 프랑스에서 얼마나 큰 권력을 가지게 되었는지는 이제 더 이상 의심의 여지가 없었다.

미국과 영국 모두 프랑스와의 외교적 관계를 강화했다. 하지만 루스벨트는 고집스럽게도 드골을 완전히 인정하기를 거부했다. 처칠은 드골이 정부를 파리로 옮기기 전인 8월에 알제리에서 자신을 만나기를 거부한 것에 대해 여전히 화가 나 있었지만, 여전히 충실한 위치를 지키고 있었다. 루스벨트는 제퍼슨 캐프리 Jefferson Caffrey를 프랑스 대사로 보냈다. 그러나 미국 정부는 여전히 공식적으로 프랑스 정부를 인정하지는 않았다. 드골에게 있어서 이는 양자택일의 문제였다. 따라서 그는 캐프리를 만나기를 거부했고, 영국 대사 더프 쿠퍼 Duff Cooper도 같은 태도로 대했다.

이에 비하여 드골에 대한 아이젠하워의 지지는 명백했다. 아이젠하워는 군사 문제로 매우 바빴고, 프랑스 내 민간 행정에 대한 책임에서 가능한 빨리 벗어나고 싶어 했다. 처칠은 런던에서 미국이 드골 정부를 인정했다고 주장하는 의회 의원들과 언론의 압박을 받고 있었다. 그리고 대부분의 사람들에게 드골이 1944년 가을에 프랑스의 해방된 지역에서 그 영향력을 확고히 했다는 것은 이미 자명한 사실이었다. 여전히 루스벨트는 프랑스에서 전투가 없는 '내부 지역 zone of the interior'이 명확해질 때까지 드골 정부를 인정하기 거부했다.

마침내 10월 20일, 아이젠하워는 그러한 지역들을 최종 확인했다고 백악관에 보고했다. 미국 대통령 역사상 유례없는 네 번째 임기를 위한 선거 운동 중에도, 루스벨트는 자신의 마지막 반대 이유가 설득력을 잃게 되자 마지못해 프랑스 정부를 인정했다. 1944년 10월 23일에 미국·영국·소련은 각각 프랑스 정부에 대한 완전한 외교적 인정을 담은 공식 성명을 발표했다.

이틀 뒤 드골은 간단한 성명을 발표했다.

"프랑스 정부는 이제 그 이름으로 불릴 조건을 충족했습니다."[6]

10월 23일의 저녁만찬에서 영국 대사 더프 쿠퍼가 드골에게 그러한 일들이 끝나서 다행이라고 말하자, 드골은 그 일은 결코 끝나지 않을 것이라고 대답했다. 드골은 처칠과 영국이 중요한 전쟁이 지속될수록 전통적인 유럽의 강국인 프랑스보다 루스벨트 쪽에 더 가담했다는 것을 결코 잊지 않았다. 이 오랜 기간 동안의 분노는 훗날 영국이 유럽 공동시장 European Common Market 에 참여하는 것에 대해 거부권을 행사하는 것으로 나타났다.

동시에 드골은 프랑스 군대가 연합군 측에 남아서 독일로 진격할 것을 주장했다. 또한 1944년 겨울 모스크바를 방문했을 때, 폴란드의 주권과 프랑스 공산당의 영향력, 그리고 다른 문제들에 대해서 스탈린과 언쟁을 벌였다. 북아프리카·중동·인도차이나 Indochina 반도에 있는 프랑스 식민지들의 미래에 대한 문제도 남아있었다. 시리아에 대한 영국의 간섭은 불가사의하게도 드골이 절대 잊지 못하는 파쇼다 사건을 떠올리게 했다. 드골은 프랑스가 우월한 영국군의 주둔을 묵인하도록 강요당하는 것처럼 보이자 다시 한 번 분노했다. 이는 정부 업무를 진행함에 있어서 미래에 엄청난 부담감이 될 수 있었기 때문이었다.

제2차 세계대전의 마지막 몇 달 동안에 드골은 프랑스 국민의 식량과 주거지에 대한 현실적인 문제와 레지스탕스 과격분자들을 진정시키

1944년 6월 21일 파리. 독일군 점령 기간 동안 나치에 부역한 혐의로 고발된 프랑스 여성들이 파리 시내에서 곤욕을 치르고 있다. 맨발에 삭발을 하고 얼굴에는 화상 자국도 보인다.

는 문제를 해결했다. 그와 함께 비시 협력자들에게 정의를 실현하기 위해서 할 수 있는 한 신속하게 움직였다. 비시 정부의 고위 관료들에 대한 재판은 반드시 필요한 것이었지만, 이미 즉결 사형과 처단이 거행되는 등 정부의 승인 없이 묵은 원한을 풀고 있었다. 공식적으로 1944년 6월에서 1945년 5월 사이에 800명 조금 안 되는 사람들이 재판을 받았고, 내통 혐의로 처형되었다. 그리고 수천 명이 즉결 처형을 당했다. 비시 협력자들에 대한 재판은 1949년까지도 완료되지 못했다.

비시 정부의 핵심 인물로 가장 유명한 페탱과 라발은 1944년 8월 독일군에 붙잡혔고, 독일 남서부 슈바르츠발트 Schwarzwald* 끝자락에 있

---

* 독일 남서부 바덴뷔르템베르크 주에 있는 검은 삼림지대.

는 호엔촐레른Hohenzollern의 고성에 감금되었다. 페탱은 자신의 요구로 독일인들에게 풀려나 스위스로 이송되었다. 드골은 페탱이 이웃 나라로 망명하여 남은 생을 마치는 것이 좋다고 생각했지만, 페탱은 프랑스로 되돌아오는 것만이 자신에게 남은 유일한 명예로운 행동이라고 생각했다. 페탱은 1945년 4월 26일 프랑스 국경에서 체포되었으며, 기차로 파리에 이송되어 몽루주Montrouge 요새에 있는 감옥에 수감되었다. 라발 또한 그곳에 수감되었다.

7월 23일 페탱에 대한 재판이 시작되었다. 3주간의 증언 기간 동안 페탱은 단지 한 번만 말했다. 재판의 결과는 의심의 여지가 없었다. 그리고 8월 15일 파리 법원에서, 그는 반역죄에 대해 만장일치로 유죄 판결을 받았다.

후에 14대 13의 표결로 사형이 선고되었다. 그러나 법정과 드골 모두 종신형을 원했다. 결국 종신형으로 감형되어 89세의 늙은 육군 원수는 강한 바람이 휘몰아치는 프랑스 대서양 해안의 릴디외 섬의 감옥으로 추방당했고, 1951년 그곳에서 사망했다. 혐오스러운 라발은 10월에 사형선고를 받았고, 이어서 총살형을 당했다. 드골은 사실상 그 늙은 육군 원수에 대한 재판 기간과 그 후 몇 년간 페탱에 대하여 침묵을 유지했다.

✝ 전후 프랑스의 지위 보장

1945년 1월, 크림Krym 반도에 있는 흑해의 휴양지 얄타Yalta에서 루스벨트, 처칠, 스탈린이 만났을 때 프랑스 정부는 배제되었다. 드골은 크게

1945년 8월 22일, 백악관 뜰에서 열린 환영행사에서 프랑스 대통령 샤를 드골과 미국 대통령 해리 트루먼.

실망했지만 놀라지는 않았고, 라디오 연설을 통해서 프랑스는 자신들의 정부가 참여하지 않은 어떠한 결정에 대해서도 얽매이지 않을 것이라고 선언했다. 하지만 나중에 드러나듯이 그 회담은 프랑스에게 긍정적인 결과로 끝났다. 프랑스는 독일과 베를린에서 점령지역을 할당 받았고, 전후의 독일을 통치할 위원회의 일원으로 임명되었으며, 국제 연합의 헌장 초안을 작성하는 회의에 초청을 받았다. 또한 유엔(UN) 안전보장이사회 상임이사국 지위를 보장 받았다. 말할 나위도 없이 이러한 호의적인 조건들은 수많은 토의 끝에 나온 것이었다. 석 달도 지나지 않아 루스벨트는 사망하고 해리 S. 트루먼^{Harry S. Truman}이 미합중국의 새로운 대통령이 되었다.

> **❝** 나는 물러날 것이네. … 내게 주어진 사명은 이제 끝을 향해가고 있네. 나는 사라져야만 한다네. … 만약 잔 다르크가 결혼을 했다면 그녀는 더 이상 잔 다르크로 남지 못했을 것이네. 나는 사라져야만 하네. **❞**

유럽에서 제2차 세계대전이 끝난 1945년 5월 8일 즈음, 프랑스와 전시 동맹국과의 관계는 이전 어느 때보다 많은 면에서 악화되어 있었다. 드골이 독일 주둔군 파병에 비타협적인 태도를 보이자, 트루먼은 그에 대한 응답으로 프랑스에 대한 원조를 중단하겠다고 협박했다. 처칠은 중동지역에서의 정치적이고 군사적인 문제들에 대해서 드골을 비난했다. 처칠이 7월 중순 베를린 외곽 포츠담 Potsdam 에서 스탈린과 트루먼을 만났을 때도 드골은 또 다시 배제되었다. 그러나 프랑스는 공식적으로 향후 몇 년간 세계의 중요한 문제들을 토의하는 열강의 위원회에 합류하도록 초청받았다. 그 중 더 직접적인 충격은 처칠이 선거에서 패배하고, 노동당의 클레멘트 애틀리 Clement Attlee 가 새로운 영국 수상이 된 것이었다.

1945년 가을, 샤를 드골은 국가 내에서 불고 있는 변화의 바람을 느꼈다. 새로운 헌법을 만들기 위해서 의회를 소집해야 한다는 바람이 10월 21일의 국민투표를 통해 확인되었다. 의회는 임기는 7개월이었고, 선출된 의원들은 공산주의자, 사회주의자, 그리고 정치적 중립주의자로 구성되었다. 공산주의자들이 가장 많은 의석을 차지하긴 했지만 어느 파벌도 분명한 다수를 차지하지는 못했고, 연합정권의 구성이 기정 결론인 것처럼 보였다. 드골은 11월 13일에 프랑스 대통령으로 선출되었지만 그의 권력은 상당히 줄어들었다. 그는 알맞은 절차에 따라 선출된 의회의 일에는 개입할 수 없었고, 심지어 의회의 일원조차 될 수 없었다.

12월에 분명한 징후가 보였다. 의회의 다수는 제3공화국의 헌법과 유사한 새로운 헌법에 호의적이었다. 제3공화국에서는 입법부가 가장 중요했다. 대통령은 이들에게 영향을 미칠 권한이 거의 없었고, 이들을 해산할 수도 없었다. 드골은 그러한 정부를 실패로 생각했으며, 이러한 확신은 1940년의 재앙을 통해서 이미 입증된 것이라고 믿었다. 그는 전쟁 후반기에 알제리에서 파리로 이어진 임시정부에서 자신이 개인적인 리더십을 통해 보여준 것과 같은 강력한 대통령의 권한을 원했다. 그는 자신의 속내를 잠시 드러내지 않고 정부에서 사임하기로 결정을 내렸다. 아마도 그것은 격동기에 어울리는 적당한 끝맺음이었을 것이다.

1946년 1월 14일, 그는 전쟁성에 있는 자신의 사무실에서 회의를 열기 위해 정부의 여러 장관들을 소집했다. 그들이 모두 서 있는 상태에서, 그는 조심스럽게 작성한 성명서를 발표했다.

"정당들의 배타적인 정권이 돌아왔습니다. 나는 이를 규탄합니다. 내가 독재를 강요하기 위해 무력을 행사할 수도 있습니다. 그러나 나는 무력행사를 원치 않습니다. 이는 틀림없이 안 좋은 결과를 초래할 것이기 때문입니다. 결국 나는 이러한 시도를 막을 방법이 없습니다. 그래서 저는 사임하고자 합니다."

몇 분도 안 되어서 모든 것이 끝났다. 샤를 드골은 일반 시민이 되었다. 그가 집무실을 떠날 때, 2년 전 저녁 식사 자리에서 했던 말들이 머리를 스쳐 지나갔다. 그의 젊은 참모진 중 한 사람이 그에게 미래에 대한 계획을 물어보자 드골은 대답했다.

"나는 물러날 것이네. … 내게 주어진 사명은 이제 끝을 향해가고 있네. 나는 사라져야만 한다네. 프랑스는 언젠가 다시 한 번 순수한 이미지를 필요로 할 것일세. 그 이미지는 프랑스에게 남겨 두어야 하네. 만약 잔 다르크가 결혼을 했다면 그녀는 더 이상 잔 다르크로 남지 못했을 것이네. 나는 사라져야만 하네."[7]

Chapter8 프랑스 만세

혼돈과 격변으로부터 나라를 강국으로 이끄는 단호한 리더십

"드골의 지휘 아래서 프랑스 정부는 일련의 주요한 목적을 가지고 있었다. 프랑스의 정치적, 군사적, 그리고 방어결정 권한과 정책에 대한 완전한 독립이 그 중 하나였다. 또한 프랑스가 세계열강이 될 수 있게 할 프랑스군의 핵 능력 보유와 나토 및 유럽에 있는 본부에 대한 프랑스의 참여 종결도 포함되었다."

✝ 일반 시민이 된 드골

샤를 드골의 정치 인생 중 가장 큰 오산은 잠깐의 은퇴 기간 뒤에 프랑스인들이 일제히 들고 일어나 자신을 다시 집무실로 복귀시켜 줄 것이라고 믿은 것이다. 그는 결코 부유했던 적이 없었다. 정부가 제공한 작은 아파트에서 그는 왜 대중이 자신을 다시 부르지 않을까 의아해했다. 드골은 분명 통찰력 있는 정치인이긴 했지만 프랑스인들이 즉시 복귀를 외칠 것이라는 생각은 아무리 위대한 드골이라 하더라도 현실적으로 무리가 있었다. 그는 보좌관에게 거리로 나가서 경찰관들이 바리케이드를 세우거나 사람들을 쫓아내고 있는지 확인해 보라고 하기도 했다.

프랑스는 여전히 경제적 혼란과 정치적 분열로 극심한 고통을 겪고 있었다. 몇 달 전 나치로부터 조국을 해방시키고, 나라의 명예를 널리 알린 용감한 지도자를 기억할 시간조차 없는 것 같았다. 반면 드골이 생

> **❝** 샤를 드골의 정치 인생 중 가장 큰 오산은 잠깐의 은퇴 기간 뒤에 프랑스인들이 일제히 들고 일어나 자신을 다시 집무실로 복귀시켜 줄 것이라고 믿은 것이다. 정부가 제공한 작은 아파트에서 그는 왜 대중이 자신을 다시 부르지 않을까 의아해했다. **❞**

각하기에 실패할 운명이었던 새로운 입헌정부의 수립은 차질 없이 진행되었다. 공산주의자들은 정부를 구성하기 위해서 사회주의자, 파시스트, 중도파와 어깨를 나란히 했고, 대중이 수용할 만한 헌법을 제안했다. 1946년 가을, 마침내 프랑스 제4공화국이 수립되었다.

프랑스 영토로 역사적인 귀환을 한 지 2주년이 된 1946년 6월 16일, 드골은 1944년 바람이 몹시 불던 날 흥분한 대중을 만났던 바이외로 여행을 떠났다. 몇 달 간의 돌 같은 단단한 침묵이 마침내 깨졌다.

국가원수는 정당들보다 위에 위치하며 의회에서 선출하는 존재이다. 그러나 의미는 훨씬 광범위해서 프랑스 연합Union française의 대통령은 공화국 시절의 대통령과 비슷하며 행정권도 계속 유지한다. 국가원수의 과제는 임명에 관련된 이해관계와 의회에서 이끌어내는 의사결정을 조정하는 것이다. 수상을 비롯한 장관들을 임명한다. 국가원수의 직무는 법을 널리 공포하고, 법령을 정하고, 정부의 회의를 주재하는 것이다. 또한 정치적인 만일의 사태에 중재자 역할을 해야 한다. 국가가 위기에 처했을 때 국가의 독립을 보장하는 것은 대통령의 의무다.[1]

샤를 드골은 바이외에서 한 연설에 자신의 마음가짐을 담아냈다. 프랑스 정계 담론으로의 재진입을 표명한 것이다. 정부에 대한 그의 비전은 독재자의 가혹함과 당파의 내분이라는 재앙으로부터 프랑스를 구하는 것이었다. 그가 말하는 대통령이라는 직책은 유능한 장관들을 지명하고, 여러 국가 가운데 프랑스가 가장 중요한 위치를 유지하도록 하며, 의회를 해산하고 만약 필요하다면 새로운 선출을 요구할 수 있는 리더십과 용기가 필요한 자리였다.

이상하게도 연설이 어느 정도 우익 성향의 기미가 있었지만, 이는 그의 의도가 아니었다. 그는 언제나 속임수의 대가였다. 동구권과 서구권이 겨루게 하고, 동맹과 동맹이 서로 경쟁하게 만들었다. 드골이 의기양양하게 권력으로 복귀하면, 범유럽주의를 지지하면서 다시금 프랑스를 미·영의 서구 진영과 소련의 동구 진영 사이에 교묘하게 위치시킬 것이 틀림없었다. 그는 그때까지 의회의 사소한 당파 정치에 굴하지 않고 어느 정도 거리를 두어야 했지만, 언제라도 순수하고 오점 없는 현대의 잔다르크로 부상할 준비도 반드시 되어 있어야만 했다.

드골이 소유한 유일한 부동산은 콜롱베레되제글리즈Colombey-les-Deux-Églises에 있는 자택이었다. 하지만 이곳은 전쟁 동안 피해를 입어서, 오랜 기간 수리를 거친 뒤 1946년에야 가족들이 살 수 있을 정도가 되었다. 샤를 드골과 아내인 이본, 딸 안은 1939년 이후 처음으로 그곳에 돌아왔다. 아들 필리프는 결혼을 하고 해군에서 계속 복무했다. 샤를 드골의 이름을 딴 손자가 태어났다. 딸 엘리자베트 역시 결혼했다. 그녀의 남편인 젊은 육군 장교는 훗날 장인의 보좌관으로 복무하게 된다.

드골이 성인이 된 뒤 가장 큰 인간적인 애정을 주었던 이는 그의 딸 안이었다. 하지만 다운증후군을 가지고 태어난 안은 스무 번째 생일이 지난 직후인 1948년 2월 6일 폐렴으로 세상을 떠났다. 슬픔에 빠진 부부가 콜롱베레되제글리즈의 작은 공동묘지에서 걸어 나올 때, 드골이 아내에게 나직이 말했다.

"이제 그 애도 다른 사람들과 똑같아졌구려."²

평생 골초였던 그는 58세가 되던 해에 금연하기 시작했다. 의사들은 흡연이 시력을 나쁘게 할 것이라며 그에게 금연을 권했다. 비록 담배와 시가를 대단히 그리워하며 즐거움을 잃은 것에 한탄하긴 했지만, 그는 다른 사람들에게 자신의 금연 의지를 밝혔다. 이렇게 공개적으로 한 언급 때문에 그의 결정은 번복할 수 없었다. 1952년에는 백내장 수술을 받았다.

일반 시민이 된 드골 가족은 경제적으로 힘겨운 시절을 보냈다. 해리 트루먼 대통령으로부터 받은 더글러스 DC-4 스카이마스터 Douglas DC-4 Skymaster 수송기는 프랑스 공군에 넘겼다. 그리고 아이젠하워 대통령으로부터 선물 받은 고급 캐딜락 Cadillac 역시 포기하고, 대신 프랑스산 소형 자동차를 구입했다. 이본은 운전을 배웠다.

준장의 연금은 보잘것없었다. 그러나 드골의 계급을 대장이나 프랑스 육군 원수로 진급시키려는 계획이 제출되자, 그는 강력하게 거절했다. 생활비가 넉넉해지는 것은 환영할 만한 일이었지만 개인적 품위를 희생하면서까지 할 일은 아니었다. 그는 어느 누구라도 제2차 세계대전이라는 암흑시대에 진급하는 것은 적절하지 않으며, 더군다나 그 시대가 끝나고 난 늦은 시기에 진급을 하는 것은 더욱 터무니없는 일이라고 말했다.³

✝ 사막에서의 방랑

드골의 몇몇 전기 작가들은 제2차 세계대전 이후를 '사막에서의 방랑'이라고 묘사했다. 그 시기 동안 운명의 사나이는 자신의 임무가 끝나지 않았다고 믿고 있었다. 그는 확실히 조국의 명예를 지켜냈으며, 자치 정부의 부활을 이끌었다. 그러나 정부의 형태는 그에게 역경이었고, 무엇보다도 프랑스의 국제적 위신과 위대함이 아직까지도 회복되지 않고 있었다. 어떻게든 자신이 다시 부름을 받는 기회의 날이 올 것이란 것을 그는 알고 있었다. 그러나 그날까지 기다림의 시기는 정말로 길었다.

1947년 겨울, 드골은 인생에서 가장 큰 정치적 실수를 저지르고 말았다. 오랜 동료들과 상의한 결과, 그는 권력으로의 복귀를 재촉하기 위해서는 정치판으로 들어가는 일이 필요하다고 결정했다. 비록 그는 정당을 경멸했지만, 그곳에는 필요한 것을 성취하기 위한 가까운 길이 있었다. 이런 요구에 부응하기 위해서 드골과 동료들은 '프랑스 국민연합Rassemblement du peuple français; RPF'을 창설했다. 프랑스 국민연합은 정부의 반대 노선을 걸었다. 정당은 아니지만 대중에게 직접적으로 투표와 지지를 호소하면서 정부를 저지하는 역할을 하고자 했다.

1947년 3월 30일, 그는 브륀발Bruneval의 절벽에서 군중에게 외쳤다.

"무익한 정쟁을 거부하며, 조국이 길을 잃고 자멸하는 빈약한 체계를 개혁할 날이 다가오고 있습니다. 프랑스 국민 대부분을 규합해야 합니다!"⁴

창설된 지 한 달도 되지 않아 거의 100만에 가까운 회원 지원서가 접수되었다. 프랑스 국민연합은 탄력을 얻었다. 소속 후보자들은 1947년

10월 프랑스 전역에서 실시된 지방자치 선거에서 40%의 표를 획득했다. 이는 프랑스인들이 현 정부 상태에서 안정된 리더십을 필요로 했기 때문이었다.

제4공화국은 권위에 대한 도전을 막아냈다. 프랑스 국민연합과 무뚝뚝한 지도자에게 권력을 줄 수도 있는 국민투표 실시의 움직임을 막아냈다. 드골의 프랑스 국민연합 소속 경호원들과 공산주의 시위자들 사이에서 폭력 사태가 있었다. 가장 심각한 사태는 1948년 9월에 그르노블Grenoble에서 집회 뒤 발생했다. 공산주의자 한 사람이 살해당했고, 수십 명이 부상을 당했다. 공식적인 조사가 뒤따랐다. 시위대의 막대기와 돌멩이에 맞서 드골의 몇몇 지지자들이 총으로 대응했다는 혐의로 기소되었다.

1950년대 초, 미국의 대규모 마셜 플랜Marshall Plan 원조로 인해 유럽 전반의 경제적 상황이 크게 개선되었다. 마셜 플랜은 동구권과 서구권 사이의 불편한 상태를 냉전Cold War으로 정착시킨 계기가 되었다. 프랑스 국민연합의 추진력은 처음 시작할 때의 속도로 빠르게 잃어가고 있었다. 1951년 여름이 되자 프랑스 국민연합은 의회에서 다수 의석과는 거리가 먼 겨우 120석 만을 차지하고 있었다. 그러나 드골은 단호했다. 그가 이끄는 한 정부와의 타협이란 없었다. 프랑스 국민연합은 야당으로 유지될 수밖에 없었다.

예상대로 정부와 일하는 것이 애국적 의무라고 생각하는 프랑스 국민연합 회원들이 생겨났다. 특히나 인도차이나에서 프랑스 식민 제국에 대한 문제가 불거지고, 통제에서 벗어난 프랑 예금인출 소동으로 치달은 경제적 불안정으로 인한 어려운 시기에 그런 생각을 하게 되었다.

1952년 여름이 되자, 드골의 동료 중 한 사람은 연합 정부를 구성하자는 제안을 받았다. 그리고 그해가 지나갈 때쯤 프랑스 국민연합에서 대략 25%의 충실했던 회원들이 떠났다. 결국 드골은 이러한 전前 프랑스 국민연합 회원들에게 공개적으로 조직의 이름이나 더욱 중요한 자신의 이름을 내걸고 활동하지 말 것을 선언했다.

큰 장래성을 지니고 창설했던 프랑스 국민연합은 거의 6년이 지난 뒤 실망만을 남기고 끝이 났다. 반대 측에 서는 것은 이 전직 지도자에게는 익숙한 일이었다. 하지만 보통선거를 통해서 권력으로 복귀하고자 하는 시도는 사실상 그동안 경험이 없었던 과정이었으며, 이에 대해서는 열정보다는 경멸하는 마음이 더 컸다. 제4공화국의 수립에 대한 대응으로 탄생한 프랑스 국민연합은 프랑스인의 관심을 취약한 정부의 실패에 두게 했다. 같은 시기에 미국은 공산주의의 확산에 절대 반대한다는 미국 대통령의 주장인 트루먼 독트린Truman Doctrine은 냉전을 확대시켰고, 그로 인해 아슬아슬하게 프랑스를 서구 진영과 가깝게 끌고 갔다.

드골은 선거 절차를 통해서는 권력 복귀가 힘들 것이라고 결론을 내렸다. 본래의 전제조건은 언제나 정확했다. 몇몇 커다란 사건이 발생할 것이고, 이어서 다시 한 번 국가를 이끌어 달라는 요청을 받는 것이었다. 그 시기가 오면 정부 내에 있는 조직이 유용할 것이다. 그는 정치 경력의 초기에는 그러한 구조의 가치를 인식하지 못했지만, 이제는 '의회 내 친구들'이라고 부르는 이들과 관계를 유지하고 있었다.

1955년 7월에 드골은 공식적으로 정계에서 은퇴하겠다고 다시 한 번 선언했고, 프랑스 국민연합이 전략적으로 실패라는 것을 인정할 수밖에 없었다. 그러나 그는 그 조직의 지도자로서 현대 사회에서 프랑스와 프

> **샤를 드골은 평생 여러 책을 저술한 작가였다. 60년이 넘는 인생에서 13권의 간행본과 3만 5,000통의 편지, 그리고 5권 분량의 연설문을 저술했다. 그는 정확하게 구두점을 찍었고, 언제나 검정 잉크를 묻혀 직접 손으로 글을 썼다.**

랑스 국민, 그리고 프랑스의 위치에 대해서 깊은 이해를 보여주었다. 대화를 통해서 평범한 프랑스인들을 사로잡았으며, 정치적 타협의 본질에 대한 통찰력을 얻었다. 이러한 경험들은 미래에 유용하게 사용되었다.

✝ 작가 드골

샤를 드골은 평생 여러 책을 저술한 작가였다. 60년이 넘는 인생에서 13권의 간행본과 3만 5,000통의 편지, 그리고 5권 분량의 연설문을 저술했다. 그는 정확하게 구두점을 찍었고, 언제나 검정 잉크를 묻혀 직접 손으로 글을 썼다. 1952년 프랑스 국민연합이 축소되면서, 그는 자신의 가장 중요한 문학적 과업인 『전쟁 회고록』을 작성하기 시작했다. 은퇴와 대중의 이목으로부터 멀어진 것이 처음으로 자신을 돌아볼 수 있게 했다. 딸 엘리자베트가 원고를 타이핑했다. 그리고 1954년 10월에 출판된 첫 번째 편인 '영예로운 소명 L'Appel'은 5주도 지나지 않아서 10만 권 이상 판매되었다. 이 작품은 예술적이고, 감동적이며, 유창했다. 작가인 찰스 윌리엄스 Charles Williams 는 다음과 같이 말했다.

"『전쟁 회고록』은 의심의 여지없이 프랑스 문학이 소유한 위대한 작품이다. 그 표현은 고귀하고, 분석은 통찰력이 깊으며, 글의 범위는 엄청나다. 물론 자신의 삶에 대해서 장군은 공평하고 객관적인 역사로 기술하는 시도는 하지 못했다. 이 작품은 그가 살아온 위대한 드라마에서 자신의 역할에 대한 개인적인 옹호에 더 가까울 것이다. 그것 자체로는 이 작품이 빈번하게 왜곡된 관점으로 사건들을 바라보고 있다고까지 말할 필요는 없다."[5]

『전쟁 회고록』은 드골의 관점과 단호함을 반영했다. 이러한 성격은 운명의 이끌림에 의해 형성되었고, 전쟁과 정치적 난관들을 통해 강화된 것이었다. 거기에 이미 지나온 머나먼 길에 대해 개인적 노력을 강조했고, 외관상 금욕주의가 어울렸던 그에게는 거의 볼 수 없었던 인간적인 감정이 조금씩 더해졌다. 그는 죽는 날까지 글을 썼다. 그리고 문학 작품으로부터 얻은 수입은 사랑했지만 떠나보내야만 했던 딸 안을 추모

북대서양조약기구

일명 나토(NATO). 북대서양 조약에 바탕을 둔 서유럽 지역의 집단 안전 보장 기구. 1949년 4월 유럽의 여러 국가와 미국, 캐나다 간에 서유럽에 대한 군사적·경제적 원조를 내용으로 하는 조약이 체결되어 출범했다. 제2차 세계대전 뒤 미국·소련의 냉전이 격화하는 가운데 소련 및 동유럽의 사회주의 진영에 대항하며 자본주의 옹호를 위한 군사 동맹망의 중요한 일부를 형성하여, 가맹국 군대로 조직된 나토군이 배치되었다.
최초 가맹국은 미국·영국·프랑스·이탈리아·베네룩스 3국(벨기에·네덜란드·룩셈부르크)·포르투갈·덴마크·노르웨이·아이슬란드·캐나다이며, 그 뒤 그리스와 터키(1952년)·서독(1955년)·에스파냐(1983년)가 가맹했다. 본부는 파리에 있었으나 1966년 프랑스가 탈퇴하면서 벨기에 브뤼셀로 이전했다.

> 그는 언제나 속임수의 대가였다. 동구권과 서구권이 겨루게 하고, 동맹과 동맹이 서로 경쟁하게 만들었다. 99

하는 재단의 설립 자금으로 쓰였다.

드골이 『전쟁 회고록』을 완성하기 위해 고심하고 프랑스 국민연합의 명백한 실패를 받아들이려고 노력할 때, 그를 둘러싼 세계정세는 소용돌이 치고 있었다. 비록 그가 1949년에 탄생한 군사적 동맹을 환영하기는 했지만, 통합지휘체계인 나토(NATO)라는 형식을 묵인했을지는 상당히 의심스러운 부분이다. 나토는 서유럽 안보에 대한 미국의 개입을 더욱 강화했기 때문이다. 그는 틀림없이 프랑스의 전통적인 적이자 지금은 분단된 독일을 재무장하는 것에 반대했을 것이다. 그는 유럽 석탄 철강 공동체European Coal and Steel Community 의 창설을 공공연히 비난했다. 이 공동체는 1950년 봄 제4공화국 정부가 제안한 것으로 후에 유럽 공동 시장의 기초가 되었고, 프랑스 산업 기반의 통제에 대한 양보를 포함하고 있었다.

✝ 프랑스 식민 제국의 몰락과 드골의 정계 복귀

한편 프랑스는 인도차이나에 대한 지배력을 상실했다. 1954년 봄, 디엔비엔푸Dien Bien Phu에서 재앙이라고 할 수 있을 정도로 대패했다. 그리고 한 달이 되지 않아 피에르 망데스-프랑스Pierre Mendès-France가 새 수상이 되었다. 드골의 전쟁 동료인 망데스-프랑스는 인도차이나라는 패배의 늪에서 프랑스를 구출하기 위해서 움직였다. 그래서 라오스^{Laos}, 캄보디아^{Cambodia}, 그리고 분리된 베트남^{Vietnam}과 독립을 보장하는 조약을 협상했다. 아프리카에서는 튀니지 독립에 대한 토의가 진행되었다.

그러나 알제리는 다른 이야기였다. 비록 총독이 권력을 행사하고 있었지만 대부분의 프랑스인은 알제리를 식민지라기보다 사실상 프랑스 공화국의 일부로 여기고 있었다. 알제리를 프랑스의 영향력 아래에 남겨두려는 사람들과 분리주의자들 사이의 폭력사태가 1954년 가을 발생했다. 하지만 적절한 해결책은 나오지 않았다. 지난 20년간 패배에 익숙해진 프랑스 군대지만 이번만은 조용히 넘어가지 않으려고 했다. 그

인도차이나 전쟁

19세기 후반 베트남은 점차적으로 프랑스에 의해 점령되었다. 프랑스는 베트남을 처음에는 식민지로(1883~1939), 그 후에는 속령으로 통치했다(1930~1945). 베트남인의 지배권이 회복된 것은 1945년 9월 2일 호찌민^{胡志明}이 베트남의 독립을 선포한 이후이다. 프랑스가 베트남의 독립에 반대하자 호치민은 1946~1954년에 게릴라들을 이끌고 프랑스와 싸웠으며(제1차 인도타이나 전쟁), 이 전쟁은 1954년 5월 7일 디엔비엔푸에서 베트남인의 승리로 끝났다. 1954년 7월 21일에 제네바에서 조약이 체결되었는데 그 내용은 북위 17도를 경계로 공산주의자가 지배하는 북쪽과 미국이 지원하는 남쪽으로 나뉘어 나라를 일시적으로 분단하는 것이었다. 그 후 남부 베트남에서 친공산주의 반란군들의 활동이 강화되자 미국이 개입하게 되었으며 이로써 제2차 인도차이나 전쟁, 즉 베트남 전쟁(1965~1975)이 시작되었다.

한편 캄보디아는 1863년 이후, 라오스는 20세기 이후 프랑스의 보호령이었다. 캄보디아는 1953년 노로돔 시아누크$^{Norodom\ Sihanouk}$ 왕의 지휘하에 독립을 쟁취했으며, 라오스 역시 1949~1954년에 몇 단계를 거쳐 독립을 달성했다.

리고 이러한 사실에 대한 인식은 제4공화국의 어깨를 무겁게 내리 눌렀다. 알제리 민족해방전선Front de Libération Nationale: FLN은 오직 분리 독립만을 주장했다.

드골은 항상 프랑스 식민 제국의 독립 문제를 막는 것을 거부했다. 그리고 1955년 여름, 북아프리카 국가들과의 '연합'이 미래를 위해서 좀 더 받아들일 만한 체제라고 언급했다. 의도적으로 '연합'이라는 모호한 어휘를 선택했다. 그는 조용하지만 냉담한 태도를 유지했다. 하지만 세계 정세에 대해서 드골에게 의견을 구하던 사람들이 때때로 장군의 입장과 상반되는 시각으로 나타났다. 드골은 어떠한 보고서도 자신이 논평했다고 보증한 적이 없으며, 개인적인 자리에서 오고간 화제로 만들어진 것이라며 성명서까지 발표하기에 이르렀다.

알제리 문제에 대한 모호한 태도는 드골의 원대한 계획에 있어 중요한 부분이었다. 그의 권력 복귀는 알제리 문제가 해결되지 않은 채 남아 있고, 또한 정부가 우유부단한 모습을 보이며 사건들을 통제하지 못할수록 더욱 용이한 일이었다. 둘 중 어느 쪽으로든 헌신하려는 사람이 없음은 그의 활동을 자유롭게 만들 뿐이었다. 이 전략은 실용적인 정치였고, 드골의 고전적인 방식이었다. 한편 정부의 내부 및 외부에 있는 드골의 지지자들 사이에는 자신들의 지도자의 귀환을 촉진시키려는 계획이 진행되고 있었다.

1958년 봄, 프랑스에서의 내전에 대한 예측이 매우 현실화되었다. 군 내부의 일부 세력이 정부를 장악하고자 공모를 했다. 결국 4월에 매우 불안정했던 제4공화국 내각이 무너졌다. 제4공화국 대표단으로부터 드골에게 어떤 조건으로 정부를 꾸릴 것인지를 묻는 전화가 걸려왔다. 하지만 드골은 시기상조라며 이를 단호하게 거절했다. 며칠이 안 되어 성난 폭도들이 알제리에 있는 총독 사무실을 짓밟았다. 군 지휘부는 알제리 민족해방전선과 협상을 하는 어떠한 정부도 옹호하지 않을 것이라고 맹세했다.

드골은 정치적인 외줄을 타면서 조국이 자신의 목소리를 듣고자 소리칠 때까지 기다렸다. 그가 침묵을 지키고 있는 한 군대는 파리의 정부를 장악하고 있을 것이다. 그러나 너무 섣부르게 움직였다가는 충격에 휩

알제리 독립

프랑스는 1830년 처음 알제리를 침공한 이래, 식민지화와 강력한 동화정책을 통해 알제리를 프랑스의 일부로 편입했으나 현지 주민들에게는 참정권이 전혀 주어지지 않았다. 제1차 세계대전이 끝난 후 알제리에서도 피어오르기 시작한 아랍 민족주의는 1945년 이후에는 더욱 고조되었다. 제2차 세계대전 후 다른 프랑스 식민지는 잇따라 독립했으나, 알제리 독립의 요구는 받아들여지지 않았다. 1954년 11월 1일, 알제리 민족해방전선(FLN) 주도로 최초의 봉기가 일어났고, 7년 4개월에 이르는 독립전쟁을 시작했다. 알제리 독립전쟁 중 알제리 군인 및 민간인, 프랑스 군인 등 50여만 명이 희생되었다. 프랑스 본국에서는 강력한 사회당과 공산당은 이들을 지지했지만, 우파 정당들은 알제리가 계속 프랑스 영토로 남아 있어야 한다고 주장했다. 8년여 동안 프랑스군은 알제리 내부 안정을 위해 싸웠지만 양측 간의 감정은 날이 갈수록 험악해져 드디어 FLN의 군사과격파에 대해 공개적으로 전투를 개시하기에 이르렀다. 프랑스군은 알제리를 물리적으로 장악하는 데는 성공했지만 정치적인 싸움에서는 이길 수 없었다.

1958년, 은퇴했던 샤를 드골 장군이 알제리 사태를 해결하고 프랑스 정부를 진정시키기 위해 정계로 복귀했다. 드골은 알제리의 민족자결권 승인을 원칙으로 하는 방침 아래, 1958년 9월 FLN이 수립한 알제리공화국 임시정부와의 교섭을 추진했다. 그리고 1962년 7월 3일 알제리는 독립을 달성했다.

싸인 의회의 투표로 성급하게 성립되는 바람에 불안정했던 제4공화국의 마지막 내각과 마찬가지로 자신을 위태로운 국면으로 이끌 수도 있다고 보았다.

마침내 1958년 5월 15일 오후 5시, 드골은 때가 왔다고 결론을 내렸다. 그리고 그는 다음과 같이 시작하는 성명서를 발표했다.

"일전에 조국은 깊은 심연으로부터 이 나라를 구원으로 이끌 임무를 저에게 맡겼습니다. 현재 이 나라를 향해 밀려오는 새로운 시련 앞에서, 저는 공화국의 정권을 인수할 준비가 되어 있습니다."[6]

계속해서 상황이 악화되자, 알제리에 기반을 둔 프랑스 공수부대가 코르시카 섬을 무혈 탈환했다. 현지 경찰세력이 동참했다. 코르시카에서 시작된 군사적 행동이 몇 시간 안으로 프랑스 본토에서도 일어날 것이라는 소식이 드골에게 전해졌다. 원로 장군 드골의 몇 마디가 봉기를 저지했다. 하지만 그를 비방하는 사람들은 드골이 독재자가 되려고 한다며 비난했다. 드골이 자신의 소유가 아니던 권력을 행사하기 위해서 정치적인 혼란을 이용한다는 것이었다.

프랑스 국민을 향한 연설이 있은 지 2주 뒤, 드골은 정부 구성을 위한 자신의 조건을 제시했다. 의회를 휴회시킬 수 있는 권한과 함께 제한적인 위급 시기에 완전한 권력을 행사하고자 했고, 새로운 정부는 이러한 내용을 담은 새로운 헌법을 제정할 수 있는 권한을 부여받고자 했다. 새로운 헌법은 국민투표에 부치기로 했다. 1958년 12월 드골은 제5공화국의 대통령으로 선출되었고, 1946년 6월 바이외에서 말한 자신의 비전을 계승한 정부를 이끌게 되었다.

새로운 정부는 곧 승인을 받고 내각을 구성했다. 사흘 뒤 드골은 알제리에 도착하여 떠들썩한 환영을 받았다. 그는 즉시 개인적인 능력을 발휘했다. 이는 혼돈으로부터 질서 있는 모습을 가져오기 위해서 필요했다. 단순한 드골의 존재만으로도 진정 효과가 있었다. 그리고 알제리의 독립 문제를 해결하려는 의지를 표명하는 한편 분리주의자와의 논의를 반대하는 사람들을 진압했다.

그러나 알제리 독립을 향한 길을 여전히 멀었다. 알제리 민족해방전선 지도자들과의 협상 또한 1960년 여름까지도 이루어지지 않았다. 알제리인의 자치 결정에 대한 문제는 국민에게 넘어갔다. 프랑스 국민의 76%가 알제리가 독자적인 길을 걷는 것에 찬성표를 던졌다. 알제리에서는 70%가 찬성표를 던졌다. 거의 1년에 가까운 추가 협상 뒤 알제리는 1962년 7월 3일 독립국이 되었다. 알제리에서의 활동은 개인적인 위험을 야기했다. 알제리의 독립에 찬성하거나 또는 반대하는 극단주의자에 의해서 드골의 목숨을 노린 시도가 최소한 아홉 번이나 있었다. 이 중에서 두 번은 거의 성공할 뻔했다.

1958년 샤를 드골의 부상은 프랑스 역사의 분수령이 되었다. 엄청난 명성과 한결 같은 의지, 그리고 뛰어난 리더십을 통해서 드골은 프랑스를 혼돈의 벼랑과 국가적인 격변에서 구원했다. 아마도 그가 제2차 세계대전 이후 조국에게 준 가장 큰 선물은 프랑스를 길고 값비싼 알제리와의 전쟁에서 해방시킨 것이었다. 알제리에서 프랑스는 군사적으로 절대 승리할 수 없었고, 평화를 향한 절차를 통해서만 명예롭게 알제리를 안정시킬 수 있었다.

✝ 프랑스의 국가원수

11년 이상 샤를 드골은 프랑스의 국가원수를 역임했다. 외교정책은 그가 프랑스의 이익을 위한 것이라고 믿는 것에 기초한 강경 노선을 추구했다. 여기서 가장 중요한 것은 계속되고 있는 그의 편집증이었다. 드골은 미국과 영국이 프랑스를 이류 국가의 지위로 격하시키려 한다고 생각했다. 드골은 유럽을 위한 '대륙적인' 정책을 주장하기 위해서 모든 기회를 이용했다. 이 정책을 통해 유럽이 대서양에서 우랄Ural 산맥에 이르기까지 외부의 고압적인 영향으로부터 벗어나야 한다고 선언했다.

대통령 재임 시절의 드골(1961년)

드골의 지휘 아래서 프랑스 정부는 일련의 주요한 목적을 가지고 있었다. 프랑스의 정치적, 군사적, 그리고 방어결정 권한과 정책에 대한 완전한 독립이 그 중 하나였다. 또한 프랑스가 세계열강이 될 수 있게 할 프랑스군의 핵 능력 보유와 나토 및 유럽에 있는 본부에 대한 프랑스의 참여 종결도 포함되었다. 1949년 나토 협약을 통해서 구체화된 이후로 20년에 걸쳐 서유럽 안보에 있어 미국인들의 개입이 계속되고 있었다.

게다가 제5공화국 정부는 유럽 공동 시장의 후원 아래에서 프랑스가 정치적·군사적·경제적 협력 체제의 지도자가 되고자 모색했다. 프랑스는 영국이 미국과 유대관계를 지속하고 영국의 지도자들이 유럽 대륙의

> 드골의 지휘 아래서 프랑스 정부는 일련의 주요한 목적을 가지고 있었다. 프랑스의 정치적, 군사적, 그리고 방어결정 권한과 정책에 대한 완전한 독립이 그 중 하나였다. 또한 프랑스가 세계열강이 될 수 있게 할 프랑스군의 핵 능력 보유와 나토 및 유럽에 있는 본부에 대한 프랑스의 참여 종결도 포함되었다.

복지를 부차적인 것으로 생각한다면 정책 결정에 대해서 거부권을 행사하여 영국을 공동 시장에서 제외시키려고 했다.

유럽 공동 시장에 대한 드골의 공인된 목표는 "이 유럽 조직을 세계의 3대 권력 중 하나로 만들고, 언젠가 필요하다면 소련과 앵글로색슨Anglo-Saxon 양 진영 사이의 중재자가 되는 것이었다."**7**

드골은 유럽의 권력으로 프랑스의 주권을 증진시키기 위한 노력으로 핵미사일에 대한 미국의 제안을 받아들이지 않았다. 미국의 제안은 미사일을 독자적으로 자유롭게 사용할 수 없는 제안이었다. 드골은 마찬가지로 프랑스에 미국이 통제하는 핵무기를 배치하는 것을 허락하지 않았다. 그 대신 프랑스는 1960년 알제리 사막에서 독자적인 핵폭탄 실험에 성공했다. 그리고 핵 무장 프로그램이 이어졌다.

또한 드골은 프랑스나 유럽 모두가 자신들의 군사력을 통제하지 않는다면 서로 간의 마찰은 없을 것이라고 생각했다. 따라서 프랑스는 나토 연합의 밖에 있어야만 했고, 미국이 주도하는 헤게모니의 우산에서 벗어나야 했다. 프랑스는 대서양 조약Atlantic Treaty에 따라서 서방과의 협력

국빈으로 독일을 방문한 프랑스 대통령 드골을 환영하는 독일 총리 아데나워.

을 계속했지만, 1966년 3월 7일 군사 동맹에서 탈퇴했다.

드골은 영국이 미국의 유럽 개입을 위한 트로이 목마에 불과하다는 사실을 두려워했다. 1963년 1월 14일, 그는 영국이 유럽 공동 시장에 진출하는 것에 대해서 거부권을 행사했다. 그는 국제적인 영연방 및 영국 경제의 기본구조는 비교적으로 소규모인 농업 시장 분야를 포함한 유럽 대륙 국가들의 경제 기본구조와 다르다는 것을 언급했다. 섬나라인 영국이 공동 시장에 진출한 것은 그로부터 10년이 지난 뒤이고, 드골이 사망한 지 3년이 지나서였다.

독일연방공화국과 밀접한 협력을 모색하던 드골은 영국의 유럽 공동 시장 진출에 대해서 거부권을 행사한지 일주일 뒤, 콘라트 아데나워 Konrad Adenauer 총리와 협력 조약에 서명했다. 그의 희망은 더 강력한 협력을 통해서 서부 유럽이 세계 정치에서 차지하는 영향력을 강화하고, 유럽 대륙에서 프랑스의 지도적 위치를 증진시키는 것이었다. 비록 두 지도자들이 새로운 협력의 시대를 열었지만, 드골은 아데나워가 나토의 충실한 지지자라는 것에 실망했다.

1960년대 중반 동안 프랑스 대통령 드골은 세계 정치 무대에 더 깊이 개입했다. 1964년 프랑스가 중화인민공화국中華人民共和國을 인정한 것은 미국을 경악하게 만들었다. 드골은 미군의 베트남 군사개입도 비난했다. 또한 프랑스는 쿠바 미사일 위기Cuban Missile Crisis 상황에서 전쟁이 발발한다면 케네디Kennedy 정부를 지지할 것이라며 미국을 안심시켰지만, 오히려 약 4년 뒤 소련과 데탕트détente의 시기를 열었다.

1967년 여름의 역사적인 캐나다 방문 시 드골은 "자유 퀘벡 만세!Vive le Québec Libre!"라고 외친 후 연설을 끝냈다. 이는 프랑스어를 사용하는 퀘벡의 분리주의 운동에 대한 명백한 언급이었고, 캐나다 정부에게 당혹감을 안겼다.

드골은 부상하는 제3세계 국가들에게도 손을 뻗었다. 그는 프랑스의 경제적 원조와 자신의 리더십을 제공했다. 이는 예전에 프랑스 제국이 후진국들에게 정치적인 교두보를 제공한 것과 같은 맥락이었다.[8]

외교정책의 효과에 대한 논란이 계속되는데 반하여 국가 명성을 끌어올리는 데는 성공했다. 프랑스에 대한 영·미의 음모라는 적대감과 불신 때문에 그는 나토 지휘 구조 밖에서 군사적 동맹을 유지했다. 그는 미국에서 소련과 중국에 대해 데탕트 분위기가 나타나고 있음을 감지했고, 이 분위기는 잠재적인 정치적 조정자로서 프랑스의 역할을 축소시켰다. 또한 프랑스가 서부 유럽에서 지도자 역할을 주장할 수 없다는 것도 깨달았다. 이는 급성장한 독일의 경제와 미국과 거리를 두지 않으려는 독일 정부 때문이었다. 비록 이유는 타당했지만 영국의 공동 시장 진출에 대한 거부권 행사는 보복적인 기미가 다분히 엿보였다.

대내적인 면에서 샤를 드골은 언제나 권력은 국민의 동의로부터 나온다고 믿었다. 따라서 프랑스 정부에 대한 사실상의 지배에도 불구하고 본질적으로 자신만의 정부를 만드는 것을 꺼려했다. 그는 1962년 여름 의회를 무시하고, 150년 동안 시행되었던 의회를 통한 투표가 아닌 총선거를 통해서 프랑스의 미래 대통령을 선출하도록 하는 안건을 국민투표에 부쳤다. 의회는 크게 반발했다. 그러자 대통령은 의회를 해산하고 새로운 선거를 요청하는 것으로 대응했다. 반면에 투표 결과 62%가 대통령 선거 절차에 대한 변화를 선호했고, 드골의 정치적 힘을 승인해주었다.

헌법 내용은 해석하기 나름이었다. 그래서 의문이 생기는 경우 드골은 대통령의 권위가 최고라는 전제를 기반으로 행동했다. 그러나 의회는 정부의 입법기관이었다. 따라서 드골은 완전한 드골 지지자들의 다수 의석과 중도주의자들과 협력을 통해서 집행 가능한 의석이 모두 필요했다. 드골은 오랫동안 특정한 당의 정치적 동요나 원칙들에 얽매이지 않는 정부의 수장이 되기를 염원해 왔기 때문에 이는 계속해서 걸림돌이 되었다.

1962년부터 1968년까지 샤를 드골의 정부는 자비심 많은 독재자 정부와 많은 면에서 유사했다. 드골은 항상 대중으로부터 권위를 부여 받았다고 생각했다. 또한 원칙적으로 자신의 명령에 따르는 내각 장관들을 주변에 배치했다. 그리고 자신이 적합하다고 생각하는 사람을 수상으로 임명하고 다루었다. 그에 따르면 대통령은 국가의 권위에 대한 통치 책임이 있고, 수상은 정부의 일상적인 업무를 처리할 의무가 있었다.

종종 드골은 정부의 일상적인 업무에도 관여했다. 그는 장관들과의 협의 없이 정책이나 노선을 발표하곤 했다. 집권 기간이 길어질수록 대통령의 권한 범위를 넓혔고, 이러한 행동들을 헌법의 광범위한 해석에 기초하여 정당화시켰다. 프랑스뿐 아니라 서유럽 전체가 1958년부터 1967년까

> **위대한 지도자들이 해야만 하고 또 그가 과거에 수도 없이 해왔던 것처럼, 샤를 드골은 내면 깊숙이 성찰하면서 계속 나아갈 수 있는 불굴의 용기를 찾아냈다.**

지 장기간 누렸던 경제적인 번영은 그의 명망을 더욱 높여 주었다.

제2차 세계대전 이후에 일어난 경제적 회복과 수년간의 성장의 기반은 얄궂게도 악명 높은 제4공화국 덕분이었다. 제4공화국은 현명하게도 마셜 플랜 펀드에 투자를 했고, 공동 시장의 기초가 된 유럽 석탄 철강 공동체를 구성하는 협정에도 참여했다. 만약 드골이 1958년 이전에 권력에 복귀했다면 프랑스 정책은 광범위한 부흥에는 방해가 되었을 것이다.

그럼에도 불구하고 프랑스의 정신은 무언가 불안정했다. 심지어 사람들은 다시 찾아온 번영으로 삶의 수준이 높아졌지만 완전히 만족하지 못하고 있었다. 1960년대에 시행된 여러 설문조사에 따르면, 경제 정책에 대한 만족도는 일반적으로 50%를 밑도는 것으로 나타났다. 신망 있는 대통령의 전체적인 인기는 그 수준 밑으로 떨어진 적이 없었지만 말이다.

드골은 1965년 재선에 출마했고, 국민의 직접선거가 대통령의 임기를 늘려줄 것으로 기대했다. 지방 및 국내 정치가들의 의회를 통해서 대통령을 선출하는 제도를 없앤 것은 드골이었다. 드골은 국민의 의지가 선거를 통해서 드러날 것이라고 생각했다.

하지만 조금 충격적이게도, 프랑스인의 가만있지 못하는 성미 때문에 드골은 투표 결과 44%에도 못 미치는 지지를 받았다. 한편 경쟁자 프랑수아 미테랑François Mitterand과 장 르카뉘에Jean Lecanuet는 각각 32%와

Chapter 8 프랑스 만세   293

약 16%의 지지를 얻었다. 2차 투표 결과 드골이 미테랑을 54.4 대 45.5로 이겼지만, 이는 공허한 승리였다. 대통령으로서나 개인적으로나 명망에 타격을 받았다. 2년 뒤 열린 의원 총선에 이어서 드골 지지자들은 연합정부를 구성할 것을 강요당했고, 그들은 한 석 차이로 겨우 다수 의석을 유지할 수 있었다.

1968년 봄이 되자, 프랑스는 그날그날을 꾸려나가는 침체에 빠지게 되었다. 상대적으로 높은 프랑의 가치와 균형 예산을 고집하는 드골의 경제 정책은 경제 성장에 걸림돌이 되었고 실업 증가라는 결과를 초래했다. 드골은 10년 가까이 독재적으로 통치를 했다. 표면 아래에는 불만이 자라고 있었다. 5월에는 학생들이 시위를 했다. 증가하는 인구를 감당할 수 없었기 때문에 진학 기회가 부족해진 것이 부분적인 원인이었다. 같은 달, 드골 정부는 생산에 차질을 주는 노동자 파업으로 실각의 위협을 가중되었다. 프랑스 주요 도시의 밀집한 거리마다 공통된 맥락인 권위적인 규정에 대한 불만이 흐르고 있었다.

변화하는 시대에 휘말린 연로한 대통령은 격변의 해 동안 전 세계를 휩쓴 개인주의와 표현의 자유를 완벽하게 이해할 수 없었다. 그러한 격변은 질서, 강국을 위한 충성, 위엄의 개념과 대조를 이루었다. 이것은 혼돈이었다.

드골은 초기 위기 때 시위자들을 심각하게 생각하지 않았다. 군대를 보내서 질서를 회복하는 방안도 심사숙고했다. 하지만 최종적으로는 폭력 증가를 야기할 것이 분명했기 때문에 같은 국민끼리 서로 대치시키는 것을 꺼렸다. 드골은 정치 인생에서 처음으로 흔들렸고, 무엇이 적절한 행동인지 확신을 갖지 못했다. 아마도 나이나 피로 탓인 것 같았다.

반대파의 세력과 숨은 의도에 대해서 분명하게 파악하는 것은 더욱더 어려웠다.

드골이 무심하고 당혹스러워하는 동안 조르주 퐁피두Georges Pompidou 수상은 정부가 조합과 협상하는 데에 노력을 기울였고, 논의하고 협상할 수 있는 세부내용을 파악했다. 반면에 이러한 상황은 정치적 반대파에게 기회였다. 특히 좌파인 미테랑이 새로운 정부의 잠재적인 지도자로 한발 앞서 나갔다.

중대한 위기에 극적으로 사건을 처리하는 드골의 재주가 다시 한 번 발휘되었다. 5월 29일 아침에 드골은 돌연히 내각회의를 취소했다. 잠시 뒤 그는 보좌관에게 자신은 지쳤으며, 콜롱베레되제글리즈에 있는 집에서 쉬고 싶다고 말했다. 장관들은 놀랐고, 그가 떠난 것도 모르고 있었다. 곧 드골이 정말로 사라져버렸다는 사실이 명백해졌다. 수도를 둘러싸고 소문이 퍼지기 시작했다. 대통령이 정식으로 사임한 것인가? 그가 무력해진 것인가? 굳세고 결단력 있는 성격이 마침내 무너진 것인가?

집으로 곧장 가는 대신 드골은 부인과 함께 동쪽으로 향하여 독일 바덴바덴Baden-Baden 으로 갔다. 그곳의 슈바르츠발트에는 프랑스군이 주둔하고 있었다. 프랑스 대통령은 독일 주둔 프랑스군 사령관 자크 마쉬Jacques Massu 장군과 약 90분 동안 이야기를 나누었다. 비록 둘 사이의 왕래가 최근 몇 년간 줄긴 했지만, 마쉬는 1958년 드골의 권좌 복귀를 도왔던 인물로 확실하게 대통령의 신임을 받고 있었다.

대화의 정확한 내용은 비밀로 남아있다. 정확히 말해서 드골이 자신의 직위를 떠날 것인지를 고민했는지, 아니면 단순히 극적인 효과를 주기 위해서 몇 시간 내로 돌아갈 계획으로 빠져나온 것인지는 아무도 알지 못했다. 5월 29일 이른 아침, 그는 콜롱베레되제글리즈에 도착했다. 그리고 베르나르 트리코Bernard Tricot 국무장관에게 전화를 걸어 다음 날 파리로 돌아가 대對국민 라디오 연설을 할 것이라고 말했다.

5월 30일 오후 4시 30분, 드골은 새롭고 활기차게 방송을 했다. 그는 강하게 말했다.

"국가와 공화국 주권의 관리인인 저는 지난 24시간 동안 저의 통치를 유지할 수 있는 모든 경우에 대해서 예외 없이 생각해 보았습니다. 저는 결정을 내렸습니다. 현재 상황에서 퇴임하지 않을 것입니다. 저는 국민으로부터 통치권을 위임 받았습니다. 저는 그것을 완수할 것입니다. 수상을 교체하지도 않을 것입니다. 그는 용기와 단호함을 가지고 있으며, 모두로부터 존경 받고 있습니다. 저는 오늘 국회 해산을 선언합니다."[9]

마쉬와 퐁피두의 설명을 포함하여 5월 29일과 30일에 벌어진 사건들에 대한 설명은 자신감 넘쳤던 드골의 개인적인 위기를 보여주었다. 다른 한편으로 그동안 보여주었던 개인적인 힘과 단호함, 목적의식은 그를 공직 인생의 쇠퇴기로 내몰 수 없게 만들었다. 위대한 지도자들이 해야만 하고 또 그가 과거에 수도 없이 해왔던 것처럼, 샤를 드골은 내면 깊숙이 성찰하면서 계속 나아갈 수 있는 불굴의 용기를 찾아냈다. 더욱 직접적으로는 미테랑의 연설과 프랑스 공산당의 발언 증가가 그의 의지에 더욱더 힘을 실어주었다. 이러한 사건들은 정부의 권위에 대한 도전과 그가 식별하고 정면으로 맞서며 완화시켰던 역경들을 분명하게 보여주었다.

라디오 연설에 뒤이어 정부를 지지하는 대규모 시위가 파리에서 일어났다. 위기는 서서히 사그라지고 있었다. 잇따라 급작스럽게 일어난 일련의 사건을 고려했을 때, 두 극단적인 상황 중 하나는 반드시 인정될 수밖에 없다. 드골이 실패의 벼랑 끝에 몰렸지만 어떻게 해서든지 다시 빠져나온 것이거나, 아니면 능수능란한 지도자가 대혼란에서 의도적으로 자기 자신만이 할 수 있는 방법으로 스스로 빠져나와 정확한 시기에 질서를 회복시키기 위해서 복귀했다는 것이었다. 전자는 꽤 인간적이었고, 후자는 지극히 절묘했다. 어느 경우에든 훌륭한 솜씨였다.

1968년 대격변의 봄이 지난 뒤 열린 선거에서 드골의 지지자들은 압도적인 승리를 거두었다. 그들의 지도자는 교육과 다른 중요한 부문의 개혁에 대해서 열망을 가지고 있었다. 그러나 질서 회복을 전제로 선출된 정당 내 보수 정치인들의 저항에 부딪힐 것을 알고 있었다. 1969년 초 드골은 몇몇 사소한 문제에 대해서 국민투표를 진행했다. 하지만 개표가 시작되자마자 패배가 확실했다. 원래 국민투표는 국민에 대한 대통령의 유대를 확인하기 위해서 의도한 것이었다. 하지만 이번 국민투표는 품위 있고 명성 있는 공직자의 퇴장의 계기가 되었다. 지난해 위기 동안 난국에 대처하여 수완을 발휘했던 수상 퐁피두가 대통령이 되었다.

4월 25일 끝난 국민투표에서 드골은 명백하게 패했다. 15분이 안 되는 짧은 연설이 이어졌다.

"저는 공화국 대통령으로서의 권한 행사를 중단합니다. 이 결정은 오늘 정오부터 효력이 발생합니다."[10]

✞ 죽음

은퇴 이후 그는 아일랜드와 에스파냐를 방문했고, 콜롱베레되제글리즈에 정착하여 『희망의 회고록Mémoires d'Espoir』 초안을 작성했다. 80번 째 생일을 13일 앞둔 1970년 11월 9일 아침, 그는 일어나서 『희망의 회고록』 두 번째 권인 '노력L'Effort'의 세 번째 장을 작성하기 시작했다. 짧은 서신을 작성하고 이웃들과 담소를 나누었다. 저녁 뉴스가 방송되기 전에 혼자서 하는 카드 게임을 하려고 자리에 앉았다. 잠시 뒤 그는 의식을 잃었다. 그리고 몇 시간이 지나지 않아 현대 프랑스에서 가장 위대한 인물은 복부 대동맥 파열로 사망했다.

그는 이미 몇 년 전에 마지막 유언을 작성해 두었다. 그 유언은 드골의 방식대로 직설적이었다.

"내 장례식은 콜롱베레되제글리즈에서 치르기를 바란다."

1952년 1월 16일에 작성한 유언장 내용은 이러했다.

만약 내가 다른 곳에서 죽는다면 어떠한 대중적인 의례도 치르지 않고 내 시신을 집으로 옮겨야만 한다.

나의 무덤은 현재 내 딸 안이 묻혀 있고 언젠가 내 아내도 묻힐 그곳이다. 묘비명은 "샤를 드골, 1890-○○○○" 뿐이다.

장례식은 내 개인 사무실의 도움을 받아 아들, 딸, 사위, 며느리가 협의하여 치르고 지극히 약소하게 진행해야 한다. 나는 국장을 원하지 않는다. 대통령, 장관, 국회나 법인체의 대표단이 장례식에 참석하는 것도 안 된다. 오직 프랑스 육군만이 공식적으로 참가할 수 있다. 하지만 반드시 적정 규모여야 하며 음악, 팡파르, 종소리도 없어야 한다.

교회나 다른 곳의 어떠한 애도사도 없어야 한다. 국회의 추도연설도 없어야 한다. 나의 가족과 친한 친구들, 그리고 해방훈장 Ordre de la Libération 수훈자들과 콜롱베 시의원들을 제외하고는 누구도 장례식에 초청해서는 안 된다.

남녀 프랑스인, 그리고 만약 다른 국가의 사람들 모두가 원한다면 나의 시신이 마지막으로 무덤에 도착할 때까지 동행하면서 경의를 표할 수 있

콜롱베레되제글리즈에 있는 드골의 무덤

다. 그러나 나는 이 과정이 침묵 속에서 진행되었으면 한다.

 나는 프랑스인이나 다른 외국인들에 의한 특별한 우대, 진급, 작위, 표창장, 훈장 같은 것들을 미리 거부한다. 이 중 어떠한 것이라도 나에게 온다면 이는 나의 마지막 유언을 어기는 것이 될 것이다.[11]

이걸로 끝이었다. 11월 12일 장례미사가 거행되었다. 전 세계 국가원수들이 노트르담 대성당을 방문했다. 그러나 가족들은 그들의 참석을 거부했다. 필리프 드골은 아버지의 마지막 유언을 지키기 위한 것이라고 설명했다.

샤를 드골은 죽음으로 자신의 인생에서 보여준 결단력의 마침표를 찍었다. 운명의 사나이는 언제나 자신이 숭고한 목적을 위해 태어났다고 믿었고, 자신의 인생과 프랑스의 역사가 서로 얽혀있다고 생각했다. 따라서 아주 어린 시절부터 그의 행동은 강한 신념과 역경을 견뎌내는 견고함, 강인한 성격, 그리고 리더십을 보여주었다. 그를 프랑스 민족정신의 화신이라고 부르는 것도 과장이 아니다.

그럼에도 불구하고 드골은 어떤 모순을 가지고 있었다. 그는 완벽함만을 취급했으며, 회색분자를 인정하지 않았다. 정부에서 독재적이었으며, 두 번이나 자진해서 권력에서 물러났다. 조국의 위기에서 비타협적인 태도를 통해 세력을 갖추었다. 종종 차갑고, 무심하며, 분명히 냉정했지만 장애를 가진 딸에 대한 부드러움은 감동적이었다. 그는 프랑스의 이익을 위해서 통치했으며, 조국이 세계무대에서 단역배우로 전락하는 것을 용납하지 않았다.

아마도 샤를 드골은 자신의 조국이 줄 수 있는 것보다 더 많은 것을 프

> **❝** 나는 국장을 원하지 않는다. 대통령, 장관, 국회나 법인체의 대표단이 장례식에 참석하는 것도 안 된다. … 교회나 다른 곳의 어떠한 애도사도 없어야 한다. 국회의 추도연설도 없어야 한다. **❞**

랑스에게 요구했을 것이다. 이는 프랑스를 세계 최강국의 반열에 올려놓기 위한 것이었다. 결국 그는 자신에게도 그런 요청을 했다. 그는 조국의 위대함과 자신의 운명을 통하여 전장의 총알도 자신을 두려움에 휩싸이게 하거나 멈추게 하지 못하리라는 개인적인 믿음을 입증했다.

드골의 영향력은 그를 폄하하는 많은 이들뿐만 아니라 그를 숭배하는 수많은 사람들을 만들어 냈다. 동시에 샤를 드골의 유산은 역경을 헤쳐 나가는 리더십이자 이상에 대한 약속이었다. 이 자체만으로도 그는 위대하다.

끝맺는 말

샤를 드골은 자신의 운명에 대한 확고한 믿음으로 인해 복잡한 성격을 가지고 있었다. 그는 자신의 운명이 조물주 하느님의 손에 의해서 정해졌으며, 이는 프랑스의 미래와 의도적으로 얽혀있다고 믿었다.

그는 자신의 감정을 거의 드러내지 않았고 친한 친구도 거의 없었다. 그러나 주위 사람들은 그가 어떠한 두려움도 보이지 않았다고 인정했다. 전투에서는 절대로 주저하지 않았고, 자신의 임무를 완수하고 자신의 운명을 이루는 날까지는 그 어떤 총알도 자신을 죽일 수 없다는 확신으로 침착함을 유지했다.

프랑스는 언제나 위대한 국가였다. 샤를 드골은 현대 프랑스에서 가장 어려운 시기에 국가의 양심으로 부각했다. 가장 중요한 것은 프랑스였고, 드골은 프랑스의 성스러운 수호자였다. 선택의 기로에서 드골의 비타협적인 태도는 외교적 무기였고, 일처리에 있어서 어떤 때에는 유일한 무기이기도 했다.

제2차 세계대전 동안, 프랑스 지도자 드골은 영국 수상 윈스턴 처칠의 부인 클레먼타인 처칠Clementine Churchill과 가까운 사이였다. 윈스턴 처칠은 그에게 프랑스의 적보다 프랑스의 동맹을 더 싫어하는 것은 현명하지 못한 처사라고 조언했다. 하지만 드골은 프랑스에게는 어떠한 친구도 없고 오직 이해관계만이 있을 뿐이라고 대답했다.

드골은 자기 자신에 대해서도 같은 말을 했을지도 모른다. 그는 헛된 우정과 지켜지지 않는 약속의 본질에 대해서 알고 있었다. 그는 전쟁 발발 이전 나치와의 유감스러운 유화정책과 1939년 체코슬로바키아를 배신함으로써 프랑스의 명예를 더럽히는 것을 보았다. 그리고 1940년 6월, 페탱 원수와 나치에 협력한 비시 정부 지지자들이 치욕적인 조약에 서명하는 것을 보며 괴로워했다.

유럽에서 있었던 사건을 볼 때, 프랑스를 세계무대의 일원으로 회복시키기 위해서는 드골과 같은 인물이 필요했다. 그가 없었다면 이 패배국은 나치에게 점령당하거나 열강에게 지배당하고, 마지막에 가서는 서유럽에서 월등한 영국에게 단번에 지위를 빼앗기는 단역 배우의 역할로 전락했을 것이다. 도전에 정면으로 맞서 싸우면서 드골은 인격의 힘과 성격의 강력함을 보여주었고, 이를 통해 프랑스는 다른 정부들에 크게 의존하고 있는 상황에서도 가능한 최고 수준까지 독립을 유지할 수 있었다. 어쨌든 영국과 미국의 이익은 처음부터 자기 잇속만 차리는 것이었다. 논리적으로 따져보면 프랑스의 이익도 이와 마찬가지였다.

드골은 현재에도 미래에도 자신은 국가 명예의 수호자이자 관리자라고 생각했다. 그 미래는 불구대천 원수들의 아주 심한 강권으로부터 자유로워지거나, 다른 국가들의 이익을 위한 정치적 역학 관계에 휩쓸리지 않고 독자적인 프랑스가 되는 것이었다. 드골의 행동에서 배울 수 있는 리더십은 오늘날에도 의미가 있다. 사실상 그것은 영원한 것이다. 거만함이 깃든 자신감은 사람들에게 자극이 되었다. 야비하거나 천박한 세속을 초월하여 숭고한 자기 목적에 대한 확신은 비전을 제시해 주었다. 그리고 위험한 상황에서도 자기 인생과 가족의 삶을 기꺼이 내던지고자 했던 그의 의지는 놀라운 헌신을 보여주었다.

그의 일생 동안, 그가 가진 용기와 불굴의 정신, 그리고 정치적 통찰력으로 드골을 따르는 추종자들이 생겨났다. 이 부분에 과장이 있다 할지라도 그의 행동은 자신에게 위대한 광채가 있다는 것을 증명했다. 개인적인 부를 추구하거나 안락함으로 자신의 소명을 간섭하는 일을 절대로 용납하지 않았던 그는 소박한 삶을 살았다. 어떤 때에는 무례하고, 논쟁을 좋아하며, 감사할 줄 모르고 타협하지 않는 그의 단호함은 리더십이 꼭 좋은 유머나 호감으로 이루어지는 것이 아니라는 것을 입증해 주었다. 대중은 올바른 일을 하고 확신과 인내를 보여주며 공공의 선을 위해서 권력을 행사하는 지도자를 따르기를 원한다.

드골은 이러한 특성을 구체화했다. 이 놀라운 인물은 결코 반복되지 않을 세계적 혼란기에 놀라운 능력을 보여주었다. 그는 차분한 해결로 프랑스를 이끌었고, 국가와 국민에 대한 그의 사랑은 어느 누구에게도 사과하지 않았으며, 조국의 역사에서 영원한 입지를 구축했다. 그는 사랑 받고자 하지 않았고, 인정 받으려고 하지도 않았다. 그는 자신의 판단과 행위가 정당하다는 것을 시간이 밝혀 주리라고 확신했다.

평범한 것부터 탁월한 면까지 자신만의 리더십 스타일을 성장시킨 드골의 역설은 그 남자의 복잡성과 관련 있다. 오만함과 높은 자존심 모두는 프랑스를 위한 것이었고 자신을 위한 것이 아니었다. 그는 패배하고 궁핍한 상황의 조국이 현대 시대에 놀랄만한 영향력을 미치는 국가로 변화할 때까지, 요지부동 무관심과 비타협적인 태도를 보였다. 역사를 통해 볼 때 반대의 경우는 많지만 개인의 영향력이 사건의 흐름을 만들어내는 것은 거의 찾아보기 힘들다. 살아서 그는 가만있지 못하는 본성으로 결국에는 안정을 조성한 선동가였으며, 죽어서는 자신의 장례식에서 거창한 의식을 하지 못하도록 명령한 국가의 영웅이었다. 사후에 칭찬이나 화려한 찬사를 멀리한 그는 노련하게 자신의 삶을 프랑스와 일치시켰다. 부활한 조국은 그 자체만으로도 그의 영원한 기념비였다.

육군대학을 졸업한 지 40년이 지난 뒤, 앙드레 라파르그(André Laffargue) 장군은 드골을 이렇게 회상했다.

"그는 매우 꼿꼿하고 뻣뻣하며 거만하게 걸었다. 마치 걸어 다니는 동상 같았다. 그의 얼굴은 나에게 강한 인상을 주었고, 나는 속으로 '아니, 여기 자만에 빠진 사람이 있군!'이라고 말하지 않을 수 없었다. 하지만 육군대학에서 샤를 드골과 2년의 시간을 보낸 뒤에는 처음 느꼈던 비호감적인 인상은 사라졌고, 그렇게 생각했던 내가 오히려 부끄러웠다."[1]

물론 이러한 말은 드골을 거의 신화적인 존재로 여기고 있던 1960년대에 작성한 것으로 추정된다. 라파르그는 실제로 비시 정부 기간 동안 드골을 반대했으며, 심지어 제2차 세계대전 이후의 반역자 재판에서 페탱 원수를 위해 증언을 하기도 했다. 드골의 권력과 영향력은 최소한 한때의 적들이 자신들의 위치를 다시 생각해 보도록 만들었다.

다른 사람들은 열렬한 반대자로 남았다. 하지만 결국 그들의 관점은 조금도 중요하지 않았다. 샤를 드골의 인생에서 가장 큰 원동력은 다른 국가들 사이에서 프랑스의 위대함을 높인 것이었다. 그의 이런 노력이 성공적이었다는 것에는 아무런 이의도 없다.

주 註

시작하는 말

1. Wernick et al., *Blitzkrieg*, p. 120.
2. "General De Gaulle," *TAC News*, p. 2.
3. Ibid.

Chapter 1 플랑드르의 아이

1. Cook, *Charles de Gaulle*, p. 28.
2. Ledwidge, *De Gaulle*, p. 4.
3. Schoenbrun, *The Three Lives of Charles de Gaulle*, p. 17.
4. Ibid., p. 22.
5. Lacouture, *De Gaulle*, p. 3.
6. Ibid., p. 13.
7. Ibid., pp. 9 – 10.

8. Ibid., p. 13.
9. Schoenbrun, pp. 23−25.
10. Cook, p. 26.
11. Ibid., introduction.

Chapter 2 전쟁의 도가니

1. Lacouture, *De Gaulle*, p.18.
2. Cook, *Charles de Gaulle*, p. 28.
3. Lacouture, p. 19.
4. Ibid., pp. 19−21.
5. Schoenbrun, *The Three Lives of Charles de Gaulle*, pp. 26−27.
6. Crozier, *De Gaulle*, p. 29.
7. Cook, p. 29.
8. Lacouture, p. 23.
9. Cook, p. 29.
10. Ibid., p. 30
11. Lacouture, p. 25.
12. Ibid., pp. 29−31.
13. Cook, p. 29.
14. Lacouture, p. 28.
15. Werth, *De Gaulle*, p. 71.
16. Lacouture, p. 29.
17. Ibid.
18. Ibid., p. 30.
19. Ibid.
20. Ibid., p. 31.
21. Cook, p. 30.
22. Lacouture, p. 31.
23. Schoenbrun, p. 29.
24. Ibid., p. 30.
25. Lacouture, pp. 38−39.

26. Cook, p. 31.
27. Lacouture, p. 38.
28. Ibid., pp. 48-49.
29. Ibid., p. 45.
30. Ledwidge, *De Gaulle*, p. 24.
31. Lacouture, p. 49.
32. Ibid., p. 53.
33. Crawley, *De Gaulle*, p. 32.
34. Schoenbrun, p. 37.

Chapter 3 젊은 사자

1. Ledwidge, *De Gaulle*, p. 26.
2. Lacouture, *De Gaulle*, p. 57.
3. Ibid., p. 57.
4. Ibid.
5. Schoenbrun, *The Three Lives of Charles de Gaulle*, p. 38.
6. Lacouture, p. 59.
7. Ibid., p. 60.
8. Ibid, p. 61.
9. Schoenbrun, p. 41.
10. Cook, *Charles de Gaulle*, p. 34.
11. Lacouture, p. 64.
12. Ledwidge, p. 29.
13. Lacouture, p. 60.
14. Crawley, *De Gaulle*, p. 45.
15. Cook, p. 36.
16. Ibid., p. 37.
17. Ibid., p. 38.

Chapter 4 부단한 고집불통

1. Lacouture, *De Gaulle*, p. 78.
2. Ibid., p. 79.
3. Cook, *Charles de Gaulle*, p. 47.
4. Ibid., p. 42.
5. Ibid., p. 43.
6. Lacouture, p. 101.
7. Cook, p. 43.
8. Ibid., p. 45.
9. Crozier, *De Gaulle*, p. 52.
10. Ibid., p. 85.
11. Cook, p. 46.
12. Ibid., p. 47.
13. Ibid.
14. Masson, *De Gaulle*, p. 18.
15. Lacouture, p. 131.
16. Masson, pp. 15 – 20.
17. Lacouture, p. 139.
18. Ibid., p. 141.
19. Ibid., p. 151.
20. Ibid., p. 159.
21. Ibid., pp. 160 – 165.
22. Cook, p. 52.

Chapter 5 프랑스의 정신

1. Lacouture, *De Gaulle*, p. 154.
2. Werth, *De Gaulle*, p. 85.
3. Crawley, *De Gaulle*, p. 94.
4. Masson, *De Gaulle*, pp. 25 – 26.

5. Cook, *Charles de Gaulle*, p. 54.
6. Lacouture, p. 179.
7. Crawley, pp. 99–100.
8. Lacouture, p. 184.
9. Ibid., p. 185.
10. Cook, p. 61.
11. Ledwidge, *De Gaulle*, p. 54.
12. Shirer, *The Collapse of the Third Republic*, pp. 761–762.
13. Crawley, p. 104.
14. Cook, p. 64.
15. Ibid.
16. Lacouture, p. 197.
17. Churchill, *The Gathering Storm*, p. 198.
18. Lacouture, p. 199.
19. Ibid., p. 200.
20. Ibid., pp. 200–201.
21. Ibid., p. 201.
22. Williams, *The Last Great Frenchman*, pp. 101–104.
23. Cook, p. 72.
24. Ibid., p. 72.

Chapter 6 잿더미에서

1. Schoenbrun, *The Three Lives of Charles de Gaulle*, p. 84.
2. Cook, *Charles de Gaulle*, p. 74.
3. Ibid.
4. Shirer, *The Collapse of the Third Republic*, p. 862.
5. Ibid., p. 880.
6. Cook, pp. 76–79.
7. Lacouture, pp. 236–237.
8. Ibid., pp. 242–243.
9. Cook, pp. 85–87.

10. Ibid., pp. 120-123.
11. Ledwidge, *De Gaulle*, p. 89.
12. Cook, p. 125.
13. Lacouture, p. 288.
14. Cook, pp. 163-164.
15. Lacouture, p. 398.
16. Ibid., p. 399.
17. Cook, p. 187.
18. Ledwidge, pp. 142-147.
19. Lacouture, p. 445.
20. Ibid., p. 521.
21. Ibid., pp. 525-526.

Chapter 7 의기양양한 복귀

1. Ledwidge, *De Gaulle*, p. 172.
2. Cook, *Charles de Gaulle*, p. 228.
3. Eisenhower, *Crusade in Europe*, p. 296.
4. Cook, p. 245.
5. Lacouture, *De Gaulle*, p. 578.
6. Cook, p. 190.
7. Ledwidge, p. 208.

Chapter 8 프랑스 만세

1. Lacouture, *De Gaulle*, p. 130.
2. Cook, *Charles De Gaulle*, p. 301.
3. Williams, *The Last Great Frenchman*, p. 318.
4. Cook, p. 305.
5. Williams, p. 336.
6. Cook, p. 319.

7. Ibid., p. 334.
8. Jackson, *Charles de Gaulle*, pp. 102–108.
9. Cook, pp. 405–406.
10. Jackson, pp. 128–129.
11. Lacouture, pp. 593–594.

끝맺는 말

1. Crawley, *De Gaulle*, p. 67.

Churchill, Winston. *The Gathering Storm*. Vol. 1 of *The Second World War*. Boston: Houghton Mifflin Company, 1948.

Cook, Don. *Charles de Gaulle: A Biography*. New York: Putnam Publishing Group, 1983.

Crawley, Aidan. *De Gaulle*. New York: The Bobbs-Merrill Company, Inc., 1969.

Crozier, Brian. *De Gaulle: The First Complete Biography*. New York: Charles Scribner's Sons, 1973.

de Gaulle, Charles. *Memoirs of Hope: Renewal and Endeavor*. New York: Simon and Schuster, 1971.

Eisenhower, Dwight D. *Crusade in Europe*. Garden City, NY: Doubleday & Company, Inc., 1948.

"General De Gaulle: Vers l'Armée de Métier." TAC News (July–August 2003): 2.

Huddleston, Sisley. *France: The Tragic Years, 1939–1947*. New York: Devlin-Adair Company, 1965.

Jackson, Julian. *Charles de Gaulle*. London: Haus Publishing, 2004.

Lacouture, Jean. *De Gaulle: The Rebel, 1890–1944*. New York: W. W. Norton & Company, 1990.

_____, *De Gaulle: The Ruler, 1945–1970*. New York: W. W. Norton & Company, 1992.

Ledwidge, Bernard. *De Gaulle*. New York: St. Martin's Press, 1982.

Luethy, Herbert. *France against Herself*. New York: Meridian Books, 1960.

Masson, Phillipe. *De Gaulle*. New York: Ballantine Books, 1972.

Mauriac, Claude. *The Other de Gaulle, 1944–1954*. New York: John Day Company, 1970.

Schoenbrun, David. *The Three Lives of Charles de Gaulle: A Biography*. New York: Atheneum, 1966.

Shirer, William L. *The Collapse of the Third Republic*. New York: Simon and Schuster, 1969.

Viorst, Milton. *Hostile Allies: FDR and Charles de Gaulle*. New York: The Macmillan Company, 1965.

Wernick, Robert, and the editors of Time–Life Books. *Blitzkrieg*. World War II series. New York: Time–Life Books, 1976.

Werth, Alexander. *De Gaulle: A Political Biography*. New York: Simon and Schuster, 1965.

Williams, Charles. *The Last Great Frenchman: A Life of General de Gaulle*. New York: John Wiley & Sons, Inc. 1993.

찾아보기

ㄱ

가로, 롤랑 78
가믈랭, 모리스 20, 98, 146
가짜 전쟁 18~19, 163
게로, 레너드 260
고정 요새 120, 155
공산주의 93, 97, 256, 259~261, 268, 274, 278~279, 283
구데리안, 하인츠 149, 171~172
국립 포병학교 121
국방 최고 위원회 137, 139, 143, 146
기동전 108, 141, 146, 149

ㄴ

〈나는 고발한다(J'accuse)〉 45~46
나싱, 뤼시앵 120, 143
나토(NATO) 13, 17, 281~282, 288~291
나폴레옹 34, 40~41, 93, 97, 105, 143
냉전 278~279, 281
넬슨, 허레이쇼 125
노그, 오귀스트 205~206, 239
노르망디 251, 254
뉴헤브리디스 제도 222
니셀, 앙리 알베르 100

ㄷ

다를랑, 프랑수아 203~204, 216, 218, 236, 238~239, 241

다운증후군 104~105, 134, 276
다카르 작전 226
달라디에, 에두아르 138, 160, 163~164, 178, 203
당캥, 폴 102~103
대공황 137
대서양 조약 281, 289
대양함대 (독일) 125~126
독소불가침조약 160~161
됭케르크의 기적 176
두망, 조제프 141
뒤크레 대위 79~80
드골, 그자비에 32, 102
드골, 마리 아그네스 33, 68
드골, 안 105, 245, 275, 281, 298
드골, 앙리 29~30, 34, 102
드골, 엘리자베트 105, 245, 275, 280
드골, 이본 101~104, 177, 187, 191, 215, 245, 275~276
드골, 피에르 32
드골, 필리프 105, 244~245, 275, 300
『드골의 서신 모음집』 105
드골주의 141, 149
드라군 작전 254
드레퓌스 사건 44~45, 47, 94
드레퓌스, 알프레드 44~45, 47
드와브랭, 앙드레 213
디데이(D-day) 251
디엔비엔푸 282~283

ㄹ

라디오 연설 22, 202, 211, 266, 296
〈라 마르세예즈〉 8, 221, 252
라발, 피에르 222, 265, 266
라파르그, 앙드레 305
레노, 폴 21~22, 147~148, 163~164, 166, 177~191, 202, 211
레지스탕스 33, 198, 233, 238, 241, 247~248, 251, 256, 258~260, 264
레지옹도뇌르 (훈장) 75
로렌 십자 212~213
《로로르》 45~46
로스탕, 에드몽 54
롬멜, 에르빈 16, 233
루덴도르프, 에리히 85

루스벨트, 프랭클린 D. 6, 183, 232,
    234~235, 239~240, 242~243,
    245~246, 248, 253, 263~264,
    266~267
루프트바페 18, 162, 216
《르뷔 드 파리》 100
《르뷔 밀리테르 프랑세즈》 119, 123
르브룅, 알베르 5, 189~190, 202, 263
르카뉘에, 장 293
르클레르, 자크 필리프 246~247,
    256~258, 260
리델하트, B. H. 140~141

ㅁ

마르주리, 롤랑 드 179
마셜 플랜 278, 293
마쉬, 자크 295, 296
마이어, 에밀 143~145, 150~151
마지노선 15, 119~120, 134, 137, 142,
    155, 167~168
망델, 조르주 186
메르스엘케비르 (지명) 216~220
모네, 장 188, 190, 202, 208
모랭, 루이 146
몽고메리, 버나드 로 233, 251
몽코르네 20, 170~171
무공십자훈장 (프랑스) 71~72
무솔리니, 베니토 138, 203, 245
물랭, 장 241, 247
뮌헨 협정 138~139, 159
『미래의 군대』 19, 143
미리벨, 엘리자베트 드 199
미카엘 공세 84~85
미테랑, 프랑수아 293~296

ㅂ

바이외 10, 251~253, 274~275, 286
바커, 엘리자베스 199
반유대주의 47
방드루, 이본 → 드골, 이본
베강, 막심 98~99, 137, 168, 176~177,
    179~181, 183~185, 191, 202, 206,
    228, 232, 235
베르됭 전투 106
베르사유 조약 159

베투아르, 에밀 앙투안 213
벨기에령 콩고 227
벨 에포크 29, 31
보니에 드 라 샤펠, 페르낭 239
보불전쟁 → 프로이센-프랑스 전쟁
볼셰비즘 93
볼셰비키 92, 98
부도르, 에밀 72~73, 75
부아송, 피에르 225, 239
북대서양조약기구 → 나토(NATO)
붉은 군대 78, 97, 99, 160~161, 245
브래들리, 오마 15, 257
브리아르 181~183
블룸, 레옹 202
비르투티 밀리타리 (폴란드 무공훈장) 100
비스마르크, 오토 폰 30
비스와 강의 기적 97
비시 프랑스 233, 236, 238
빌헬름 1세 (독일 제국 황제) 30~31

ㅅ

생멕상 91, 93
생시르 육군사관학교 40~41, 48, 53, 78,
    98, 214, 234
생피에르에미클롱 (지명) 232, 243
샤쇠르 알팽 128
서머빌, 제임스 216~217
소련 78, 80, 138, 161~162, 235~236,
    238, 245, 264, 275, 281, 289, 291
슈추친 (지명) 77
스탈린, 이오시프 78, 80, 161~162, 245,
    264, 266, 268
스피어스, 에드워드 182, 191~192, 221,
    229
《시카고 데일리 뉴스》 231
싸우는 프랑스 234

ㅇ

아데나워, 콘라트 12, 290
아라스 포위 58
아르덴 숲 142, 167
아브빌 전투 173
아이젠하워, 드와이트 D. 13, 15, 238,
    246, 256~257, 263, 276
알자스로렌 30, 142

알제리 민족해방전선 284~285, 287
애틀리, 클레멘트 268
에링, 피에르 121, 125
에부에, 펠릭스 222~223
에콜 폴리테크니크 103, 214
에티엔, 장 밥티스트 141, 143
에펠, 구스타브 29
영국본토항공전 222
영국-프랑스 국가연합 188
영국해외원정군(BEF) 69, 167
오버로드 작전 245~246, 251
오스트리아-헝가리 64, 92
욍치제르, 샤를 181, 205
운명의 사나이 24, 29, 86, 186, 199, 277, 300
웰러, 조지 231
웰스, 섬너 232
윌리엄스, 찰스 280
유럽 공동 시장 264, 282, 288~290
유럽 석탄 철강 공동체 282, 293
『유럽의 십자군』 256
유보트 225
유엔(UN) 267
유틀란트 전투 125~126
육군대학 (프랑스) 59, 101, 107~110, 112~113, 117~118, 121, 125, 137, 145, 162, 305
이든, 앤서니 244
인도차이나 78, 264, 278, 282~283
잉골슈타트 제9요새 77

ㅈ

자유 프랑스 7, 16, 22, 78, 202, 207~209, 211~213, 215, 218, 220~223, 225~237, 239, 241, 243~247, 257
장술, 마르셀 216~218
저지대 국가 18, 142, 166~167
『적의 내분』 81, 110
전격전 16, 18, 20, 140, 149
『전문적인 군대를 향하여』 19, 143~144, 148
『전쟁 회고록』 37, 47, 139, 144, 256, 280~282
《정치와 의회 리뷰》 143
제1차 마른 전투 68~69

제1차 세계대전 7, 14, 54, 59, 61, 64, 78, 80, 87, 91~93, 95, 97, 108~110, 118, 121, 127, 134, 140~141, 173, 182, 186, 203, 234, 285
제2차 마른 전투 85
제2차 세계대전 13, 15, 19, 32~33, 40, 54, 78, 108, 124, 127, 138, 140~141, 155, 159, 176, 189, 204, 224, 234, 240, 244, 247, 264, 267, 276~277, 281, 285, 287, 293, 303, 305
제3공화국 (프랑스) 21, 93, 189, 262, 269
제4공화국 (프랑스) 274, 278~279, 282, 284, 286, 293
제13외인연대 212
제국 수호 평의회 227
젤리코, 존 125~126
조르주, 알퐁스 20, 175, 239
졸라, 에밀 45~46
『죽음이여, 그대의 승리는 어디에 있는가?』 151
중화인민공화국 291
쥐앵, 알퐁스 54~55
지로, 앙리 6, 234~242, 244
진주만 공격 232

ㅊ

처칠, 윈스턴 6, 8, 13, 16, 178~185, 188~190, 192~193, 198~199, 202~204, 210~211, 216~220, 222, 225~226, 228~229, 231~233, 235~237, 239~240, 242~243, 245~246, 248, 252, 254, 263~264, 266, 268, 303
처칠, 클레먼타인 219~220, 303
체코슬로바키아 138~139, 159, 303
최고 군사 평의회 118, 234

ㅋ

카트루, 조르주 78, 230
『칼날』 123, 127
캐프리, 제퍼슨 263
캠벨, 로널드 191
코르뱅, 샤를 188, 209
코르시카 147, 203, 286
콜롱베뢰되제글리즈 (지명) 275~276, 295~296, 298~299
콜티츠, 디트리히 폰 258

쿠르셀, 조프루아 드 179, 187, 192~193, 199, 213
쿠바 미사일 위기 291
쿠퍼, 더프 263~264
퀘벡 291
클라크, 마크 238
클레망소, 조르주 92, 243

ㅌ

탤런츠, 스티븐 199
토치 작전 233, 235
투하쳅스키, 미하일 78, 80~81, 87, 97
튀렌 자작 57
트루먼 독트린 279
트루먼, 해리 S. 267~268, 276
트리코, 베르나르 296
티에리, 모리스 200

ㅍ

파리 만국박람회 29
파쇼다 사건 45, 47, 264
파커, 깁슨 200
팔레브스키, 가스통 212
패배주의 16, 177~178, 180, 188~199
페탱, 필리프 22, 24, 57~64, 72, 76, 107, 109, 113~114, 117~119, 121~122, 125, 127~128, 131~135, 137, 139, 151~154, 167, 177~178, 181~183, 187, 189~192, 197~199, 203~205, 207~208, 215, 227~228, 235, 252, 265~266, 303, 305
포슈, 페르디낭 92, 98
퐁피두, 조르주 295~297
풀러, J. F. C. 20, 140~141
프란츠 페르디난트 대공 64
프랑스 국가 위원회 209, 229, 236, 239, 241~242
프랑스 국민연합(RPF) 277~280, 282
프랑스령 북아프리카 228, 233, 237, 244
프랑스령 서아프리카 225
프랑스령 적도 아프리카 226
프랑스령 콩고 222, 227
프랑스 식민 제국 135~136, 222, 227, 278, 282, 284
『프랑스와 프랑스 군대』 64, 105, 134, 152
〈프랑스 요새의 역사적인 역할〉 119

프랑스의 명예 21, 61, 183, 186, 192~193, 303
프랑스 전투 22, 201
프랑스 해방 234, 251, 253, 257
프랑스 해방 위원회 244, 255
프랑크푸르트 조약 30~31
프로이센-프랑스 전쟁 30~31, 44, 60
프티오, 앙리 151
플레벤, 르네 232
피셔, 존 125
피우수트스키, 유제프 클레멘스 95~97, 99

ㅎ

할러, 유제프 93
합병(Anschluss) 31, 136, 138~139
해방훈장 (프랑스) 299
헐, 코델 232
『희망의 회고록』 298
히틀러, 아돌프 22, 95, 138~139, 147~148, 159, 161~162, 171, 203~205, 231, 235, 258
힌덴부르크, 파울 폰 85

6월 18일 호소문 199
BBC 22, 198~200, 207, 219, 237, 242, 247, 251, 262
FLN → 알제리 민족해방전선

KODEF 안보총서 55

프랑스의 자존심과 자유를 지킨 위대한 거인
드골

초판 1쇄 인쇄 | 2012년 7월 5일
초판 1쇄 발행 | 2012년 7월 10일

지은이 | 마이클 E. 해스큐
옮긴이 | 박희성
펴낸이 | 김세영

책임편집 | 김예진
편집 | 이보라
디자인 | 홍효민
마케팅·제작 | 이승현
관리 | 배은경

펴낸곳 | 도서출판 플래닛미디어
주소 | 121-839 서울 마포구 서교동 381-38 3층
전화 | 02-3143-3366
팩스 | 02-3143-3360
블로그 | http://blog.naver.com/planetmedia7
이메일 | webmaster@planetmedia.co.kr
출판등록 | 2005년 9월 12일 제 313-2005-00197호

ISBN 978-89-97094-16-5 03990